U0451314

本书是国家社会科学基金一般项目
"中国近代桐油资料整理与对外贸易研究"
（批准号：19BZS081）的最终成果

近代中国桐油对外贸易研究

杨 乔 著

中国社会科学出版社

图书在版编目(CIP)数据

近代中国桐油对外贸易研究／杨乔著．--北京：中国社会科学出版社，2024.9
　ISBN 978-7-5227-2579-6

　Ⅰ.①近⋯　Ⅱ.①杨⋯　Ⅲ.①桐油—对外贸易—研究—中国—近代　Ⅳ.①F752.652.2

中国国家版本馆 CIP 数据核字（2023）第 167573 号

出　版　人	赵剑英	
责任编辑	郭　鹏　马　明	
责任校对	孟繁粟	
责任印制	李寡寡	

出　　版	中国社会科学出版社	
社　　址	北京鼓楼西大街甲 158 号	
邮　　编	100720	
网　　址	http：／／www.csspw.cn	
发 行 部	010-84083685	
门 市 部	010-84029450	
经　　销	新华书店及其他书店	
印　　刷	北京明恒达印务有限公司	
装　　订	廊坊市广阳区广增装订厂	
版　　次	2024 年 9 月第 1 版	
印　　次	2024 年 9 月第 1 次印刷	
开　　本	710×1000　1/16	
印　　张	23	
插　　页	2	
字　　数	369 千字	
定　　价	136.00 元	

凡购买中国社会科学出版社图书，如有质量问题请与本社营销中心联系调换
电话：010-84083683
版权所有　侵权必究

目 录

绪 论 …………………………………………………………（1）

第一章 桐树的种植、桐果的采摘与初加工…………………（11）
    第一节 桐树的种植及其种类 ……………………………（11）
    第二节 桐油的用途 ………………………………………（19）
    第三节 桐果的采摘与桐油的初加工 ……………………（25）

第二章 桐油出口贸易的发展阶段 ………………………（40）
    第一节 明清时期的桐油出口贸易 ………………………（40）
    第二节 民国时期的桐油出口贸易 ………………………（47）

第三章 民国时期政府对桐油生产贸易的管理 …………（71）
    第一节 抗战前政府对桐油贸易的政策 …………………（71）
    第二节 抗日战争时期政府对桐油贸易管理的变化 ……（83）
    第三节 民国时期政府实施的桐油贸易政策
            及其措施的影响 …………………………………（101）

第四章 桐油对外贸易的产销网络 ………………………（122）
    第一节 桐油的产地和产量 ………………………………（122）

第二节　桐油的市场分布……………………………………（147）

第五章　桐油贸易的流程、价格、资金周转……………………（199）
　　第一节　桐油的包装和运输…………………………………（199）
　　第二节　桐油的交易程序……………………………………（219）
　　第三节　桐油的成本、价格与资金周转……………………（231）

第六章　桐油出口贸易的主要输出市场…………………………（258）
　　第一节　美洲市场……………………………………………（262）
　　第二节　欧洲市场……………………………………………（275）
　　第三节　亚洲市场……………………………………………（289）

第七章　桐油贸易的地位及其影响………………………………（295）
　　第一节　桐油在中国出口贸易中的地位……………………（295）
　　第二节　桐油出口贸易对当地经济发展的作用……………（305）

结　　语……………………………………………………………（310）

附　　录……………………………………………………………（317）

参考文献……………………………………………………………（332）

绪　论

　　桐油是中国的特产，是涂抹木制帆船底部以及生活中的家具、箱具和乐器表面的主要原料，具有良好的防水、防渗漏、防虫蛀的功能。其经济价值主要是桐籽榨取的桐油，原本主要用于照明和船舶、房屋、器具与雨伞等手工艺品的涂漆，在明清时期畅销长江中下游一带，并出口到东南亚各国。清末民初，自国际市场发现桐油可用作油漆防腐防水以后，美国、英国、法国、德国、日本等国争相采购，桐油遂成为我国大宗出口物品，桐油贸易逐渐兴盛起来。一战以后，国际经济复兴及军需工业的膨胀，桐油迅速成为建筑、机械、兵器、车船、渔具、飞机、军事工业、电气的重要原料之一。在国际需求刺激下，我国出产的桐油以外销为主，民国时期位居对外贸易数值的前列，20世纪30年代桐油出口价值在我国对外出口商品总值中名列榜首。中国是世界上大量生产出口优质桐油的主要输出国，外向性特别突出，生产的桐油几乎全部用于出口。我国生产的桐油以海外为主要销售市场，在国际桐油市场上长期占有最大的市场份额，民国时期我国桐油产量占世界桐油产量的80%—90%，输出地以美国和欧洲各国为主。抗日战争中，桐油作为重要战略物资，政府与美国签订了桐油借款，用桐油偿债及换取外汇。桐树在南方各省多有种植，长江流域水运体系发达，长江沿线的四川、湖南、湖北、江西、浙江出产的桐油可以顺长江而下，通过水路运往上海集中。

　　近代以来，出口货物的大宗商品，如丝、豆、茶叶等，已渐渐衰退，但是桐油一项，却渐渐繁荣起来，有三个原因："一是世界各国，互相备战，既然是备战，不能不扩充兵器，而兵器中如飞机、潜水艇等，必须用桐油涂饰，以达到避水、防湿的目的。二是油漆工业、油布工业、印刷油墨工业，日益发达，且发展迅速，这些工业，需要用到桐油，因而桐油消费额极广。三是亚麻仁油生产量不能扩大，而消费量又日益增高，已成供求不相应状况，此时桐油正好取而代之，同时亚麻仁油的干燥性不如桐油，因以桐油用量日广。"① 中华人民共和国成立后，桐油的用途更加广泛，国内、国际市场需求旺盛。近年来，用桐油制成液体燃料，生产电力，替代石油成为新趋势，开发利用以桐油为主的生物质能源作为替代能源，对于我国节能减排、缓解资源能源与生态环境压力具有重大意义。

一　学术史回顾及研究空间

1. 民国时期重要著作

桐油贸易在民国时期全国的对外贸易当中占有重要地位。桐油作为中国传统的农业、手工业的产品，在民国时期，由于国际市场需求旺盛及政府的鼓励与扶持，迎来了繁荣的局面。但在当时整个政治框架、经济形势下，桐油行业不可能得到充分的发展，桐油集散市场中出现的先进的机器榨油方法并未得到广泛应用。随着宏观环境的转变，桐油贸易也由兴盛走向了衰落。

民国时期出版的成果主要有：严匡国编著的《桐油》②；贺闿的《桐树与桐油》③；朱美予的《中国桐油业》④；国民政府行政院新闻局编印的《桐油产销》⑤ 和上海商业储蓄银行编的《桐油》⑥。在以上所列专著中，朱美予的《中国桐油业》对民国时期中国桐油的生产概况、

---

① 苍松：《美国贷款何以要中国的桐油》，载《心声周刊》1939 年第 1 卷第 1 期。
② 严匡国编著：《桐油》，正中书局 1944 年版。
③ 贺闿、刘瑚合编：《桐树与桐油》，实业部汉口商品检验局 1934 年版。
④ 朱美予编著：《中国桐油业》，中华书局 1941 年版。
⑤ 行政院新闻局编：《桐油产销》，行政院新闻局印行 1947 年版。
⑥ 上海商业储蓄银行编：《桐油》，上海商业储蓄银行 1936 年版。

内外销路、出口的手续和检验等方面做了介绍。上海商业储蓄银行编的《桐油》论述国内桐油业情况、桐油和榨油法等内容。严匡国编著的《桐油》对两湖地区桐油贸易有较多的论述。这些论著为我们了解民国时期全国及其他国家桐油行业的发展状况提供了重要的资料。张正成的《中国产之桐油》[①]；纪蘅的《中国桐油贸易概况》[②]；邱良荣的《民元来我国之桐油贸易》[③] 和林维治的《我国桐油之产销概况》[④] 几篇文章论述了民国时期全国桐油贸易的概况。其中，林维治的《我国桐油之产销概况》对各省桐油产量和各省桐油运销状况作了详细的介绍。

随着桐油行业的兴起，30年代以后出现了一些政府研究机构和学术人士对区域桐油贸易的研究著作和文章。这些研究著作和文章分区域对湖南、湖北、四川等重要桐油产区进行较全面研究。

湖南地区比较重要的研究成果有：李石锋的专著《湖南之桐油与桐油业》[⑤]；李昌隆编著的《中国桐油贸易概论》[⑥]；实业部国际贸易局编写的《桐油》[⑦]，这三本书对湖南地区桐油贸易有大篇幅的论述。湖南省银行经济研究室所著的《湖南之桐茶油》[⑧]，对湖南桐油产销概况进行了分析。1944年湖南省民生物品购销处设计课发行的《购销旬刊》第六、七期合刊为湖南桐油专号[⑨]；黄其慧的《湖南桐油产销概述》和鞠孝铭的《湖南桐油之产销》[⑩] 对湖南桐油产销进行了研究。

民国时期湖北省同样是桐油的重要产区，汉口是民国时期全国桐油

---

① 张正成：《中国产之桐油》，载《农商公报》1924年第119期。
② 纪蘅：《中国桐油贸易概况》，载《工商学志》1935年第7卷2期。
③ 邱良荣：《民元来我国之桐油贸易》，载《银行周报》1947年第31卷第4—5期。
④ 林维治：《我国桐油之产销状况》，载《农报》1936年第3卷33期。
⑤ 李石锋编：《湖南之桐油与桐油业》，湖南经济调查所1935年版。
⑥ 李昌隆编著：《中国桐油贸易概论》，商务印书馆1934年版。
⑦ 实业部国际贸易局编：《桐油》，商务印书馆1940年版。
⑧ 曾仲刚编述，邱人镐、周维梁主编：《湖南之桐茶油》，湖南省银行经济研究室1943年版。
⑨ 湖南省民生物品购销处设计课编：《湖南桐油》，载《购销旬刊》1944年第1卷第6—7期。
⑩ 黄其慧：《湖南桐油产销概述》，载《湖南经济》1946年第1期；鞠孝铭：《湖南桐油之产销》，载《中农月刊》1947年第8卷第5期。

重要的集散地。其相关资料有：上海商业储蓄银行研究室编的《汉口之桐油与桐油业》①；康堪农所著的《桐油概况》②；平汉铁路管理局经济调查组编写的《老河口支线经济调查》③；湖北省贸易公司编的《桐油出口概况表》④；中国国际经济研究所编的《关于中国桐油的出口问题》⑤及两湖桐油产地调查队所著的《两湖桐油产销调查报告》⑥；中南区土产调查团所著的《中南区（鄂西、鄂北）土产考察报告》⑦等。以上几种著作对民国时期湖北桐油生产贸易情况特别是汉口市面上桐油的输入输出、桐油商人的经营、桐油贸易的组织方式、桐油出口贸易情况有较为详细的描述。

对四川桐油的研究，如张肖梅的《四川省之桐油》⑧，介绍了桐树的种植、桐油贸易情况，分析了当时的万县和重庆桐油市场的情况。江昌绪所著的《四川省之桐油》⑨和四川省银行经济调查室编写的《四川桐油贸易概述》⑩介绍了四川桐油的生产、检验状况，对四川地区桐油贸易的数量、市场、运输等都做了比较详尽的研究。

此外，还有研究浙江桐油产区的实业部上海商品检验局化学工作品检验组编的《浙江桐油调查报告书》⑪，此书对浙江桐油的产区和产量

---

① 上海商业储蓄银行研究室编：《汉口之桐油与桐油业》，上海商业储蓄银行信托部1932年版。
② [美]康堪农著、化学工业品检验组编译：《桐油概况》，实业部汉口商品检验局1933年版。
③ 平汉铁路管理局经济调查组：《老河口支线经济调查》，平汉铁路管理局经济调查组1937年版。
④ 湖北省贸易公司编：《桐油出口概况表》，湖北省贸易公司内部发行1949年版。
⑤ 中国国际经济研究所编：《关于中国桐油的出口问题》，中国国际经济研究所1950年版。
⑥ 两湖桐油产地调查队编：《两湖桐油产销调查报告》，1950年，湖北省档案馆馆藏，目录号：SZ68-1-8。
⑦ 中南区土产调查团编：《中南区（鄂西、鄂北）土产考察报告》，中南区土产调查团1951年版。
⑧ 张肖梅、赵循伯编著：《四川省之桐油》，商务印书馆1937年版。
⑨ 江昌绪编著：《四川省之桐油》，民生实业公司经济研究室1936年版。
⑩ 四川省银行经济调查室编：《四川桐油贸易概述》，四川省银行经济研究室1937年版。
⑪ 实业部上海商品检验局化学工作品检验组编：《浙江桐油调查报告书》，实业部上海商品检验局1935年版。

以及桐油合作社的情况作了分析。

民国时期关于桐油的论著是非常多的，对桐油的贸易等作了比较详细的统计，对桐油生产和贸易形势进行了研究，等等，为当今的桐油研究提供了宝贵的资料。桐树是一种林业经济作物，对桐树种植的一些研究成果同样也为林业研究提供了重要资料；还有的研究成果中介绍了桐树果实的加工情况，对研究民国时期农业、手工业、对外贸易的发展提供了重要参考。

二　研究现状

就笔者所见，当前学界尚无关于近代桐油贸易研究的专著，仅有少数论著对桐油的种植、生产、贸易有所涉及。学界对桐油业的研究成果主要体现在以下两个方面。

1. 桐油主要产区的产销情况

这方面的研究关注桐油主要产区在不同历史时期所经历的变化，主要是四川、湖南、湖北、广西桐油生产销售和市场整合的情况。①

如研究四川地区的张丽蓉的《长江流域桐油贸易格局与市场整合——以四川为中心》②，梁勇的《近代四川桐油外销与市场整合》③，刘利容的《民国时期的四川桐油贸易——以重庆、万县为例》④，田永秀的《桐油贸易与万县城市近代化》⑤，唐春生、丁双胜的《清代重庆地区的桐油业》⑥，等等，介绍了当时的万县和重庆桐油市场情况。

如研究湖南地区的杨乔的《民国时期两湖地区桐油产业研究》⑦，

---

①　杨乔：《20世纪80年代以来学界对近代桐油业的研究述评》，载《通化师范学院学报》2014年第9期。
②　张丽蓉：《长江流域桐油贸易格局与市场整合——以四川为中心》，载《中国社会经济史研究》2003年第2期。
③　梁勇：《近代四川桐油外销与市场整合》，载《重庆三峡学院学报》2004年第1期。
④　刘利容：《民国时期的四川桐油贸易——以重庆、万县为例》，四川大学，硕士学位论文，2006年。
⑤　田永秀：《桐油贸易与万县城市近代化》，载《文史杂志》2000年第1期。
⑥　唐春生、丁双胜：《清代重庆地区的桐油业》，载《重庆师范大学学报》（哲学社会科学版）2013年第3期。
⑦　杨乔：《民国时期两湖地区桐油产业研究》，天津师范大学，博士学位论文，2013年。

此文考察了两湖地区桐油行业的发展与衰落过程、中外经销商的经营活动、运销市场地域结构与运销体系、中央和地方政府的管理与控制等；李菁的《近代湖南桐油贸易研究》①指出，近代湖南的桐油贸易，曾在湖南甚至全国的对外贸易中处于举足轻重的地位，产销量仅次于四川。以上几篇论文对湖南桐油产区产量、生产方法、运销概况、价格成本进行了分析。

如研究浙江地区的米仁求的《抗日战争前后浙江桐油贸易研究1927—1946》②，此文着力论述了抗日战争前后浙江省桐油行业在自由贸易与行业统制之间的转换，政府、市场的力量在行业交易体制中的地位对比发生变化的过程。研究广西地区的刘玄启的《民国时期广西桐油贸易与市场整合》③，陈炜、杨姗姗的《试论近代广西城镇商品流通网络体系——以谷米、桐油为中心的考察》④，研究贵州地区的肖良武《民国时期贵州桐油市场研究》⑤，等等。⑥

上述论文分别研究了几个桐油产区的对外贸易和市场整合，桐油的生产、检验状况，对桐油贸易的数量、市场、运输等都做了较为详细的论述。为当地的经济史研究提供了一定的参考。

2. 政府对桐油贸易的政策及其实施效果

在民国时期，政府对桐油贸易采取了扶持的政策。抗日战争爆发后，政府政策发生重大改变，对桐油采取了统购统销的政策。⑦政策的

---

① 李菁：《近代湖南桐油贸易研究》，湘潭大学，硕士学位论文，2004年。
② 米仁求：《抗日战争前后浙江桐油贸易研究（1927—1946）》，华中师范大学，硕士学位论文，2011年。
③ 刘玄启：《民国时期广西桐油贸易与市场整合》，载《广西右江民族师专学报》2006年第1期。
④ 陈炜、杨姗姗：《试论近代广西城镇商品流通网络体系——以谷米、桐油为中心的考察》，载《广西地方志》2011年第1期。
⑤ 肖良武：《民国时期贵州桐油市场研究》，载《贵阳学院学报》（社会科学版）2009年第1期。
⑥ 杨乔：《20世纪80年代以来学界对近代桐油业的研究述评》，载《通化师范学院学报》2014年第9期。
⑦ 杨乔：《民国时期长江流域的桐油贸易》，载《怀化学院学报》2016年第6期。

转变引起了学界的关注。如齐春风的《抗战时期国统区的桐油走私贸易》①认为，抗战时期国统区至沦陷区及海外的桐油走私贸易十分兴旺，整个桐油产区都不同程度地存在着桐油走私问题。这主要是由日方的高价诱购、海内外价格差异巨大、国民政府的收购工作存在弊端、武装走私盛行及处罚轻微所致。刘玄启的《油桐种植中的政府力量探析——以民国时期的广西为例》②；杨乔的《民国时期政府对于两湖桐油产业的参与》③等，分析了政府不同时期对桐油贸易所采取的管理与控制政策及其实际效果。

研究桐油外销、国外贸易情况的论文寥寥无几。魏娅娅的《中国近代植物油出口贸易衰落原因之浅析》④分析了中国近代植物油出口贸易衰落的原因，认为是外商垄断了桐油的出口贸易，窒息了贸易的正常发展。阮家栻的《统一对外结硕果——回顾五十年代初期桐油经营的一段历史》⑤则认为1954年我国桐油出口夺回了国际市场价格的主导权。关于桐油国外贸易的情况研究不足，这也正是本课题的努力方向。

以往的学术成果，对桐油主要产区的贸易发展过程和市场整合情况有较为详细的描述。但学界对桐油行业的研究仍存在一些不足，主要体现在以下几个方面。

其一，更多地关注桐油生产的技术环节和桐油贸易发展概况，而对桐油产销与当地社会经济发展联系较少。已有的论文大多是描述一地一域的桐油贸易状况，缺乏从全国范围分析桐油生产贸易全过程的宏观整体描述。

其二，关注到了桐油的贸易，但对与贸易紧密相连的生产加工、交

---

① 齐春风：《抗战时期国统区的桐油走私贸易》，载《抗日战争研究》2012年第1期。
② 刘玄启：《油桐种植中的政府力量探析——以民国时期的广西为例》，载《广西师范大学学报》（哲学社会科学版）2010年第4期。
③ 杨乔：《民国时期政府对于两湖桐油产业的参与》，载《兰台世界》2013年第7期。
④ 魏娅娅：《中国近代植物油出口贸易衰落原因之浅析》，载《海交史研究》1992年第6期。
⑤ 阮家栻：《统一对外结硕果——回顾五十年代初期桐油经营的一段历史》，载《国际贸易问题》1981年第4期。

通运输、货栈物流、检验定级、桐油商人的经营活动等方面论述不多。

其三，桐油的销售市场在海外的纽约、伦敦、汉堡等地。研究桐油国际贸易情况的相关论文较少，并不足以反映桐油贸易的市场网络情况。

尽管有些不足之处，但瑕不掩瑜，这些研究成果对从事近代桐油业的研究具有重要参考价值，为我们了解近代桐油业的发展状况提供了重要的资料。[①]

3. 研究空间

就近代经济史研究而言，缺乏以桐油生产贸易发展史为线索的专门论述，更没有以桐油这种在近代全国对外贸易当中具有举足轻重影响力、交易数额巨大的商品，是如何从中国运往世界各地的专门论述。研究桐油的论文相对于中国传统出口商品茶叶、丝绸、大豆、棉花等的研究可谓少之又少。桐油外传的路径、数量、市场分布、海外销售市场的情况不明。已有的成果理论分析较少，没有将桐油贸易置于国际国内政治经济宏观环境下进行深层次的探讨。学界关于桐油行业的研究成果相对较少，仅有为数不多的学位论文和期刊论文，并没有相关专著面世。[②] 这种情况给本书提供了一定的研究空间

三 研究思路

本书的整体研究思路为，在概述桐油贸易沿革的基础上，重点探讨有关桐油生产流程、购销流程、中外桐油贸易商和政府参与等方面的若干问题，以此来展现近代中国桐油行业的基本情况及自身的独特性。依此思路，全文拟分为九个部分，具体如下。

第一部分为绪论。该部分主要介绍选题缘由、学术回顾和研究思路等。

[①] 杨乔：《20世纪80年代以来学界对近代桐油业的研究述评》，载《通化师范学院学报》2014年第9期。

[②] 杨乔：《20世纪80年代以来学界对近代桐油业的研究述评》，载《通化师范学院学报》2014年第9期。

第二部分包括桐油的种类及用途、桐油的生产与加工情况。

第三部分分析全国桐油行业在近代以来出口贸易的发展情况。桐油是近代中国产品出口大宗，是中国商品对外贸易的重要组成部分，随着国际国内社会政治经济宏观环境的变化，桐油出口贸易经历了出口渐长、需求畅旺、出口减退、外销缓慢恢复等起伏跌宕的过程。

第四部分分析政府在不同时期对桐油行业或放任自流或支持或统制的政策。

第五部分主要分析出口贸易支撑下的全国桐油市场体系的运作过程，解释桐油的产区、产量和市场分布情况。

第六部分主要分析桐油的运销数量、交易程序、成本利润、资金周转等内部路径方面的变化，以此来说明桐油贸易流程和所具有的行业特征。

第七部分主要分析桐油的销售市场情况，桐油在美洲市场、欧洲市场、亚洲市场等销售市场活动分析。

第八部分分析桐油行业与全国社会经济的联系，首先论述其在出口贸易中的地位，其次论述桐油贸易对农业、手工业发展的作用和对商业发展的贡献。

第九部分为结语。该部分对本书的研究做出总结，试图提出较为符合历史事实的结论。

循此思路，本书重点集中在以下几个方面。

第一，桐油对外贸易的运作模式和桐油市场网络的构建及联结。在整理桐油产区产量、加工程序、运输路线、市场分布、出口数量等原始数据和档案材料的基础上，还需进一步弄清材料背后的相关信息，诸如商人的经营情况、产地农户的发展状态等。如何挖掘县乡以下的真实资料，理解、把握桐油行业整体运行机制和国内、国外各级市场的构建及其联结情况，既是本课题研究的重点，又是难点之所在。

第二，农户、商行与政府的复杂互动关系。以商行的经营模式为中心，研究政府对农产品政策的调整、商行经营模式的变化及农户种植行为的选择，多层面、多角度研究政府、商行、农户的复杂互动关系，进而探讨政府政策是如何影响外向型农业发展的，是本课题需要解决的另一个重点问题。

在资料方面，本书主要利用一手档案资料及大量的资料汇编。笔者先后查阅了中国第二历史档案馆、上海档案馆、湖南省档案馆、湖北省档案馆、武汉档案馆、湖南图书馆、国家图书馆等有关民国时期桐油生产和出口贸易的相关档案、资料汇编等原始史料。此外，本书还利用了四川、湖南、湖北、浙江等省的地方志和关于桐油生产贸易的著作及论文。

本书希望通过在选题、研究视角以及史料发掘方面有所突破，以揭示近代以来桐油行业发展脉络和所具有的地方特征，进而更进一步深入开展外向型农产品的近代化进程的研究。

具体而言，主要表现在以下三个方面。

第一，深化以桐油贸易为中心的区域经济史研究。桐油主要产于长江流域的沿线省份，探讨近代长江流域桐油贸易的发展过程及其对当地经济的影响，并以此为视角，探讨桐油贸易与区域经济社会的关系，有助于加深对近代长江流域各地区区域经济发展的认识，为进一步推动当今长江流域经济的发展，为长江经济带的联动性研究提供参考。

第二，深化农业产业化过程的研究。近代以来，桐油是中国具有代表性的出口大宗农产品。研究近代桐油贸易发展脉络，分析总结桐油产业之所以繁荣兴盛的宝贵经验，吸取桐油产业出现衰退的教训，对于推动农业产业化具有很重要的意义。研究桐油与国际市场的关系，探究促进桐油业发展的诸多因素，更进一步深入开展外向型农业的研究，能为当今农产品国内规模化生产、国际市场网络建设以及产业效益的提升提供历史借鉴。

第三，深化外向型农业发展中政府角色和职能定位的研究。近代不同时期政府对桐油贸易的发展采取了各种扶持和推动政策。[①] 而在抗日战争时期，政府对桐油采取了统制政策，对桐油统购统销，控制了桐油的价格。研究不同时期政府对桐油产业采取的不同政策及其所带来的市场变化，对当今外向型农业发展过程中政府角色和职能定位具有重要的参考作用。

---

① 杨乔：《民国时期长江流域的桐油贸易》，载《怀化学院学报》2016年第6期。

第一章

桐树的种植、桐果的采摘与初加工

桐油的生产与初加工包括桐树的种植、桐果的采摘、桐实初加工成桐油等几个步骤。在民国时期，为顺应国际市场的需求，桐油传统的种植方法、生产方式有所改进。

第一节　桐树的种植及其种类

中国桐树，西人称为中国木油树（china wood-oil tree），是我国的特产。桐树的籽，可以榨取桐油。我国是传统农业国家，桐油的栽培历史悠久。《禹贡》中有"峄阳孤桐"之句，《鄘风》中见"椅桐梓漆"之词，典籍所载，清清楚楚。此外，《月令》《孟子》亦有"桐始华""拱把之桐梓"等语。战国以前就有此物，殆无疑义。① 唐代开元年间，陈藏器的《本草拾遗》中对桐树品种已有记载，"罂子桐生山中，树似梧桐"，称桐树为罂子桐，亦名虎子桐。北宋政和元年，寇宗奭的《本草衍义》中记载："桐树又名荏桐。"唐宋作品中，已有记载，可见我们对桐树的利用至少当在千年以前。明代李时珍释曰："罂子桐因其实状似罂也，虎子以其有毒也。"② 明代徐光启的《农政全书》中更是详

---

① 曾仲刚编述，邱人镐、周维梁主编：《湖南之桐茶油》，湖南省银行经济研究室1943年版，第5页。

② 江昌绪编著：《四川省之桐油》，民生实业公司经济研究室1936年版，第3页。

细记述了桐树的种植方法和加工利用方法。

一 桐树的种植

桐树多为自然生长，在民国以前，各地极少种植。桐树是能抵抗灾害的强性植物，其生长速度极快。一般而言："气候温和，地势干燥的地方适合桐树的生长。我国桐树盛产山地，而在向阳面种植尤佳。"①

以桐油产量最多的四川省来说，"四川天气温暖，霜雪稀少，每年不过数次。冬日温度最低亦不过冰点，很少有低至冰点以下的气温。春季桐花开放前后，气温常骤降低，严寒一如冬日。俗称此为冻桐花天气。"② 从这个"冻桐花"天气的俗语也可以反映出民国时期四川地区桐树的广泛种植盛况。桐树颇多野生，四川富顺县附近，下及宜昌，上至重庆，其沿江数百里，重峦叠嶂。这一地区雨量较小，并不适宜农作物的耕种，但是适于桐树的种植。

需要考虑的是，桐树种植业和榨油工业的发展有时还受迷信思想的影响。因为"桐""童"二字谐音，乡间传说凡青年人种植此树，将罹"童子痨"病，所以农民多对桐树敬而远之。在四川，此项迷信描述更为具体。又云："小孩多病，皮陈枯黄，即判定是患了桐子痨，必令桐孩持刀向该林寻觅一身高相等的桐苗研折，带了根皮回家和肉炖食病乃可愈。"③ 有俗语说："桐树要给年迈孤老的人乃可种植，倘少壮的人种桐树，必要减寿折福，且乏子孙。"④ 各地农民对这种迷信印象极深，形成牢不可破的习俗。这一说法对桐树的推广种植造成极大的不利影响。

而桐油榨油坊的设置，也常受到迷信的影响而停滞，因为传说木榨有白虎星寄托，日久则压断龙脉，寸草不生，故有"榨打十里穷"的谚语。如："北京在前清时代，因迷信风水之故，限令距城四十里以

---

① 吴兴生：《桐油述略》（三），载《津浦铁路月刊》1936年第1638—1663期。
② 佚名：《四川桐油之生产概况》，载《四川月报》1935年第7卷第2期。
③ 李秀然：《最近四川的桐油业》，载《国际贸易导报》1935年第7卷第9期。
④ 李秀然：《最近四川的桐油业》，载《国际贸易导报》1935年第7卷第9期。

内,不准经营烧酒及榨油业。故凡中国各地方所习见之旧式榨油坊(即用木制压榨器撞击出油),独不发见于北京。"①

以上迷信观念深入民心,以致桐树的种植和桐油生产加工方面深受其影响。

普通农民栽种桐树,毫无技术可言。数百年来不曾改良,并没有留心选种问题,种子即在本年采摘油籽堆中随意取用,更不会留意育苗、截尖、加肥、除草、排水、修枝等工作,因为培植不善,桐苗不能充分发育。更何况种植桐树原属一种副业,农民的首要任务是解决家庭口粮,其大部分精力都放在耕种稻田上,有多余的精力才投入经济作物方面,以作为家庭收入的补充,所以农民对种植桐树多属不以为意。

民国以前桐树种植均为分散的以农民家庭为单位的个体种植方式。由于桐树种植仅仅是作为增产粮食的副业,政府要首先确保粮食的供应,在桐油对外贸易没有兴盛之前,对种植桐树的关注力不多。而农民因为桐树种植容易,多疏于管理,播种以后,即任其自生自灭,不加闻问。对于桐实未成熟时就被早摘的现象,虽经各地政府出示严禁,但早摘的风气难以杜绝。

桐树在中国的种植都是依照旧法的人工播种。据明末徐光启《农政全书》记载,桐树种植仅有直播一种方法。到民国初年,发展成有直播、移植、插枝三种方法。直播的方法最简单可行,所以民国时期各地区多采用此方法,而移植及插枝两种方法,桐树不易生长,所以这两种种植方法很少有人采用。

桐树种植有直播、移植、插枝三种方法,直播较移植省工时,但播种效果,不及移植。其肥料的施给,则在播种的时候用草灰或其他肥料放在土坑里,然后将桐实放入土坑而种植。土坑深约5

---

① 彭泽益编:《中国近代手工业史资料(1840—1949)》第一卷,中华书局1962年版,第432页。

寸，直径约1尺，每穴距离7尺至1丈。①

放完种子以后，大多是任其自然。对于株数，毫不介意。有的地方行桐苗栽种法，这种方法于1月下种，5月出苗，等到1年后挖出苗种再分种。这样的种植方法一般会造成桐油的油量减少。桐树下种后，经过三年便能开花结果。

桐树每树可得桐籽20斤至40斤，以六七年至10年内结实为最盛。自此以后，逐渐减少。其收获的多寡，与气候和产地有关。

如陕西油桐成长较慢，树身较低，桐籽在11月间成熟；川桐的成长速度快于陕桐，而慢于粤桐；湘桐则含籽五六粒，色白如雪，桐籽每百斤产桐油35至40斤，油量独丰。②

民国初年，桐油销量激增，油价大涨，农户此时种植桐树获得利润甚多，于是农民对桐树的种植颇加重视。此后随着桐油国际贸易的兴盛，栽种桐树可以获利成为妇孺皆知的事情。各地每当仲春时节入山播种桐树，相继成风，所以桐油产量大量增加。"乡间流行两句俗语，分别是种得千年桐，一生一世不会穷、种桐十倍利。"③ 由此可以看出农户对油桐的重视和桐籽获利的丰厚了。

民国时期，有农业杂志专门总结桐树栽培经验：

土性以微带酸性的为宜，凡有马尾松、杉树、青枫树、竹类等生长的山地，用做桐树的种植，即不会失败。在冬季或早春，从事垦锄。垦锄的方法有两种：一是将山地全部开垦耕锄，然后种植。另一种是只将要种桐树的四周土壤开垦。这种方法比较经济，为一

---

① 杨德惠：《中国桐油业现状及其前途》，载《商业月报》1935年第15卷第10期。
② 吴兴生：《桐油述略（二）》，载《津浦铁路月刊》1936年第1638—1663期。
③ 厉灼明：《种植桐油的方法》，载《农林杂志》1936年第2卷第1期。

般栽桐的桐农所采用。①

有的农民采取了间作的种植方式。间作是利用桐树的株行间隙地，种植短期有收获的农作物，如豆类、花生、小麦、甘薯、玉米等。不仅可以增加副业收入，同时还可保护山地土壤的冲刷，滋养桐树生长。②

值得指出的是，民国时期，因桐树种植区域分割太细、零碎，交通不便，人力、财力不足，未能在某地形成大规模种植区域。所以，从桐籽的收获到桐油产出，其间经营主体屡换，手续复杂，以致严重影响桐油生产贸易的效率。

二 桐树和桐油的种类

桐树的生长需要在20摄氏度以上，低于此温度即被冻死。所以我国的北部地区不适合桐树的种植。桐树适合湿润的地方，每年所需雨量约30—60mm以下，故长江流域的四川、湖南、湖北、浙江等地均适于种植桐树。③ 桐树的种类有两种，而桐油的种类划分颇为复杂。

1. 桐树的种类

我国产油的桐树分两种：桐油树和木油树，都是我国的特产。其花的形式各异，籽的特性亦不尽同。以商业眼光来看，其中最重要的是桐油树，先开花后长叶，花盛发于3月间，色白，上有红色或黄色斑点，果实的外形似苹果，初作绿色，于9月间成熟后转棕色，底部圆而略作扁平，外皮极光滑，每一个果实内含籽仁3粒至5粒，扁阔略带椭圆形，外皮有棱。桐油树依结果习性分周岁桐、三年桐和五年桐三种。④

油桐为大戟科罂子桐属的落叶乔木，任何山地均可以栽植。

---

① 徐明：《农林知识：桐油与油桐》，载《农业推广通讯》1943年第5卷第9期。
② 徐明：《农林知识：桐油与油桐》，载《农业推广通讯》1943年第5卷第9期。
③ 经济研究室编：《汉口桐油市场调查》，载《中行月刊》1936年第12卷第6期。
④ 张意：《谈四川的桐油业》，载《中国工商新闻》1947年第3卷第8、9期。

普通不施肥料，任其自然生长。枯枝败叶，亦不行剪短更新，病虫灾害，听其自然。苗木栽植后，少则三四年，多则10年，始可结实，得其种子。桐分雄木、雌木，均于5月下旬开花，花为单行的雌雄株，枝上的雄花呈淡赤色，雌花呈白色，5瓣至6瓣，长六七寸，10月结果，果状如柑，外表呈黑褐色或灰色，雄木每总结果实自14颗至25颗，雌木结果实自8颗至13颗，每颗有1粒至7粒种子，普遍为3粒，如小指大，其种子的仁为白色，树枝可制作日用小器具，树皮坚厚平滑，可煎出赤褐色液汁，以充染料，至树干高3丈，径5尺，10年间成为乔木，可供20年至30年之用。①

桐花色白无香，分雌雄两种。花序伞形，生枝顶及叶腋间。雌花居中，雄花环绕其旁，在每一簇中，雌花仅一朵，有时为二朵，然不多见。花瓣皆卵圆形，长约三公分，光滑无毛，基部有粉红细丝，雌蕊子房多四室，花瓣七八不等。雄蕊五瓣分别，中有花须数根，挺出花外。当叶开始发芽，花即先叶开放，盛开时期，在三月下旬及四月上旬之间。迟早恒视季候之冷暖而转移。桐实浑圆光滑，色初油绿，成熟后为黑褐色。外皮坚硬，厚约三四公厘，由纤维质组成，内包籽三至七枚。籽皮甚薄，灰褐色，内含白色之仁。仁分为二，内有子叶二片。②

桐树种植以后，获利周期较长。10年间成为乔木，可供20年至30年之用。

木油树称千年桐，或百年桐。生长期及形状，与桐油树大同小异，但不及桐油树能耐寒。木油树较桐油树稍微高大，枝叶亦颇繁茂。木油树是绿叶成荫以后才开花，其果实略如卵形，顶尖低平，果实的一边有脊隆起。其肉种质地坚厚，内含籽仁通常为3粒，其形扁阔。桐油树与木油树不仅形态互异，其贩运地点亦各不同。桐树产于长江流域，在山谷中或附近山

---

① 甘纯权：《桐油在今日之地位》，载《大众农村副业月刊》1936年第1卷第3期。
② 蒋学楷：《农村生产：湖南之桐油》，载《农村合作月报》1936年第2卷第5期。

地生长最易。高度达 800 米的山间，每有其踪迹。桐树成熟时花叶扶疏，亦足以点缀风景，其生长甚速，枝干甚多，顶带平式，于种植后的第三或第四年，即产籽仁，约经 20 年后，即迅速趋于衰老。具体到各省产区，又分出若干品种，见表 1-1。

表 1-1　　　　　　　全国各省桐油产区桐树的品种

名称	种植状况
陕种	生长较慢，果实成熟期在 11 月中旬，每果含种子 3 粒左右，产量不及川湘种之多
川种	成长较速，树高 1—2 丈，果实成熟较早，每果含种子 3—5 粒，含油量甚富
湘种	成长快速，树高达 2 丈以上，每果含种子 5 粒，仁洁白如雪，含油最富，每 100 斤种子，可榨油 35—40 斤，为全国品种之最良者
鄂种	成长较慢于湘粤种，含油量则等于陕种
黔种	黔种之中，以铜仁种为最佳，每果含种子 4 粒，种子含油量，次于川湘种
粤种	树高达 3 丈，结果亦茂
滇种	品种似贵州铜仁种，果实成熟在霜降前后，含油量与黔种相似
其他	浙江、福建、江西、安徽等省，亦各异其品种。树身高度，大多在 1 丈左右，每果含种子三四粒，每 100 斤种子约可榨油 30—36 斤，油质不如川湘品种之佳

资料来源：曹博如《发展桐油事业与国民经济之联系（下）》，载《建国月刊》（上海）1936 年第 14 卷第 5 期。

观表 1-1，即知我国各省油桐树品种，当以四川、湖南二省为最佳，贵州油桐次之。

2. 桐油的种类

桐油的主要来源是桐油树的果实。桐实各部分的构造成分与其含油量如下：

$$桐果\ 100\% = 外壳\ 44\% + 籽皮\ 22.4\% + 桐仁\ 33.6\%[1]$$

我国的桐油有两种分类方法：一种是以生产地域的不同划分；另一

---

[1] 贺闾、刘瑚合编：《桐树与桐油》，实业部汉口商品检验局发行 1934 年版，第 35 页。

种是以制造方法、品质的不同而划分。

就产地而言，可分为川桐、南桐、荆沙桐、边江桐、襄古桐、陕桐等。川桐指四川所出产的桐油；南桐指湖南省和贵州东部所出产的桐油；湖北荆州、沙市一带所出产的桐油，称为荆沙桐；汉口下游至武穴一带所出产的桐油，称为边江桐；湖北西北部沿汉水流域所出产的桐油称为襄古桐；陕西省所出产的桐油称为陕桐。四川省当时的万县的桐油，则有上沱油、下沱油及后街油之分。广西的桐油则分为抚河油和大河油。

以桐油的颜色不同可以分为白桐油、黑桐油两种。黑桐油作暗褐色，湖南所产者属之。白桐油作半透明淡黄或淡褐色。四川所产者属之。①

桐油因制作工艺可分为光油、洪油、秀油，都是由桐油加料熬炼而成。洪油因制作方法的不同又分为生洪和熟洪两种；因品质的差异分为正俾和副俾两种，正俾为熟洪，副俾为生洪。"秀油因制造地点的不同分为原秀和常糊秀两种；因品质的不同分为尖秀、中秀、水秀（尾秀）三种。原秀为原产地秀山所产，常糊秀则是常德所仿制，以后者为较优，尖秀为秀油的最佳者，中秀次之，水秀又次之。"② 一般情况所称的秀油，即指水秀而言。

按桐油品质不同，运销国外的桐油标准有如下几种：最优等、优等、普通、次等、掺干性油（如梓油）、掺半干性油（如香油、麻油）、掺不干性油或矿油（如煤油、矿油）几种。运销国内外的标准即以此而定。桐油的品质以四川桐油为最佳。以检验品质而论，运销国外的桐油品质高于运销国内桐油的品质。

桐树和桐油的种类划分越细，越是能反映出桐油行业的兴旺、桐油贸易的隆盛。

---

① 疾风：《中国之桐油》，载《钱业月报》1937年第9卷第10号。
② 曾仲刚编述，邱人镐、周维梁主编：《湖南之桐茶油》，湖南省银行经济研究室1943年版，第8页。

第二节 桐油的用途

在漫长的岁月中，桐油主要作为照明的燃料出现在人们的日常生活中。近代以来，桐油的用途猛增。桐油成为多种工业的原料。现代社会，桐油更是成为可再生的生物能源，桐油的用途越来越广阔。

一 桐油的传统用途

桐油是植物油的一种，榨取桐籽出来的即是桐油。桐油自古以来就是我国长江流域用于点灯照明用的燃料油，在煤油进入我国之前，南方各省主要以桐油或茶油照明。清朝嘉庆年间的《湘潭县志》明确记载了桐油的加工："梧桐，子如胡椒，可食。白桐花如牵牛，华而不实。冈桐，俗称油桐，当地人多种植，收子榨油，名桐油，滓为桐枯。"[①]

我国桐油因为品质优良，黏性极强，色泽光滑且易干燥，免潮湿，所以用途很广。桐油在我国应用较早。

> 从大量的出土文物可知，战国时期的漆器是用大漆加桐油配合多种天然彩色颜料制成的油彩，绘制出了各种赏心悦目的纤细花纹图案。这种将桐油渗入大漆的配合技术是涂料工艺的突破。[②]

桐油的作用，主要是装饰房屋、器具、车船，桐油为日常重要涂料，干燥后不易脱落，并能耐湿耐热、抗酸抗碱、抵御虫蛀、防水防腐、色泽光润、坚牢耐久。

桐油是传统造船业当中必不可少的原材料。《天工开物》记载：

---

① （清）张云璈修，周系英纂：《湘潭县志》卷三九《风土下·土产木之属》，清嘉庆二十三年（1818）刻本。

② 王瑞元主编：《中国油脂工业发展史》，化学工业出版社2005年版，第8页。

凡灰用以固舟缝。则桐油、鱼油调厚绢、细罗，和油杵干下塞
舱。对于造船，用来填固船缝的，将石灰用桐油、鱼油调拌，并加
厚绢、细罗，捣烂塞补。①

江西、湖南是明清时期少数几个能够提供大量木材而又交通较为便
利的省份，故而又是造船大省。②

造船需要大量桐油，所以明清时期这里的山区也就有桐树的种植。

此外，在日常生活中，人们用桐油来涂擦鞋伞、舟车、房屋、竹木
器、制油布、油纸、制漆、制造中国墨、点灯照明等。

桐油作为液态油类的一种，可以用作点灯照明的燃料。明代宋应星
撰写的《天工开物》记载："燃灯则柏仁内水油为上，芸薹次之，亚麻
籽次之，棉花子次之，胡麻次之（燃灯最易竭），桐油与柏油为下。"

桐油是制造墨料的原料之一。明代崇祯年间宋应星撰写的《天工开
物》记载："凡墨，烧烟凝质而为之。取桐油、清油、猪油烟为者，居
十之一；取松烟为者，居十之九。"中国的徽墨颇具盛名，在徽墨制作
过程当中，桐油是重要的原料。"吾国墨以安徽为最著。故制墨法以徽
墨制造为主。徽墨原料，以桐烟为主体。桐烟之制造，先以桐籽榨取成
油，将油燃灯，其导火线用寻常之灯草数根。每灯之上，架以铁圈，置
瓷碟于其中，于是灯烟上升，遇冷即凝墨色之桐烟集于瓷碟上。司灯者
取下，用刀或刷将桐烟刮落，盛以木桶。刮毕置原处，使烟重后凝集。
每一工人可司灯百架，以次轮流，取下剔刮，此项桐烟刮下后，用包载
之置于箱中。每包100两，每箱10包，售诸制墨者，每箱价值约
1200元。"③

桐油从油桐的果实中榨出，作为涂料和防腐材料广泛用于船舶及房
屋的房檐、椽、窗等容易受潮的建筑材料的表面防腐上。因此，木质梁

---

① 转引自王瑞元主编《中国油脂工业发展史》，化学工业出版社2005年版，第11页。
② 方志远著：《明清湘鄂赣地区的人口流动与城乡商品经济》，人民出版社2001年版，
第305页。
③ 沈鹏飞：《制墨法》，载《实业浅说》1923年第227期。

栋、家具、棺材等器物的打造与维护需要用到桐油。早在明代就有记载："明工部修太庙梁栋，每根木料皆敷以滚桐油注之，逐水且牢。"①木材日久均甚易腐朽粉落，涂以桐油，可以帮助器物坚固耐久，延长其使用寿命。

精制桐油在日本称"秀油"②，其作用与普通的桐油相同，主要用于涂料和防腐，还用于纸灯笼的外表涂料。

桐油可以用来涂抹雨具、布、纸。纸伞、雨衣、靴鞋涂抹桐油后，可免破碎渗漏隐患，并能除水湿，坚固耐用。中国传统制伞业普遍采用桐油。如改换其他油则影响品质。"我国所制之纸伞，行销南洋群岛，为数甚巨。有些伞商因桐油价昂，而改用杂油，伞纸因而易于粘破不耐久用。南洋华侨商会，因致函国内伞商联合会，已派员赴浙、广各地调查，并临时加以指示，以期纸伞之品质纯正，以挽回南洋销路。"③ 粗布及皮纸涂油后，即成油布油纸。牛羊皮经桐油调制后，即润泽而柔软。桐油还可以用来制油墨。印刷所用的油墨中，桐油是其中重要的一项原料。

此外，桐油还可起到防治病虫害的作用。元代王祯在《王祯农书》中记载：可用桐油纸燃烧，塞入树木蛀孔之内熏杀害虫。清代包世臣所撰写的《齐民四术》介绍了防治稻苞虫的方法：每亩用二斤桐油，在无风的傍晚灌注，"则虫死，水且资肥"。

值得注意的是，桐油有毒性，不适于食用。

桐油在国内环境中，始终未能充分发挥其最大的比较利益。但是桐油进入国际市场后，即为国外科学家及实业家所赏识，用途大增。

二　桐油的近代用途

桐油的近代用途十分广泛。第一次世界大战结束后，经欧美油漆专家详加研究，桐油的用途也随之大增。仅以美国用作原料的工业而言，

---

① 佚名：《木材防腐》，载《中国营造学社汇刊》1930年第1卷第2期。
② ［日］水野幸吉：《中国中部事情·汉口》，武汉出版社2014年版，第187页。
③ 佚名：《纸伞商联合会派员指导改进油伞品质》，载《大公报》（上海）1936年7月25日，第7版。

已达850种之多。近代机械工业中，桐油是一种必要的原料，不但在日常用品制造业与轻、重工业不可缺，在军需工业亦占特别重要地位，即飞机、兵舰、潜水艇、汽车等，莫不应用。桐油用途之广，几乎遍布各工业部门。① 仅列一部分用途如下。

1. 涂料用

用桐油为船舶、房屋及家具的涂料，具有防腐耐水的功能。用桐油制成油漆，用途更广。用以饰革，涂电动机、发电机、海底电线，以增加其绝缘性及耐水性。桐油有抵抗酸碱的腐蚀能力，用以涂钢铁及其他金属，可以制造化学工业上的用具。

桐油的干性快，抗水性强，是制造油漆的重要原料之一。民国时期，中国铁路技师发明中国桐油制作油漆，供应铁路客车外壳使用。色鲜耐久，与外国的洋漆及中国的广漆相仿，功效甚佳。

> 此种桐油漆，在中国铁路广泛运用，北宁铁路的唐山厂，平汉铁路的长辛店厂，用之最广。平浦通车的客车，其车架上有Wood Oil字样，即此种油漆所漆。炼制并无特别方法，以桐油和密陀僧即成。②

近代中国油漆工厂，多集中于上海、汉口、天津等埠。1936年"天津有油漆工厂约四五家"③。此外，天津一部分颜料店及油漆工匠（本市油漆工匠约有三千人之数），多自熬炼桐油，或为商品出售，或应顾客的要求髹涂。④

2. 建筑材料用

桐油与石灰混合后，即变成坚硬的固体，可做接合剂，俗名油石灰。若将与沙泥混合后，更为坚硬，不亚于花岗石，可用于建筑物补

---

① 徐日琨：《桐油与桐油合作督导》，载《桐油专刊》1939年第2期。
② 佚名：《桐油制漆》，载《新闻报》1933年7月7日第16版。
③ 佚名：《天津油漆业之调查》，载《津浦铁路日刊》1936年3月3日。
④ 三亨：《天津油漆工业调查》，载《津浦铁路日刊》1936年第1483—1507期。

缝隙。

3. 制油墨用

桐油吹入空气加热，使成黏性，可制印刷油墨。因此，桐油广泛运用于报纸、书籍的印刷制作工艺。

4. 制橡皮的代替物用

桐油加高温则成胶状固体，可用作橡皮的替代物。

5. 燃料用

内地居民用桐油作为燃灯原料，但是油气可能伤眼睛。在桐油中掺以少量植物油，即可避免此种情况。

6. 制药用

桐油在医药上则可用于解砒霜毒，作呕吐剂，去臃肿，杀虫，治疮疖、烧伤、顽癣等类。因其具有防腐杀菌能力，所以是膏药中的重要原料。①

7. 铺筑路面

桐油与松香配合，即可代替沥青，铺筑路面。

普通修筑高级路面，不外水泥路与柏油路两种。我国水泥产量不足，柏油亦须依赖于海外，当此抗战时期，不独购运困难，亦非战时经济所许可。经专家之研究，乃以桐油代替舶来品修筑路面，成效颇佳。修筑方法：用各种粗细石料及黏土、石灰，按适当比例配合，滚压平坦，然后敷涂桐油，以增加面层之黏合力。等面层干燥后，修筑即告完竣。桐油路面之优点有四：一、天晴无灰尘飞扬，二、雨后道路不致泥泞，三、路面平坦，减少车辆耗损，四、路面经久耐用，可以节省补修费用。②

---

① 罗仑：《我国桐油之概况》，载《校风》1936 年第 470 期。
② 黄仁勋：《商品知识：桐油（四）》，载《贸易月刊》1942 年第 3 卷第 11 期。

8. 制造防水防雨纺织品

如漆布、油布、人造皮革、账篷、雨衣、雨帽等的制造，均不可缺少桐油。

9. 各种武器的日常使用保养

英国人博克（Brok）发明桐油保护步枪之大用途。因士兵作战时，每次枪弹发出后，其枪管即行发热，炙手烫人。如欲继续使用，其热未退，便有危险。因此影响射击时间，常感不便，惟预先以桐油搽之，则可免此患。自博克（Brok）发明杜防后，各国莫不争相采用之。①

以上都是就桐油本身的用途而言，而且其他各种副产品也均有用途。桐木质轻，不为虫蛀，可为乐器、衣橱、炉盖，也可用作上等箱料、物料。桐壳燃烧成灰后掺入纸浆，可作造纸原料。焚烟可以制墨。桐树皮焚烧成灰，可以制碱，也可用制布染料。② 桐饼是榨油后所剩渣饼，将其碾碎可作肥料，施于旱农作物（如玉米等）效果显著，并且有疏松土质的效果，在桐油产区桐饼多用于农民施肥。如在安徽歙县，"桐子的渣为桐饼，俗称枯粪，用来培育玉米及珠兰花积肥"③。桐油渣也可用来铺筑路面。"我国当局对公路交通，改进不遗余力。最近发明以特产桐油之渣，废物利用，作为筑路基之材料，以代替平时所用之柏油。"④

值得指出的是，民国时期，各地普通民众仍然继续广泛使用桐油作为燃料用来点灯照明。这一时期掀起了新式桐油灯的创造发明热潮。

---

① 卫道人：《中国桐油在欧洲发明新用途英人博克坡发明桐护步枪各国争起购油以备战中急需》，载《上海报》1936 年 7 月 4 日。
② 吴兴生：《桐油述略》（七），载《津浦铁路月刊》1936 年第 1638—1663 期。
③ 石国柱等修、许承尧等纂：《歙县志》卷三，《食货志·物产》，1937 年铅印本。
④ 佚名：《我国发明桐油渣筑路》，载《江西地方教育》1940 年第 176 期。

在当时的万县桐油查验所发明新式桐油灯三种，已经从县建设科精求进善。当此煤油、汽油屡次提高价格，人民经济大受影响之时，对于这种灯的产生，实为挽救民困的一大要件。为此，县政府集资广设工厂，以便多造。当时的万县林县长对此尤为兴趣，特开大会，通过以下办法：1. 在本县的建设经费中拨款千元，购置机器，以便广造。2. 开工时，由县建设科派人监视，以便精益求精。3. 饬令各乡长，在出品后，广为购置，转劝所属民众，一律改用此灯。此灯之光度与市上所用之汽灯无异，如此费用减少，而发光又亮，亦为补民困之一发明也。①

抗日战争时期，汽油、煤油获取不易，使用桐油灯的民众更加有所增加。在当时的巴县，"自石油缺乏后，植物油灯已于大后方普通应用，但是灯带因燃烧而胶结，须时时剪去，颇为厌烦。林鑫祥发明玉丰式桐油灯，即针对此点改善。该项装置，经济部已予以新型专利五年"②。另有邵懿堂发明经济桐油灯，"系利用储油箱之较高位置，使灯芯浸渍于桐油中，以免结花及发硬的弊端。储油箱与灯芯间有扁状弧形油管一支，用贮桐油。经济部准予新型专利三年"③。

第三节　桐果的采摘与桐油的初加工

桐果的采摘与桐油加工是必须在桐油产地市场完成的工序，待桐油进行初加工后，方可运往上一级的集散市场。

一　桐果的采摘

我国南方的气候和土壤，最适合桐树的生长，而尤以长江流域沿途

---

① 佚名：《中外要闻：万县发明新式桐油灯》，载《天主公教白话报》1934年第8卷第22期。
② 佚名：《林祥鑫发明玉丰式桐油灯》，载《西南实业通讯》1942年第6卷第4期。
③ 佚名：《邵懿堂发明经济桐油灯》，载《西南实业通讯》1945年第12卷第1—2期。

各省最为发达。桐实的成熟一般在 10 月或者 11 月。民国以前四川、湖南等地农村的桐树果实经常出现还没成熟即早摘的情况，以致妨碍了桐油品质。早摘的原因，一是由于农村尚无保护树间桐油果实的适当方法，而桐树多散在山野之间，看管困难。二是由于农民经济困难，以致提早出售未成熟的农产品。①

桐果成熟时期在寒露时节，故采摘必须在寒露节后，才能不损耗油分。

> 其采取方法，约有两种：一是从树摘取，其未十分成熟者，亦一律摘下，是其缺点。此多行之于未曾除草之桐山。盖桐山除草不清净，落下桐果不易寻觅，此法多用于老山桐林。一是就地拾起，在除草清净的桐林，固便利多多，既可省工，又可得完全成熟之桐果。惟桐果久堕地上，风吹日晒，果皮变硬，剥取费时，是其缺点。②

农民在收获桐果以后，在家里将桐果剥皮，集桐果于空地，上铺干草。一则预防烈日侵袭，以免果皮坚硬，不易剥取；二则保持内部温度，增加其软化速度，使其发酵，经过 20 余日，桐果外皮破烂，这时用人工剥去外皮，再以挖刀挖开其黄褐色硬壳，桐籽即可去除。或采取用沸水泡桐果取桐籽的方法，果皮泡软后容易剥。还有以桐果放置室外空地晒干，日久壳裂取籽。方法不同，取籽则异。将桐果剥皮的工作，多由家中妇女操作，手法娴熟，剥取速度较快。

桐果剥皮后，风干后密封于干燥室内，隔绝阳光雨露，可经久不坏。每隔一个半月后，需要随时取出暴晒，恐其发霉，减少油分，且油混浊，不易澄清。储藏过夏的桐子，表面呈现微黄色，油

---

① 参见曾仲刚编述，邱人镐、周维梁主编《湖南之桐茶油》，湖南省银行调查研究室 1943 年版，第 15 页。
② 蒋学楷：《农村生产：湖南之桐油》，载《农村合作月报》1936 年第 2 卷第 5 期。

分溢于表面，内部干枯，油量即缩减矣。①

二　桐油的初加工

农户将桐果剥皮后取得桐籽，卖给本地榨油坊。其买卖方式，和江浙的丝商于夏、秋两季在各乡收买蚕茧的方式差不多。桐油的榨油坊大部分设置在交通便利、桐籽比较多的地方。榨油坊专门从事各种油类的榨制，于冬季收购各处桐籽。

榨油坊中重要设备为榨油机一架，石碾一具，以及牲畜、炉灶、蒸笼、风车等。榨油机设坊的中央，一端放蒸炕，其另一端为碾坊及储藏室。在1934年，估计全部设施，约需洋二千余元。②

榨油一般指植物油的榨制，包括桐籽、棉籽、麻籽、花生、各种豆类在内的经济作物的进一步加工。中国的榨油业自古有之，历史非常悠久。民国时期榨制油类仍多沿袭传统方法，设备简陋，一切步骤都要依靠人力劳动。桐油榨制方法，依其品质不同，可分为桐油、光油、洪油和秀油四种。以桐油和光油的制作工艺，较为普通。榨油坊所需要的桐籽，多由坊主向本地农民收购，或由农民自行运送桐籽至榨油坊；如果榨油坊需要特别多，往往在桐籽成熟前，先向农民预订收购，也有商人专收桐籽售给榨油坊的。榨油坊分作坊式油坊和临时油坊两种。前者专榨制各种植物油，桐油为其中的一种；后者是农民收获桐籽后临时设坊榨油，时过即歇。"1934年，湖南各县桐油加工以家庭手工业所产者居多，约占总产量的70%以上；由榨油坊榨出的油仅占总产量的30%"③。

传统的桐油生产方法分如下步骤。

---

① 蒋学楷：《农村生产：湖南之桐油》，载《农村合作月报》1936年第2卷第5期。
② 贺闿、刘瑚合编：《桐树与桐油》，实业部汉口商品检验局发行1934年版，第35页。
③ 湖南省地方志编纂委员会编：《湖南省志·第十三卷·贸易志·粮油贸易》，湖南出版社1993年版，第328页。

一是除垢。

榨油坊从农民手里收买或代榨的桐籽，多含有杂质和尘土等物，须先行雇工剔除其杂质，再用风车风力去其垢。有时也用筛子筛，筛子筛的方法多用于去皮脱壳后进行，并可以在冬季农闲的时候利用妇孺协助剔取。不管用何种方法，必须剔除杂质才能榨制，但是杂质往往不能保证完全剔除干净。

二是烘干。

榨油的第一步工作，便是桐籽的烘干。因桐籽含有水分，经过烘干，水分消失，否则不但难于碾碎，而且油质混浊。干制桐籽方法，各地略有不同，通常可分为三种，即炒干、烘干及晒干。炒干是将桐籽置于铁锅中以木勺炒，去其所含水分，但这种方法制成的油，颜色较暗，没有用烘干的好。烘干是先挖一坑，将桐籽平摊在竹片上，用燃料将其烘干。或者用烘炉烘干，烘炉通常用青砖和水泥制成，烘炉长三尺六寸，高四尺，分上下二层，上层高二尺七八寸，下层高约一尺二三寸，烘烤时将湿桐子平铺上层，于下层烧煤，徐徐烘干。烘干时需要时时搅拌，以防止烧焦。等待桐子呈黄褐色时，即为桐籽干燥之证，通常烘干一次，用湿桐籽一石二斗，烘干后重量约减少20%。晒干是将桐籽置于室外平地让阳光暴晒使其干燥。在夏季日光强烈时，仅凭借日光晒干桐籽，这种方法不但可省费用，而且品质最佳，其色清淡，便于外销。

三是碾粉。

桐籽干燥后，即置石碾中利用水力或牲畜力转动石磙来碾碎，碾槽及碾轮都是由青石制成，碾盘以水泥筑成。前者称为水碾，后者称为旱碾。小规模的榨取桐油，多用人工碾之。水碾设备费用虽高，但工作效率高。"每日每槽可碾6次，每次可碾桐籽约10市斗，旱碾减半。但水碾碾子榨油，较用旱碾者每百斤出油约少1斤。待桐籽碾成粉末后，用竹筛筛粉。桐粉经过筛后成饼，直径约1.2英尺"。①

---

① 曾仲刚编述，邱人镐、周维梁主编：《湖南之桐茶油》，湖南省银行经济研究室1943年版，第36页。

四是蒸熟。

磨碾后将桐籽粉末用布包好摊在木板上面盖好布，放在大铁锅内蒸约 15 分钟。桐粉有出油现象时，即为成熟征兆。

五是踩饼。

桐籽粉蒸熟后，将其趁热放入环形铁箍中，箍内铺以稻草，放好桐籽后，又以稻草覆上，踩紧成饼。

六是压榨。

桐油压榨的方法各地有异，但是大体相似。桐饼制成后，依次装入榨圆槽内，大约每榨可容二十饼左右。榨制桐油的木头用极坚硬的两块木头制成，多以枫、麻栗等木材制造，取其庞大，长约十四尺七寸，以一尺九寸平方米木两块，相对各挖成半圆槽，上、下槽中各嵌薄铁条两条，保护面槽。一仰一覆，横置木架上，一楔复一楔，务使桐饼受极大的压力而泌出油分，由下方小孔流入预置的储油器中。榨制桐油有头油、二油、三油之分。头油是最先榨出的油，为自然的淡黄色。二油即第一次榨取的残渣，再次蒸熟，再施压榨而得油，色较浓厚，几乎为棕色。三油是施行第三次压榨所得的油，色质与二油相同，都呈棕色。桐油的榨制一般以头油出产较多。① 至此，榨油的步骤全部完成。

七是滤清。

将榨取的桐油，再用粗布滤去杂质，使成净油。

八是装篓。

将滤清的桐油，80 斤或 200 斤，分别装篓。

每小时每人能剥桐实 60 斤。石碾一具，人力畜力并用，每小时可碾碎桐籽 150 斤。木榨一架，加以人力，每天开榨三次，每次榨油 79 斤，每天榨油 210 斤，每小时榨油约可 20 斤（26.6 磅）。②

土法压榨桐油的方法广泛存在于中国广大农村和乡镇的榨油作坊和

---

① 吴兴生：《桐油述略》（四），载《津浦铁路月刊》1936 年第 1638—1663 期。
② 贺闿、刘瑚合编：《桐树与桐油》，实业部汉口商品检验局发行 1934 年版，第 37 页。

农民家中，我国旧式榨油方法不良，桐籽所含油质未能尽行榨出，榨出的油品质不纯，色泽不纯正而且其中含有杂质。

而各地桐油商贩对于桐油的储存多有疏忽，以致耗损过多，使成本增加。这些弊端阻碍了桐油行业的进一步发展。

用这种传统办法榨油有以下不足之处。

第一，设备简陋。

桐油用土法榨制木榨制油，其弊端有六种："压力过小，油分未净；稻草包裹，致生浑脚；各油共榨，难免掺杂；榨灰难净，损坏油质；榨木吸油，耗费甚巨；效率极小，耗时甚多。"① 显然用传统方法榨油耗时多而效率小。每一榨桐油从炒籽到滤油止，工需28小时左右，一榨最多可出油90斤，平均每小时仅有3斤多而已，又因榨工人力有限，故出油量受到限制。榨油率低的原因有两个：一是榨油不尽，二是木榨吸收油质。据具有经验榨油商估计，好的榨油工具及榨油工的"头道油"也只有75%左右的出油率。这些都是因为设备简陋、榨制不良所致。往往因设备简陋榨出的油质不纯不符合各种工业用途的标准需要再进行加工，又增加了生产成本。而精炼设备往往是外商所有，外商可以以此来压低桐油价格。如果使桐籽被日光晒干，色泽清淡，度数加高，外商更乐于收购，更能适应国际市场的需要。

第二，油质不纯。

农人在产区收拾桐树果实时，往往矿石混杂。榨油商户又不加拣选，藏于湿冷地窖，任其自然霉腐，然后取籽榨油。而烘烤桐籽，火力亦不旺，往往杂有渣滓，故桐油色黑褐且有腥臭味。榨油时往往混入了谷草、籽粉及杂油等物，使油脂不纯，故桐油业者都说"桐油千层脚"②，即是油质不纯、难以澄清的意思。不少桐油商贩借此机会每因贪图小利，在桐油内掺入低价的油类或杂品，以期增加重量，博取高

---

① 曾仲刚编述，邱人镐、周维梁主编：《湖南之桐茶油》，湖南省银行经济研究室1943年版，第178页。

② 两湖桐油产地调查队编：《两湖桐油产销调查报告》，1950年，第13页，湖北省档案馆馆藏：目录号：SZ68-1-8。

价。或值油价高涨,供给不足时,即掺假搪塞。桐油有其特殊的干燥性,一经掺入不干燥性或半干燥性的油,不但油质因而不纯,而提净亦更加困难,直接影响油质的本身,间接影响国外的信誉。这种商家短视行为极大地损害了桐油商人的信誉度,久而久之,销售受影响;而减少收入的也正是这一部分商贩。

第三,储运疏忽

各地农户因为设备简陋,人手有限,对于桐油榨制后的处置,颇多疏忽,以致损耗甚多,成本增加。"通常油类多以篾篓装盛,内仅衬以油纸数层,篓盖多篾制,皆用油纸糊封,堆置阴湿铺屋或油栈内,与其他货物混杂一处,经常有渗漏的损失和导致火灾的危险。"[①] 用篾篓装油,运往各集散市场多靠人力肩挑,或依水道船载,每次运输数量有限,则成本势必增加,也是无形中的损失。

物品运输的损耗与其包装的方法有极大关系。桐油在产地的榨油坊运出至集散市场这一途程时,多用篓或木桶装盛桐油。包装大小不一,装配颇难整齐,这种包装方法极易破裂漏油,且容易和其他货物相互污染,造成极大的浪费。我国桐油包装的方法,亦未尽宜,可改进的地方很多。如运销欧洲的桐油,多用木桶或铁桶装盛。这种装法,手续既繁,运输亦复困难,而运费亦以俱增;反不若散装运输之便利。我国输往美国的桐油多用散装,此法不独便利,而且经济,这是桐油海外运输最好的方法。

第四,手续繁多

桐油的生产运输销售,各流程并无良好的组织。仅凭农户或小资本的行号各自收购桐油,再运至各区桐油集散的市场,辗转买卖,经手甚繁。桐油的成本,无形抬高,而价格亦不得不因之昂贵,在贸易上已属不利。

我国内地小商,不学无术,对桐油贸易的海外市场,茫然不

---

① 曾仲刚编述,邱人镐、周维梁主编:《湖南之桐茶油》,湖南省银行经济研究室1943年版,第180页。

明，即在团结对外的意义上，也以见利忘义，从无健全的贸易组织，所以桐油的集散，费时耗财，对外输出，又不能确然自主，故利益大多被外商所获取。①

中国自从通商以来，对外贸易总是站在不利的地位上，桐油商品，我国商人多半只把它运到汉口和上海，至于如何运出、如何推销、如何划一标准品质，都是外国洋行来设法经营，中国商人当时很少能懂国外市场和推销情形，所以很少自己可以直接出口。②

在桐油商品层层转手的过程中，有的商贩因贪图小利，在桐油中掺杂做伪，以致品质下降，影响商誉。

（1921年）沪上油麻公所董事前因该同业忽被客商将伪质桐油装运来沪冒牌混售，以致同受影响。曾经邀集会议呈请官厅查禁在案。1920年因专造秀油著名之晋太亨、万兴裕两坊忽而倒闭，以致真牌秀油来源稀少，价亦增涨至每担十八九两之谱。故由作伪之徒于1920年冬为始冒托济昌祥牌之秀油从汉口等埠运沪。该同业初未察觉，迨由内地各购去之后大不合于用，遂研究其性质纯系桐油脚于厂家废油混合制成。经查冒牌以低货混售有碍营业，已呈该地官厅查究。后又改冒他牌，纷纷运沪，蒙混售卖，购者受愚。而该同业因迭受退货亏累，贻害匪浅。该业董事又复邀集各同业召开紧急会议，到者皆沪上同业，共有数十人共同列席，讨论良久，联合呈请江苏实业厅上海县公输等进行布告，实行查禁。③

1923年，上海桐油业市场上出现冒牌伪质桐油。

查得沪上市间发生一种伪质桐油冒用牌子在市场混销。细查此

---

① 汤望溪：《我国桐油产销的回顾与展望》，载《经济评论》1936年第3卷第7期。
② 佚名：《过去中国商人，不懂对外贸易》，载《申报》1947年9月18日第1版。
③ 佚名：《油麻公所议禁伪质桐油办法》，载《申报》1921年5月6日第1版。

种伪质来自长江一带，故将伪货扣留。该业公所恐一般用者手愚遂将货样送至商会请为转呈官厅设法查禁以维商业云。①

1936年，在上海经营洪油贸易的洪油商号萧恒庆、杨恒昌、徐荣昌、恒昌永、杨恒源、刘同庆、刘庆元、丰萃记、刘安庆等号连续在《申报》发表通告：

> 萧恒庆、日球、福寿、岐山凤鸣、鹦鹉洪油商标通告，委托常年法律顾问并因上列商标洪江桐油运销各埠久著信用，查有不法分子不顾商业道德，以劣质伪油冒用上列商标欺骗用户混售渔利，不特妨害各号本牌信誉及营业上损失，且危害用户甚巨，特请代表登报警告等语。特此代表警告自登报日起，如再有假冒上开各户之上列各商标情事，本律师当依法尽保障之责，幸勿尝试。②

此类新闻在报纸上屡屡出现，说明不良商人在桐油里面掺假、假冒品牌等事件不是偶然现象。因此，商品检验局出面函桐油业商家：

> 出口桐油需经本局检验给证后方准报关出口。近查悉上海出口桐油，向局报验后，往往掺入转口桐油（国内销售的桐油品质不如出口桐油的品质）之内，蒙混出口。此事不特使检验政策失其效用，且恐影响对外贸易。故本局特通告桐油业商家，请注重信用，免为发展对外贸易之障碍。③

随着国际市场对桐油的需求陡增，为达到国际市场所要求的出口标准，20世纪20年代以后，上述这种旧式榨油方法、包装、运输、存储

---

① 佚名：《请查禁冒牌伪桐油》，载《申报》1923年4月23日第7版。
② 佚名：《警告假冒洪油商标通告》，载《申报》1936年4月12日第5版。
③ 佚名：《局务纪要：化验处消息：本局函桐油业商家注重信用》，载《国际贸易导报》1930年第1卷第2期。

方法多有改善。在桐油集散市场，如汉口、当时的万县、上海等地，提倡精榨桐油，以新式机器，代替人工来榨油。新式榨油机如安德臣机（Andersan）及水压机（Hydraulic press）均可采用购机所费不多，用机器榨油，不但油质可以增多，并且可以使桐油清洁纯粹，同时可以节省人工，实是一举多得的事情。可惜的是，广大桐油产地市场的桐油业者对于先进的机器榨制方法所接受的程度不高，近代以来，虽然在各大城市（如上海、汉口）出现了机器榨油的工厂，但桐油的榨油方法皆墨守成规，普遍存在的仍然是土法压榨这种情况并且一直延续到中华人民共和国成立以后。

反之，20世纪20年代以后集散市场、出口市场的桐油业者对于新的桐油包装、储存方式和新的桐油运输载体接受程度较高，新的包装、运输、存储方法得到了普遍运用。自从1929年汉口成立商品检验局，对桐油进行标准化检验以后，桐油中掺假作伪的情况也大大减少。

桐树果实是十分有重量的农产品，从产地运输桐实至汉口运费过高。而桐实在原产地就近加工成桐油十分方便，农民在自己家中或者小榨油坊内就能完成，榨油设备简陋，且没有很高的技术含量，这种家庭作业，老弱妇孺都可从中协助，人工费用极低。从经济角度考虑，在产地收集桐实就地加工成桐油，无疑是最好的选择。产地就近加工出来的桐油，经过层层运销网络后，集中到汉口洋行储存，再进行精炼加工后出售。

桐油是由桐树果实经过多重压榨生产出来的。其加工的水平决定着桐油的质量和销路。以往在各地加工出来的桐油纯度不高，质量往往难以保证，国际市场需要高质量的产品，因此对桐油进行精炼加工成为提高桐油品质的重要方法。20年代后期，在桐油的集散市场逐渐出现了由资本雄厚的洋商兴建的专门用以榨制桐油的机器榨油厂，这种新式榨油厂在去壳、去尘、磨粉和榨油等各个加工环节都有很大的改进，有的还使用电力等现代的动力设备来进行生产。新式油厂的设置，则以1928年施美洋行为创始，生利洋行、聚兴行贸易部，相继兴起，同义、华通两家出口行商,先后成立,蔚然可观。1946年,中国桐油重新大量输出美国,"美国为协助增加中国桐油之产量起见,已由旧金山某商行将配备齐全之新式榨油设备运往中国"①。

用机器设备圆片机去壳,去壳速率每小时可剥桐实1025斤,而按照传统办法每小时每人仅能剥桐实60斤。传统方法剔除零壳与尘土采用人工或者风车,新式方法则利用空气吸出;传统磨粉方法采用石碾加以人畜力,每小时可磨籽粉150斤,新式方法用磨粉机,每小时可磨籽粉462斤;传统榨油方法是用人力操作木制榨机,每天榨油270斤,每小时榨油20斤,榨得的油量为桐籽的24%,新式方法则采用安氏压榨机,每天榨油3888斤,每小时榨油162斤,所得的油量为桐籽的31.5%。②

新式机器榨油方法比起传统旧式榨油方法而言,更为先进,更为有效率,体现了生产力的进步。可惜由于资金等方面的原因,这种机器榨油方法在民国时期未能普及,长江流域广大的桐油原产地仍然多采用传统办法来生产加工桐油。

整个民国时期,桐油的初加工基本上一直是在桐油原产地的农民家中或者是榨油坊中而成的。数量众多的榨油坊榨制桐油时所采用的除垢、烘干、碾粉、蒸熟、踩饼、压榨等工序仍是以人力为主,辅之以畜力。产地小榨油坊普遍存在,有其特定的原因。

运费之减少这一点。生长桐树的地点,大多数地方交通设施不完备,运费高昂,为图运输便利,并节省运费起见,自以在未装运之前,就地榨油,以减轻桐籽重量及体积,较符合经济原则。在大

---

① 佚名:《桐油销美总额,本年只一万三千吨,美商运新机械来华》,载《申报》1946年9月25日第7版。

② 数据参见贺闿、刘瑚合编《桐树与桐油》,实业部汉口商品检验局1934年版,第91页。

型集散市场的机器榨油厂最大之优点，可以增加桐树种子出油量之百分比，但为此所增益之油量价值，犹不足抵偿远距离内为运输桐树果实或种子所增益之运费，所以大规模集中的榨油工厂难以得到发展，而小规模小榨油坊得以继续繁荣。①

另外一点，是和民国时期劳动力成本特别低廉有关。由于劳动力多是家属、学徒，甚至是无其他事可干的老人、妇女、儿童，可以省去不少工资开销，又可以最大限度地利用时间工作，再加上购买榨油机器需要一次性拿出大额资金，众多的农民和小榨油坊并没有采用机器榨油的迫切需要。各地采摘的桐树果实加工成桐油后，集中运往汉口，再进行精炼加工方能出口外销。

在汉口集中的多是在各地作坊中加工出来的桐油，属于毛油，即毛货，纯度不高，质量往往难以保证，与国际市场需要的工业原料用油尚有很大的差距。因此，对桐油进行精炼加工成为提高桐油品质的重要方法，桐油压榨和精炼也是汉口重要的近代加工业。机器加工桐油的技术是在19世纪后半叶由洋商引入中国的。1905年日本人在汉阳开设了第一家机器榨油厂，用以榨制茶油、花生油、大豆油等。至此，机器加工桐油的方法逐渐在汉口兴起。由于桐油精加工需要建设较大的储油池和精炼设备，所以在相当长的时间内，较大的储油池和精炼厂都是由汉口的桐油出口行控制的。洋商经营桐油输出业的，多设有精制厂。

> 将其所采办的原油，设油厂去其渣滓，则成精油，此种精制厂集中于汉口，以该埠为全国最大的桐油聚散中心。②

桐油的精炼过程是将桐油倾入特制的铁池中，池底以水泥筑成，作圆锥状，油即经管道运输至毛油池，周围有蒸汽管，池中桐油受蒸汽热力，其杂质渐次沉淀于池底，呈现上清下浊状态，其上层净油，由池旁

---

① 迪西：《桐油之生产与贸易》，邓启东译，载《地理》1941年第1卷第1期。
② 杨大金编：《现代中国实业志》，商务印书馆1940年版，第681页。

预置的吸管流出，浊油则由池底吸管泄出，其工序即告完成。桐油的精炼过程，大致为夏天需要经过24小时，冬天需要经过36小时，油质即呈黄色。各产地市场的桐油除安利英洋行外，其余均须运至汉口方可精炼。抗日战争爆发后，桐油归政府统一收购，所以各地毛货亦均由复兴公司设厂精炼，以便集中外销。

以1933年汉口怡和公司制油部为例：怡和公司制油部，以收购和出口桐油为主，该行分四部，即受入部、精制油部、储藏部及转运部。

> 当公司收买桐油时，须一一检查其合格与否，其试验方法，与欧美诸国相同。其法用直径6mm的金属容器，盛油少许，约熬至540度时，再冷却使其凝结成固体，然后割之，其内部略呈灰色，而且负性坚硬的为合格，否则不能收买。要是油中积有尘埃，亦有种种方法得以除之。但纯粹的桐油，可以用油槽来盛，输出时以樽盛入，每日产额约达400樽，一年的输出，约桐油10万担，木油10万担。①

国外对于高品质桐油的大量需求带动了桐油加工的现代化。汉口各油行对于桐油炼净工作，颇能慎重，在汉口经过标准加工程序后的桐油，质量有所保证。炼净后的精油，色质均佳。其沉淀于桶底、质量达不到要求的桐油销往国内市场供造船、修船、制作油布、雨伞使用，加工后剩下的油脚榨渣滓则用作肥料出售。"此项色油榨油均销内地各船户作油船身之用。"② 这样的加工程序体现了桐油价值利用的最大化，有利于桐油出口贸易的大幅度增长。

储存桐油的设备，汉口多于他埠。出口商行因为实际需要，先后自建厂址，购备炼油机件及水汀机、炼油池、储油柜等。汉口各油行均向洋行租有储藏桐油的储油柜及炼净机件，以供应炼净桐油之用。

---

① 佚名：《汉口市场之植物油》，载《上海总商会月报》1921年第1卷第2号。
② 佚名：《汉口桐油之调查》，载《工商半月刊》1929年第1卷第14期。

表 1-2　　1933 年汉口各洋行储油柜储油量　　单位：吨

产主	柜量	地址	租户
其来	3500	法租界	春元油行、元昌油行分租
美孚	1500	丹水池	美商施米司专储桐油
福中	1000	丹水池	聚兴诚生利分租
三井	1400	特一区	自用
三菱	1100	日租界	自用
怡和	1100	特三区	自用
安利英	1000	特一区	自用及代礼和洋行储油
立兴	900	法租界	亦昌油行租用
立兴	150	特一区	未用
日华	800	日租界	自用
捷成	800	特一区后	德茂油行租用
美最时	500	特一区	慎昌油行租用
宝隆	500	特一区	晋昌油行租用
中英	650	特一区	祥昌油行租用
禅臣	200	特一区	洪昌油行租用
沙逊	150	特三区	未用
义隆	400	特一区	未用
慎昌	400	大智门	未用
嘉柏	100	特一区	自用

资料来源：李昌隆编著《中国桐油贸易概论》，商务印书馆 1935 年版，第 111 页。

表1-2所列各澄油厂，以怡和一厂开办为最早，纯以精制怡和洋行所买进的桐油而设，由其昌油行租用。其存油部备有铁柜，可储油1100吨。1929年其来洋行等亦相继设立，其时已达20余家。1930年后，洋行深入原产地购油，汉口出口洋行觉得收买毛油代行提炼为不合算，故将油栈出租于油行，"炼装净油工作，遂归油行自理，洋行储存的仅三井、三菱、日华、嘉柏等数家而已"①。其余洋行深入内地各集散市场兴建机器榨油厂，获取更高的利润。

总之，依表1-2计算，汉口储油池的储油能力相当强大，统计汉口油柜的储油力量，1933年汉口各家储油柜存储桐油力量，共有16350吨，以其来油行的3500吨为最大，嘉柏洋行的100吨为最小。各家均随炼随售，在汉口并无多量囤积。"即使是3月至8月间桐油贸易最盛时期，在厂囤积的也不过是六七千吨，平时囤积的仅一二千吨而已。"②这种储油能力为汉口作为国内最大桐油市场提供了支撑，各地油商不必担心桐油收购量过大而无处储存的问题。从炼油、储油的环节可以看出，储油及炼油的设备基本上都是由外商掌控，这样就从一个方面反映了导致桐油贸易被外商掌握的原因所在。

---

① 严匡国编著：《桐油》，正中书局1944年版，第105页。
② 李昌隆编著：《中国桐油贸易概论》，商务印书馆1933年版，第114页。

第二章

桐油出口贸易的发展阶段

桐树的种植与桐油的使用，不知始自何时，历史十分悠长。宋代陈翥撰的《桐谱》一书，分十篇记述桐油的种植生产与用途之事。元代万州安抚使王师能过木枥时，有"山半桐花点客衣"之句，反映了四川桐树在元代即已成林。"彼时桐树，多系野生，山头路边，仅以点缀风景，初无对外贸易可言。"到明朝洪武年间，官府命令种植桐树、漆树及棕树于南京朝阳门外钟山的向阳面，总计50余万亩，这是国营桐林的开端。13世纪时，意大利人马可·波罗记其东游见闻，曾提及中国木油可与石灰混合用以填塞船缝，这是外国人知中国桐油的起始。

第一节 明清时期的桐油出口贸易

明清时期，全国各地纷纷种植桐树。这一时期的桐油多用于照明燃料、涂抹木制家具、填塞船缝、制伞、制扇等。这一情况在各地方志中多有记载。

一 各地方志所记载桐油生产贸易

在贵州省，"清道光二十一年（1841）前后，思南府，府县属地土产寥寥，惟桐油、柏油、山漆可以行远。"①

---

① （清）夏修恕修，萧琯、何廷熙等纂：《思南府续志》卷二，地理门，风俗，清道光二十一年（1841）刻本。

在广西，"清朝末年，广西廉州府灵山县，输出之品，以谷米、蓝靛、烟叶、蔗糖、果实、钢铁、桐油为大宗，桐油销至北海达省港。"①

湖南省，"清光绪末年（1908），湖南宝庆府邵阳县，桐油以桐树实为之，烟熏，可以制墨，夜用燃灯照人，颇能经久。桐易生长，又易结子，与棕并为日用，俗有千棕万桐，永世不穷之谚。"② "湖南澧州石门县，产桐、茶、木子、菜花，榨取其实为油，或食，或续灯焉。"③湖南慈利县，"桐籽，茶子，子皆以榨油。桐籽县产多有，独八都为特富，次则三都，往时八都、三都，矮丘高下如贯珠，皆无寸萌，间蓺松，而不繁荣。逮清季或垦以植桐，再期年作花，再期年结实，谚所谓'栽桐籽，三年还本'者也。初，不二纪，八都山无不桐矣。闻之父老，清咸丰、同治世，桐油市价今百缗钱三千或四千而止。自后海通，输出额逐步增高，县人植桐去草松土，岁有常程，故地力彭亨，油质更佳，每百斤售钱六十缗或八十缗，是二十倍矣。货名出口，虽易占高价，然要大可惊人云。"④醴陵，"县产植物油，向只茶、桐、菜、木四种"⑤。永州府江华县，"清同治年间，山农田少，多植桐、茶、松、杉，以资食用"⑥。

湖北省，"清道光二十二年（1842），施南府建始县，布帛、鱼、盐运自他省，本境之所产，无过苎麻、桐油、漆而已"⑦。施南府来凤县，"邑之卯峒可通舟楫直达江湖，县境与邻邑所产桐油、靛、梧俱集于此。以故，江右、楚南贸易者麇至，往往以桐油诸物顺流而下，以棉花诸物逆水而来"⑧。湖北汉口，"清光绪二十四年（1898），汉口之位置在长江、汉水合并之会点，又上游即滨于洞庭湖口，舟楫之辐辏，货

---

① 刘运熙纂修：《灵山县志》卷二十一，生计志，1914年铅印本。
② （清）上官廉等修，姚炳奎纂：《邵阳县乡土志》卷四，地理，商务，清光绪三十三年（1907）刻本。
③ （清）闫镇珩纂修：《石门县志》卷六，物产，清光绪十五年（1889）刻本。
④ 兴奎修，吴恭亨纂：《慈利县志》卷六《实业》，1923年铅印本。
⑤ 陈鲲修，刘谦等纂：《醴陵县志》卷五，食货志，植物油，1948年铅印本。
⑥ （清）刘华邦等纂修：《江华县志》卷之十，风土、物产，清同治九年（1870）刻本。
⑦ （清）袁景晖纂修：《建始县志》卷三，食货志，清道光二十二年（1842）刻本。
⑧ （清）李勋修，何远鉴、张钧纂：《来凤县志》卷二十八，风俗志，商贾，清同治五年（1866）刻本。

物之聚散，其盛不亚于上海，其余则尚未能此类也。世之指汉口为九省之会者，决非溢美可知也。其贸易之年额，除上海外，长江沿岸之诸港无有出汉口之上者。桐油、米、木炭、石炭，皆自湖南来者"①。在当时的湖北武昌府，"商贾以乾隆、嘉庆间为极盛，同时典商七十余户，远服贾者数百余家，而以桐油、铁炭为大宗，邑之人称为能事"②。

  在四川省，酉阳秀山县，秀山擅油利旧矣。秀油最著名，载销湘、汉、淮之间，而汉口其都会也。其次常德、次湘潭、新堤。咸、同间，粤寇侵犯武昌，汉口为墟场，秀油滞壅，商贾皆失业。及江南寇平，则油不敷销，坐获奇价，或起家者数十万。秀油者，研膏桐实为粉，入锅煎沸，膏四溢，则团以稻秸，铁箍束之，积二三十团上下，夹横木而加椎焉。油成，佳者如漆。膏桐一名荏桐，又名虎子桐，其树臃肿拳曲，三月始华，时必肃寒，民间谓之冻桐花。杨慎《丹铅录》引语云：贫儿且莫夸，要过桐籽花。其实累累满枝，外表如核桃，研则去其外皮，以县产最优，故秀油名一时。其不为秀油者，为桐油。秀油色黑，故称桐油为白油，对黑为称也。秦、吴、荆、豫大商贾，皆奔走数千里以为专业。旧有十号，以万事、义合、同人、瑞泰、正盛、义顺、万兴、长茂八家犹盛。桐实一斗实得秀油十二斤。汉口秀油百斤，率值银六、七两有奇，同治时至十三、四两，是千载一时也③。

  四川夔州府大宁县，"清光绪十一年（1885）前后，桐油，四面山乡皆产。场灶每年需用数十万斤"④。"自重庆开埠通商，合江县羊皮、

---

① 徐焕斗辑，王夔清补辑：《汉口小志》，商业志，1915年铅印本。
② （清）钟桐山等修，柯逢时等纂：《武昌县志》卷三，风俗，清光绪十一年（1885）刻本。
③ （清）王寿松修，李稽勋纂：《秀山县志》卷十二，货殖志，清光绪十七年（1891）刻本。
④ （清）高维岳修，魏远猷等纂：《大宁县志》卷一，地理，物产，清光绪十一年（1885）刻本。

牛革、猪鬃、桐油、棕丝之属，盛销海外，区民亦种桐树畴隙山隅，蔚为大宗"①。四川宣汉县，"清同、光、宣年间，以鸦片为大宗，次则木料，复次若桐油、茶叶等"②。汉源县，"险种桐油多为油漆涂船之用，迩来行销出口"③。

四川当时的万县，"清同治五年（1866）前后，邑水陆商贩，向以米、棉、桐油三者为大，装行于滇、楚"④。四川夔州府万县，"清同治五年（1866）前后，万多山，故民多种桐，取其子为油，盛行荆、鄂"⑤。合江县，"自重庆开埠通商，羊皮、牛革、猪鬃、桐油、棕丝之属，盛销海外，区民蓄羊日伙，与鸡、犬侪比，亦种桐树畴隙山隅，与橡、栎、樟、柏、楠、竹杂植，蔚为大宗"⑥。

在江西省，早就有栽种桐树出产桐油的记录。九江府，"明嘉靖六年（1527），桐油，出瑞昌"⑦。袁州府，"明嘉靖四十年（1561），桐子，可取油，凡栽杉先植此树，以其叶落而土肥"⑧。江西赣州府赣县，"清同治十一年（1872）前后，赣田少山多，土性于茶桐二树最适宜。桐树枝叶俱似梧桐，二月开花，满山如雪。至冬收子以榨油。二油为赣佳产，每岁贾人贩之他省不可胜计，故两关之舟载运者络绎不绝"⑨。

在广东省，清代制扇需要用到桐油。"清光绪、宣统年间，广东肇庆府，此扇，附城人创造。道光初年（1821），只一二店，后以价廉应用，推行渐广。交通以来，遂畅销于南阳各埠。附城男女多借此艺谋

---

① 王玉璋修，刘天锡、张开文等纂：《合江县志》卷二《食货·物产》，1929年铅印本。
② 汪承烈修，邓方达等纂：《重修宣汉县志》卷五，职业志，商业，1931年石印本。
③ 刘裕常修，王琢等纂：《汉源县志》，食货志，农业，1941年铅印本。
④ （清）王玉鲸、张琴修，范泰衡等纂：《增修万县志》卷十三，地理志，清同治五年（1866）刻本。
⑤ （清）王玉鲸、张琴修，范泰衡等纂：《增修万县志》卷十三，地理志，物产，清同治五年（1866）刻本。
⑥ 王玉璋修，刘天赐、张开文等纂：《合江县志》卷二《食货·物产》，1929年铅印本。
⑦ （明）冯曾修，李汛纂：《九江府志》卷四，食货志，物产，明嘉靖六年（1527）刻本。
⑧ （明）严嵩原修，季德甫增修：《袁州府志》卷五，物产，明嘉靖四十年（1561）刻本。
⑨ （清）黄德溥、崔国榜修，褚景昕纂：《赣县志》卷九，地理志，物产，清同治十一年（1872）刻本。

生。其法将竹丝排匀扣以线糊以砂纸，成葵扇形。其染黄色，贴红寿字，再髹桐油者，名曰行西。"①

在安徽省，当时的宁国府太平县，早在清乾隆年间就有记载："太平县土薄石肥，间植桐漆植茶，以资旦夕。"② 宁国府建平县，"地方荒地极多，经前浙绅凌庚飙约同刘杨二君创立树艺公司，集资一万元定名大牲公司，就该县南乡上柏堡地方购地4000余亩栽种各种树木，业已种成桐树六万株"③。当时的宁国县，"宁国为农产之区，土产甚富。清咸丰前，民康物阜，盐以外，几无外货入境。光绪间，如桐油、香菇、杂粮、茶、烟、皮、纸等货，亦皆运销于外"④。营山县，"光绪间，桐树于荒山旷地亦颇相宜，近年种者日多"⑤。在当时的广德县，"清咸丰以前，按郡号桐川，原以产桐得名。昔年油桐甚多，自遭洪杨之乱，土著存者少。盖广德土地宜于植桐，昔日桐花漂流水上，甚为美观，故广德古名桐川，亦因此也"⑥。

在陕西省，兴安府旬阳，"清光绪二十八年（1902），商多流寓，少土著，山货远行，近时充牣，大率苎麻、线麻、木耳、桐油、胡桃、漆子之类"⑦。

在福建省，建瓯，"清朝末年，桐油以桐子制油，出自石砾山者，多结实而且多油"⑧。

由上述诸多地方志所记载不难看出，桐油这种商品屡屡出现于各地方志当中，虽然地方志里面很少出现具体的桐油种植面积和桐油贸易数量的信息，但从中可以看出桐油在这一时期的种植和使用绝对不是单独

---

① （清）马呈图纂修：《宣统高要县志》卷十一，食货篇二，1938年铅印本。
② （清）彭居仁修，魏子崶纂：《太平县志》卷三，风俗，清乾隆二十年（1755）刻本。
③ 佚名：《栽植树木之利益》，载《申报》1910年8月16日第12版。
④ 李丙鏖等修：《宁国县志》卷八，实业志，商务状况1936年铅印本。
⑤ 徐锦修，胡鉴莹等纂：《英山县志》卷八，实业志，农林，1920年。
⑥ 钱文选编：《广德县志稿》，《物产》，1948年铅印本。
⑦ （清）刘德全修，郭焱昌、姜善继纂：《旬阳县志》卷五，学校，风俗附，清光绪二十八年（1902）刻本。
⑧ 詹宣猷修，蔡振坚等纂：《建瓯县志》卷二十五，实业志，用品，1929年铅印本。

的偶然的孤立现象，桐油的生产与贸易在中国南方地区特别是长江流域各省均有体现。有的地区甚至因桐油出产丰盛，郡号即为"桐川"。

二 清末时期桐油出口贸易

中国桐油对外输出，发源甚早，但直至16世纪时，外国人才知道有所谓木油，如以之与生石灰碎麻混合，可填补船缝之用。直到1516年葡萄牙人泛海至广州，以欧洲土产购买交易物品，我国桐油以"中国木油"之名，始输入欧洲，但出口极少，还谈不上国际贸易。至1869年，我国桐油辗转运往美国，最初输入不多，由于那时还没有充分发现桐油的用途，美国买去的桐油只是作为研究的材料，"输出数量，因以不多，亦仅值62美元而已"[1]。到了1875年，桐油第一次输入欧洲，法国人克鲁兹（Cruze）经过研究，发现桐油具有极强的干燥性，远远胜过原来一直作为干燥材料的亚麻仁油，是制造油漆、染料的上等原料，此后，桐油才陆陆续续进入国外市场，许多原来用亚麻仁油作原料的工业逐渐改用桐油。后经各国专家详细研究，才知桐油之性质优于亚麻仁油，是工业品不可或缺的原料，如涂饰房屋器具，制造油纸，油毡以及不透水的油漆，油质干燥剂、人造革、漆布、印刷墨、图书墨等，自桐油的用途逐渐发现以后，欧美各国，相继购买，中国所产的桐油价格遂被提高。

在汉口开埠之前，桐油贸易就已经存在，当时的桐油多由杂货行经营，交易量很少且多是销往国内。清末民初时期，汉口的桐油中的绝大部分为国内贸易，整个中国桐油贸易都处于一个国内贸易为主的阶段。这一时期，汉口的桐油贸易颇为兴旺。"1880年，汉口以油、绸缎、杂货、药材为八大行。而油业中又以桐油为冠。桐油交易有大小年之别，每逢大年终岁共可销得五六百万金，小年亦有三四百万金。"[2]

---

[1] 李昌隆编著：《中国桐油贸易概论》，商务印书馆1935年版，第148页。
[2] 佚名：《油行整规》，载《申报》1880年9月17日第2版。

表 2-1　　　　　1895—1913 年汉口桐油出口数值　　　　单位：担，海关两

年份	数量	价值
1895	290631	1453156
1899	353544	3368668
1900	330000	2700000
1901	280000	1700000
1903	355144	3427140
1904	424906	3399248
1905	378590	3320233
1907	395234	3319966
1910	290000	不详
1911	589795	5832925
1912	714795	不详
1913	748573	6322194

注：上表中所列桐油出口数值包括了净出口数值和转口国内各埠的数值。

资料来源：皮明庥编《武汉近代经济史料》，武汉地方志编纂办公室1981年版。

桐油的产地来源没有详细的统计，但多半份额都是输往汉口，再输往长江下游及国外市场。从表 2-1 可以看出，1895—1910 年汉口桐油出口数量变化并不明显，1911—1913 年桐油出口数量有明显增加。1895 年，汉口桐油出口数量约为 29 万担，值银 145 万两；1900 年，海关统计不下 33 万担，值银 270 万两；1901 年虽稍减，尚有 28 万担，值银 170 万两；1904 年汉口桐油出口数量较高，约有 42 万担，值银 340 万两；1911 年桐油出口数量有所上升，达到 59 万担，值银 583 万两；1912 年和 1913 年桐油出口数量有明显增加，均达到 70 万担以上。

这段时期的桐油贸易以国内市场为主，其经济地位并不高，应用功能不明显，农民收油后部分用于自家照明或者油漆物品，少量用于出

售，其在农业经济中所占比例非常小。随着第一次世界大战以后桐油贸易的扩大，桐油的用途也随之大增，桐油行业对各地区经济的影响才显著起来。

第二节　民国时期的桐油出口贸易

在国内外社会政治经济的宏观环境影响下，民国时期桐油出口贸易经历了三个阶段：外贸需求畅旺时期、战时统制时期和战后衰退时期三个阶段。在外贸需求畅旺时期，全国桐油出口数量得到飞跃式发展。"在1869年，中国始有桐油出口。出口数量，逐年增加，至民国时期尤为突飞猛进。证以历年海关贸易册之数字，则桐油在我国出口货种，实显有优越之地位，于我国国际贸易中占有特殊重要性。"[①] "我国桐油，出产殊丰，每年输出国外，为数较多。1935年对外贸易，桐油已超越棉纱、茶叶而跃居首位。"[②] 1937年全面抗日战争爆发以后，国内国外局势发生变化，因战事导致长江水运运输阻碍，桐油运销路线发生变迁，外销困难，国家对桐油采取了统制政策，桐油贸易性质发生较大转变。1945年抗日战争结束以后，国家取消了对桐油的统制政策，但由于内战爆发、经济崩溃等原因，各地桐油对外贸易严重受阻。

一　需求畅旺时期的桐油贸易（1912—1937）

中国传统的主要商品是茶叶和生丝，"在19世纪80年代以前，茶叶在全国出口商品总量中始终居于首位。19世纪90年代至20世纪20年代，出口的丝及丝织品数量超过茶叶的出口数量成为中国出口贸易总量的首位"[③]。一战结束之前，桐油出口数量不大，和豆油、花生油、

[①] 佚名：《工商要闻：对外贸易：我国桐油贸易》，载《检验月刊》1935年第1—3期。
[②] 佚名：《桐油出口跃居首位》，载《国货月报》（上海）1935年第2卷第2期。
[③] 转引自严中平等编《中国近代经济史统计资料选辑》，科学出版社1955年版，第76页。

茶油等油类一起被列入植物油一项。1918年以后，桐油出口跻身我国12项主要出口货物之列。1919—1921年，桐油出口总值占我国出口总值的1.1%，位居第10名。[①] 20年代后期，大豆和豆饼的出口数量超过了丝与丝织品的出口数量居于出口贸易总量榜首。东北是中国大豆的主要产地，1931年"九一八事变"之后，大豆主要产地被日军占领，大豆的出口骤降，其出口贸易总量榜首的位置被桐油、豆油、花生油等植物油的出口取而代之。1935—1937年三年间桐油一项在全国商品出口总值中位列第一。

"世界桐油之消费量既日趋扩大，我国掌握世界桐油的供给权，独占全球产量95%以上，所以由我国的产量，不难概括世界桐油供给情况。"[②] 桐油为我国重要特产之一，是外销物品的首位，为国内必需的用品。桐油出口畅销，但供应量始终未能满足海外市场的需求。

1. 中国桐油的出口量与出口值

表2-2　　　　　　　　1913—1940年中国桐油出口量值统计

单位：公担，国币元，%

年份	数量	数量指数值	价值	价值指数	桐油出口占全部商品出口比例
1913	280409	100	6002254	100	0.95
1914	265422	94.66	5604412	93.37	1.01
1915	187693	66.93	4518514	75.28	0.69
1916	311571	111.11	8267127	137.73	1.10
1917	242739	86.57	7258862	120.94	1.00
1918	295658	105.44	8968889	149.36	1.19
1919	371011	132.31	11941452	198.95	1.32

① 转引自杨乔《战前汉口桐油业华商和洋商的竞争与合作》，载《兰台世界》2013年第5期。

② 张纬明：《桐油业改进及其前途》，载《商业月报》1936年第16卷第3期。

续表

年份	数量	数量指数值	价值	价值指数	桐油出口占全部商品出口比例
1920	327020	116.62	10105789	168.37	1.20
1921	253739	90.49	8199645	136.61	0.87
1922	450910	160.81	10332195	272.10	1.00
1923	506141	180.50	26216130	436.79	2.24
1924	541915	193.26	26572070	442.70	2.19
1925	540726	192.84	26173156	436.06	2.16
1926	452494	161.37	22443470	373.92	1.66
1927	545094	194.39	32956421	549.34	2.30
1928	661821	286.02	34953332	582.34	2.26
1929	646914	230.70	35279553	587.79	2.29
1930	705944	251.76	45820208	763.38	3.29
1931	503061	179.60	28322075	471.86	2.00
1932	485507	173.14	23161233	385.90	3.02
1933	754081	263.92	30261269	504.17	4.94
1934	652836	238.82	28216683	470.29	5.82
1935	738865	263.50	41582879	692.79	7.22
1936	867383	309.33	73378654	1222.52	10.40
1937	1029789	367.25	89845563	1496.86	10.72
1938	695777	248.13	39237038	653.71	5.14
1939	335016	119.47	33614794	560.04	3.37
1940	232472	82.90	56357844	936.95	2.86

资料来源：张纬明《桐油业改进及其前途》，载《商业月报》1936年第16卷第3期。

由表2-2可以看出，中国桐油出口数量在1922年以后，每年都在3000公担以上。桐油出口数量在1930年占全国出口商品总量的3.29%。1933、1934年桐油出口数量分别占全国出口商品总量的4.94%、5.82%。1936年、1937年桐油出口数量更是占到全国出口商品总量的 10% 以上，增幅明显，桐油的重要性得以凸显。

表 2-3　　　1921—1936 年全国桐油产量与出口数量比较　　　单位：吨，%

年份	产量	出口数量	出口数量占产量比例
1921	39300	25375	64.57
1922	54940	45091	82.07
1923	64240	50614	78.79
1924	66074	54192	82.02
1925	63828	54073	84.72
1926	55920	45249	80.92
1927	55219	54509	98.72
1928	73692	66182	89.81
1929	71055	64691	91.04
1930	70896	70594	99.57
1931	52760	52306	99.14
1932	80340	46500	57.88
1933	125745	75408	59.97
1934	102563	65284	63.65
1935	114662	73887	64.44
1936	136800	86738	63.40

资料来源：全国产量、出口量见中国油脂总公司编《桐油参考资料》油脂商品研究第 1 号，中国油脂总公司 1950 年版。

从表 2-3 桐油出口量占桐油产量的百分比中可以直观地看出桐油的外销特征和出口数量的激增。总的来说，全国桐油大部分用于出口。在 1927 年、1929 年、1930 年、1931 年，我国桐油出口数量占桐油出产数量的 90% 以上。桐油的外向性特征特别突出。

2. 各海关桐油净出口数量

从抗战前各年度全国各海关桐油净出口数量来做一个观察：

表 2-4　1914—1936 年各海关桐油净出口数量表

单位：担（1914—1933 年），公担（1934—1936 年）

类别 年度	汉口	占总数百分比（%）	上海	占总数百分比（%）	梧州	占总数百分比（%）	广州	占总数百分比（%）	温州	占总数百分比（%）	其他	占总数百分比（%）	共计
1914	688580	91.2	548	0	33906	4.5	1	0	110	0	31487	4.2	754632
1915	575348	90.5	14	0	31576	5.0	0	0	0	0	28790	4.5	635728
1916	674116	83.6	69	0	63297	7.8	146	0	109	0	68856	8.5	806593
1917	546690	77.9	47	0	59934	8.5	549	0	353	0.1	94631	13.5	702204
1918	479640	58.0	123	0	99581	12.0	3449	0.4	509	0	244337	29.5	827639
1919	688580	69.6	18	0	67007	6.8	1881	0.2	88	0	231854	23.4	989428
1920	547491	64.0	29	0	66341	7.8	2425	0.3	250	0	238403	27.9	854939
1921	435134	55.4	158	0	45162	5.7	5	0	449	0.1	305087	38.8	785995
1922	370172	49.6	134	0	30990	4.2	0	0	405	0.1	343864	46.1	745565
1923	358488	42.8	1630	0.2	81905	9.8	1090	0.1	647	0	393127	47.0	836887
1924	385555	43.0	2247	0.3	59306	6.6	250	0	5421	0.6	443259	49.5	896038
1925	335161	37.5	265	0	28237	3.2	107	0	7570	0.8	522733	58.5	894073
1926	324587	43.4	8309	1.1	56498	7.6	3589	0.5	15734	2.1	339467	45.4	748184
1927	325250	36.1	13665	1.5	103327	11.5	1595	0.2	28008	3.1	429449	47.6	901294
1928	415152	37.9	29430	2.7	113775	10.4	370	0	22081	2.0	513491	46.9	1094299

续表

年度	汉口	占总数百分比(%)	上海	占总数百分比(%)	梧州	占总数百分比(%)	广州	占总数百分比(%)	温州	占总数百分比(%)	其他	占总数百分比(%)	共计
1929	284553	26.6	25305	2.4	101495	9.5	78	0	35913	3.4	622306	58.2	1069650
1930	228112	19.5	26081	2.2	57092	4.9	223	0	29812	2.6	825935	70.8	1167255
1931	252564	29.2	28533	3.3	61698	7.1	281	0	18875	2.2	502913	58.1	864864
1932	364411	45.4	316076	39.4	69841	8.7	598	0	219	0	51624	6.4	802769
1933	42162	5.6	644052	85.4	63704	8.4	1555	0.2	0	0	2608	0.3	754081
1934	34582	5.3	532451	81.6	83704	12.8	404	0	0	0	1695	0.3	652836
1935	23140	3.1	625715	84.7	42971	5.8	41530	5.6	0	0	5509	0.7	738865
1936	24200	2.8	782617	90.2	53858	6.2	3830	0.4	178	0	2700	0.3	867383

注：(1) 1914年以前桐油出口数量较小，在海关册中被列入他种植物油项中，未单独列项。

(2) 1914—1933年各年数据单位为担，1934—1936年各年数据为公担，1公担等于1.653468担。

(3) 其他项包括了北海、蒙自、汕头、南宁、拱北、九龙、福州、三水、江门、宁波、雷州、龙州、大连各口岸的净出口数量，因上述各关桐油出口数量均不多，所以一并列入其他项。

资料来源：茅家琦、黄胜强、马振犊主编《中国旧海关史料（1859—1948）》，京华出版社2001年版。表2-4系笔者根据各该年中国海关册所记载的数据整理。

由表 2-4 可以看出，汉口和上海的海关都是出口桐油数量比较多的海关。汉口的桐油出口数量十分耀眼。1928 年以后汉口桐油出口数量总体来说是缓慢下降的；与此相反，上海江海关出口桐油数量呈逐渐上升之势，1933 年超过了汉口出口桐油数量，此后一直是中国桐油出口数量最多的海关。从 30 年代开始，上海超越汉口成为中国最大的桐油出口市场。"江海关发布，1935 年 11 月来沪市对外贸易出口增加，出口以桐油占首位，丝占第二位。本年我国桐油出口在价值方面增加远大于数量方面增加额，可见 1935 年桐油出口旺盛，其大部分原因，在于价格的增长。"①

表 2-5　　　1914—1948 年国内主要海关桐油净出口数量

单位：担（1914—1933）；公担（1934—1948）

类别年份	汉口	上海	梧州	广州	温州	北海	蒙自	其他	共计
1914	688580	548	33906	1	110	0	0	31487	754632
1915	575348	14	31576	0	0	0	0	28790	635728
1916	674116	69	63297	146	109	0	0	68856	806593
1917	546690	47	59934	549	353	0	0	94631	702204
1918	479640	123	99581	3449	509	0	0	244337	827639
1919	688580	18	67007	1881	88	0	0	231854	989428
1920	547491	29	66341	2425	250	0	0	238403	854939
1921	435134	158	45162	5	449	332	0	304755	785995
1922	370172	134	30990	0	405	7461	0	336403	745565
1923	358488	1630	81905	1090	647	9176	0	383951	836887
1924	385555	2247	59306	250	5421	1147	0	442112	896038
1925	335161	265	28237	107	7570	3040	41	519652	894073
1926	324587	8309	56498	3589	15734	1518	0	337949	748184
1927	325250	13665	103327	1595	28008	1200	156	428093	901294
1928	415152	29430	113775	370	22081	138	291	513062	1094299

---

①　佚名：《江海关发表沪对外贸易：出口桐油居首位、输入金属占第一，十一月进出口均有增加》，载《新广东》1935 年第 36 期。

续表

关别 年份	汉口	上海	梧州	广州	温州	北海	蒙自	其他	共计
1929	284553	25305	101495	78	35913	909	800	620597	1069650
1930	228112	26081	57092	223	29812	2218	500	823217	1167255
1931	252564	28533	61698	281	18875	2623	0	500290	864864
1932	364411	316076	69841	598	219	348	0	51276	802769
1933	42162	644052	63704	1555	0	1184	0	1424	754081
1934	34582	532451	83704	404	0	441	0	1254	652836
1935	23140	625715	42971	41530	0	432	0	5077	738865
1936	24200	782617	53858	3830	178	742	1400	558	867383
1937	20532	796734	108175	64306	3783	1067	3000	32192	1029789
1938	0	90197	63175	326284	43901	6342	18902	146976	695777
1939	0	21889	0	2182	98840	78734	36686	96685	335016
1940	0	36777	0	0	56864	16	81399	57416	232472
1941	0	26248	0	0	789	0	77722	105136	209895
1942	0	14135	0	0	0	0	0	1191	15326
1946	452	260582	0	51362	0	0	0	40242	352638
1947	0	397703	25409	161817	7901	0	0	212543	805373
1948	0	478900	43457	213432	5574	24	0	19539	760926

注：（1）1914年以前桐油出口数量较小，在海关册中被列入他种植物油项中，未单独列项。

（2）1943年、1944年、1945年、1949年由于抗日战争、解放战争等原因，相关数据未能找到。

（3）1914—1933年各年数据单位为担，1934—1948年各年数据为公担，1公担等于1.6534668担。

（4）其他项包括了汕头、南宁、拱北、九龙、福州、三水、江门、宁波、雷州、龙州、大连各口岸的净出口数量，因上述各关桐油出口数量均不多，所以一并列入其他项。

资料来源：茅家琦、黄胜强、马振犊主编《中国旧海关史料（1859—1948）》，京华出版社2001年版。表2-5系笔者根据各该年中国海关册所记载的数据整理。

从表2-5可以看出，除了汉口和上海以外，广西的梧州桐油出口数量同样较多。1918年、1927年、1928年、1934年这几年桐油出口数量占到了桐油出口总量的10%以上。广西同样也是中国桐油的重要产区，广西每年出产的桐油数量较多。

3. 各商埠出口桐油的情况

再来比较1926—1930年当中长江中上游各商埠桐油出口的情况：

表2-6　　　　　1926—1930年长江中上游重要商埠桐油出口　　　　单位：担

类别 年度	岳州	汉口	当时的万县	重庆	长沙	宜昌	沙市
1926	328836	324587	178366	55492	46008	42661	27541
1927	247686	325250	193472	61194	37193	93658	16754
1928	399271	415512	324492	15906	23115	49633	29425
1929	471587	284553	263340	110907	218606	27264	19332
1930	540654	228112	312555	169816	29276	64705	16265

资料来源：佚名《调查：中国桐油生产概况》，载《工商半月刊》1932年第4卷第24期。

就表2-6可看出，汉口输出桐油，尚不如岳州①。但此表是指该埠输出数量而言，其时岳州、当时的万县、重庆、宜昌、沙市、长沙等处多运往汉口，由汉口输出国外和区域外市场，所以汉口实为民国时期中国桐油出口的最主要口岸，汉口桐油市场具有举足轻重的地位。桐油为我国出口大宗之一，根据1930年的海关统计，居土货出口价值的第8位。（全国输出价值30546872关两）外人称中国桐油有两种：香港中国桐油和汉口中国桐油。香港中国桐油大都来自广西；汉口中国桐油则来自四川、湖南、贵州、陕西、湖北等省。"以品质论，汉口桐油优于香港桐油。以输出量论，则汉口输出的桐油较香港输出的桐油当在十倍之上。所以说汉口桐油可代表中国桐油；汉口桐油业可代表中国桐油业。"②

从当时汉口商品检验局的统计数据来看，高品质的桐油大多用于出口。从汉口输出的桐油，绝大部分销往国外。可从表2-7来做一个观察：

---

① 岳州即今湖南省岳阳市，位于湖南省北部。
② 上海商业储蓄银行调查部编：《汉口之桐油与桐油业》，上海商业储蓄银行信托部1932年版，第1—2页。

表 2-7　　　　1931—1936 年自汉口输出桐油统计　　　　　数量：担，圆*，%

年份	外销		内销		外销数量占全部数量比例
	数量	价值	数量	价值	
1931	366934		42657		89.6
1932	288100		59436		82.9
1933	469174		29095		94.2
1934	327085	15594180	8289	319262	97.5
1935	352796	25995029	6474	411657	98.2
1936	438035	44812316	15588	1377219	96.2

注：圆*指法币。

资料来源：实业部汉口商品检验局编《1936年检验统计》，实业部汉口商品检验局1937年版。

从表 2-7 可看出，1931—1936 年间，从汉口输出的桐油，外向性特别突出，各年桐油外销数量均占到汉口输出桐油总数的 80% 以上，尤其是 1934—1936 年这三年间，桐油外销数量占到汉口输出桐油总数的 95% 以上。桐油的外销特征使其在一定程度上更易受到来自国际政治经济环境动荡的冲击和影响。虽然经汉口商品检验局检验的桐油并不是汉口桐油贸易数量的全部，但是表中所反映桐油内销和外销的比例还是基本说明了桐油外销数量在桐油整个销量中占到了绝对优势。

从汉口输出国外的桐油销往地情况来看，汉口桐油主要销往美国。

表 2-8　　　　　　1927—1931 年汉口桐油出口贸易　　　　　　单位：磅，%

年份	汉口输出外国	（其中）输出美国	输出美国的比例
1927	98004000	73139000	74.6
1928	124255000	100285000	80.7
1929	121341000	103563000	85.3
1930	138912000	114544000	82.4
1931	94266000	72076000	76.5

资料来源：佚名《调查：中国桐油生产概况》，载《工商半月刊》1932 年第 4 卷第 24 期。

1927—1931年间，汉口桐油输往美国的桐油价值占到汉口输出国外的桐油价值总量的70%以上。再来看实业部汉口商品检验局1936年桐油检验情况，共计检验外销桐油438035公担，内销桐油计15588公担，合计价值约46189500余元。

外销以美国为最多，计318918公担，德国次之，计19121公担，英国更次之，计16723公担。余下如挪、西、奥、印、瑞、坎、意、荷、丹、波、比、法、芬、日等国均有运销。内销以运往上海为最多，计11802公担，芜湖次之，计2150公担。余如宁波、南京、镇江、烟台、青岛、泰安、九江、天津、威海卫、通州、浦口、汕头、均有运销，报验商行以豫升为最多，计1991公担，隆昌次之，计1619公担。①

1936年汉口输往美国的桐油数量占到外销总数的72.8%，1927年至1936年间，汉口输往美国的桐油占到外销总数的2/3左右。

二 战时统制时期的桐油贸易（1937—1945）

抗日战争全面爆发后，动荡不定的时局，严重影响了桐油的出口贸易。随着战事的绵延，上海、广州、武汉的沦陷，对桐油出口贸易影响巨大。我国产出的桐油一直由各产地沿长江航运至上海出口，但自战事发生后，即改由粤汉铁路运至广州、香港而出口。珠江禁止航运后，其输出路线又发生改变，改由广西北海装货轮输出海外。

此线需时既久，而运费亦昂。但因欧美各国之需要殷切。尤以军备扩张中，桐油为不可缺乏之原料。国民政府千方百计保证桐油出口贸易不至于中断。②

---

① 实业部汉口商品检验局编：《1936年检验统计》，实业部汉口商品检验局1937年版。
② 佚名：《国产桐油欧美需用孔殷，将由海防装轮运出》，载《商业月报》1938年第18期第3期。

而在此时，国际市场对中国桐油的需求仍然强劲，但中国国内因为战争原因供应不上。

> 苏俄对中国抗战深表同情，深知服用华货，亦援华之举。1938年华茶输苏数量当在4000万之上，桐油约在3000万元左右。此项货物输苏后，苏方则以1亿加仑之汽油供给中国，桐油输苏，因苏正在扩大造舰计划，需要中国桐油亦殷。故中苏实施以货易货，双方均乐于接受。①

桐油是我国重要出口商品，抗日战争爆发前曾由官商合租中国植物油料厂，主持桐油的榨制品质改良及外销事宜。"战事发生后，桐油因与偿债有关，自1939年7月份起，即经由中国植物油料厂，中央信托局及其他国营贸易机关协助财政部贸易委员会统筹经营。该会总办事处设重庆，并在全国各桐油的收购运销事宜，均指定由财政部贸易委员会的复兴商业公司统一办理。"②

抗战时期，我国政府为履行易货偿债及换取外汇起见，在1939年7月将桐油收归国营，令财政部贸易委员会根据产销及国际市场情形，随时定价收购，凭财政部货物准运单报运出口。1940年10月财政部公布《全国桐油统购统销办法暨施行细则》，规定"全国各地桐油的收购运销事宜，归复兴商业公司统一办理"。战时政府管制桐油，采取严格政策，其主旨在于限制内销，杜绝偷漏，使桐油集中国营贸易机关，借桐油的大量出口来偿还债务，所以1939年对美桐油借款，得以提早偿清，不仅博得国际市场的良好信誉，而且表现我国政府厉行战时贸易国策的毅力。桐油因与易货偿债有关，所以政府在抗战初期不得不实行普遍性的管制，"起初运输便捷，易于集中购销，推行尚称顺利，随后因战局的演变，运

---

① 佚名：《我国茶叶桐油易苏联汽油，中苏贸易已入新阶段》，载《力报》1938年7月8日第4版。

② 佚名：《植物油料业及其现状：桐油产区与产额之估计》，载《中外经济年报》1941年第3期。

输阻梗，统制遂感事实上难以控制"①。对于生产物资的管理和统制，不仅是为了国统区各地的直接需求或出口，还在于限制物资流入日伪占领区。国内虽已不再受洋商的操纵，但是从实际实施效果来看，桐油走私难以根本禁绝，战区桐油贸易难以严加控制，更何况各地交通运输困难，桐油出口辗转需要时间，难免有商人借机走私，影响外汇。②

经营国际贸易的外商，其经营以其本身利益为前提，洋商之所以能操纵桐油市价，是由于消费者与生产者之间不能直接发生联系。早在清末时期，就有湖北留学生陈辉德禀请农工商部整顿桐油出口办法。"先在汉口设立桐油公所，切实联合考究与外人直接交易。并由部咨驻欧美大臣派员照料等情。由农工商部札饬汉口商务局切实开导各商遵照办理。"③ 此种建议并未得到当局采纳，成效甚微，外商垄断了中国的桐油市场。中国桐油的用途很大，但本国用途范围狭小，反有减少趋势。中国桐油的内外销路、运输全为完全外人包办，本国竟无船只装运。中国桐油市价，完全操诸洋商之手，国内竟无大量油池的设备，桐油难于集中储藏。

这种局面，实有损于我国国民经济，为挽回利权，试图扭转桐油贸易被外商控制的不利局面。

战时具有官营性质的复兴商业公司对桐油贸易的垄断主要是基于偿还外债的需要，但也有其必要性，即能够不再受洋商的操纵，且由政府通盘营运集散，不单单是对于市场情形，较为明了，而且储备力量较强，可以控制价格，使趋于标准化，免受价格上的卡制，因此政府对于桐油贸易的统制，曾起到了一定的效果。但是，战时桐油价格，外受国际市场波动的影响，内受政府统制政策的束

---

① 曾仲刚编述，邱人镐、周维梁主编：《湖南之桐茶油》，湖南省银行经济研究室1943年版，第184页。

② 杨乔：《抗战时统制政策背景下两湖地区的桐油贸易》，载《社会科学论坛》2015年第4期。

③ 佚名：《部饬设立桐油帮公所》，载《申报》1907年5月28日第5版。

缚，而不能随物价而上涨，若就政府立场而言，以国内外运缴费用倍增，规定的牌价本已亏本，而且资金有限，其势不能作无止境的提高，加上国营企业官商习气严重，漠视民情，有时甚至对农民借机压价，从而严重地打击了桐油生产经营者的积极性，造成出口农产品的产量下降。但在桐油商人立场而言，则战时物价日涨，人工伙食均感艰难，成本激增，入不敷出，所以除一部分现成物品忍痛抛售外，多相率停工歇业，怀抱观望，以致桐油生产大量缩减，这是统制结果的严重反应①。

抗战时期，由于运往国外的通道阻塞，桐油销售受阻，桐油价格有所下跌，严重打击了桐农的积极性。"自太平洋战起，桐油外销顿阻，滞留国内，几至无法销纳，市场曾一度混乱惨跌，因内销亦顿成问题。"② "湘桂粤赣四省称查桐油一项近以官收价廉，以致桐农砍伐桐树改种它物，以致桐油生产减少。更有甚者，有一些不法商人因为食用油价格昂贵掺用桐油售卖，以致食用者十有八九腹泻。恳请转商主管机关提高桐油价格，鼓励桐农增加生产并通令各省严禁掺用桐油以重卫生。"③ 在浙江省，"1941年以后，收购机关，又以运输困难，未能尽量收购，遂至货弃于地，乏人过问。嗣后粮价暴涨，工资转高，桐农乃至砍伐桐树，改植杂粮，于是桐油产量锐减"④。"抗战期间在桐油产品收购方面生产者、地方政府和中央之间的矛盾一直存在，而且长期未能得以解决"⑤。

桐油的出口，从 1935 年起，年有增加。起初战事范围尚小，1937年的桐油出口数额继续上升。但随着战事的发展，严重影响了桐油出口

---

① 杨乔:《抗战时统制政策背景下两湖地区的桐油贸易》，载《社会科学论坛》2015年第4期。
② 张嘉铸:《桐油贸易与炼油工业》，载《经济汇报》1943年第7期。
③ 经济部编:《据经济部湘桂粤赣四省特派员张中立电请转商提高桐油价格等情》，1943年7月13日，中国第二历史档案馆藏，目录号：4-25808。
④ 佚名:《浙省桐油产量锐减》，载《申报》1948年10月16日第6版。
⑤ 郑会欣著:《国民政府战时统制经济与贸易研究（1937—1945）》，上海社会科学院出版社2009年版，第277页。

贸易。1938年后，桐油出口数额大幅下降。

表2-9　　　　　1935—1939年我国桐油出口数量　　　　　单位：公担

年份	数量
1935	738865
1936	867383
1937	1029789
1938	695777
1939	335016

资料来源：全国产量、出口量见中国油脂总公司编《桐油参考资料》，油脂商品研究第1号，中国油脂总公司1950年版，内部发行。

抗日战争爆发后，我国桐油的出口数量呈下降趋势，由于战区扩大、运输艰难，不得不屡次变更其出口口岸。我国桐油的出口，在事变前，以上海为主要口岸，汉口及梧州次之，事变发生后，上海即沦为战区，长江封锁，内地与上海之间交通阻碍，各地桐油均行改道出口，于是温州、广州、九龙等处桐油的出口骤增。随后战事延长，战区扩大，1938年10月间，广州、汉口相继沦陷，桐油的出口遂又改道北海、蒙自等埠。1939年10月，北海发生战事，继及南宁，于是我国直达内地的进出口岸，仅有云南的蒙自及腾越两口岸能保持畅通。运输口岸的不畅，严重影响了桐油的出口贸易。

随着战争局势的进一步发展，1941年底太平洋战争爆发后，海外运输几乎断绝，桐油外销备感困难，国民政府鉴于形势的变化，1942年2月将桐油管理办法，酌予修正，公告准许"商民在国内各地采购存储转运，不加限制，并准向复兴公司领证报运出口"。这种放任政策引起了商业游资竞相囤购，以致各地油价急激上涨，国内一部分工业原料受其影响。1942年后桐油管制办法虽经放宽，商人可以自由买卖，各地油价又返于奇涨趋势。总体来说，桐油行业在战时无论是产量还是出口数量都是逐年下降的，这种状况可以从表2-10中得到很好的反映。[①]

[①] 杨乔：《抗战时统制政策背景下两湖地区的桐油贸易》，载《社会科学论坛》2015年第4期。

表 2-10　　　　1937—1945 年全国桐油产量与出口数量比较　　　　单位：吨，%

年份	产量	出口数量	出口数量占产量比例
1937	135000	102979	76.78
1938	120000	69578	57.98
1939	96000	33502	34.90
1940	87000	23247	26.72
1941	76000	20990	27.62
1942	72000	2400	3.33
1943	66000	2100	3.18
1944	56000	300	0.54
1945	60000	200	0.33

资料来源：全国产量、出口量见中国油脂总公司编《桐油参考资料》，油脂商品研究第 1 号，中国油脂总公司 1950 年版，内部发行。

从表 2-10 可以明显看出，全国桐油的产量和桐油的出口数量在 1937 年达到了顶峰。此后，中国桐油对外贸易受战争的影响巨大，桐油在国内的运输和远洋运输十分艰险。桐油对外贸易的兴旺势头，因战争原因呈下降趋势。随着战局的风云变幻，桐油的产量和桐油的正常出口无法保证。受太平洋战争的影响，1942 年至 1945 年间，桐油出口量占产量的比重仅有 3.33%、3.18%、0.54%、0.33%，桐油的出口数量几乎陷入停滞状态。

1. 上海

上海出口桐油十分兴旺，数量庞大。1934 年以后，上海的桐油出口量，占我国出口总量的 80% 以上。

在上海出口的桐油，以四川、湖南运来的白桐油为最多，浙江产的浙桐次之，安徽产的徽桐更次之。自 1937 年 "八一三事变" 发生，上海首先沦为战区，桐油对外贸易，深受影响。1937 年 11 月战事西移后，上海与汉口及浙江省内的交通，均行断绝，以致桐油来源锐减。经营出口贸易的桐油行，出清存货后，即呈休业状态。"八一三事变" 前数月桐油出口量，较 1936 年同月激增，所以全年度出口仍达 796734 公担，较 1936 年的 782617 公担，计增 14117 公担，至 1938 年初迅速下降，且 5 月间重庆政府以桐油为军需工业的重要用品，由贸易委员会施行统制，集中香港输出，对运沪桐油，须结售外汇，并于数量上加以限制，因之 1938 年全年出口总额只有 90197 公担，较之 1936 年的 782617 公担，减少 692420 公担。1939 年后，更形锐减，全年输出仅 21889 公担。

表 2-11　　1934—1936 年的全国出口桐油与上海出口桐油比较

单位：公担，圆*，%

年份	类别	数量	比例	价值	比例
1934	全国出口 上海出口	652836 532451	100 81.56	26216683 21352823	100 81.44
1935	全国出口 上海出口	738865 625715	100 84.68	41582879 35895726	100 86.32
1936	全国出口 上海出口	867383 782617	100 90.225	73378654 67796907	100 92.39

注：圆*指法币。

资料来源：沈衍《八一三事变后我国桐油输出概况》，载《税则委员会季刊》1939 年第 1 期。

桐油的国内外贸易受阻严重影响了桐油业的经营，同时市面上的桐油存量不足影响了以桐油为原料的其他行业的经营，造成家具及油漆业的经营困难。1939 年 3 月 4 日，"上海市漆业公会以桐油一项，为日常油漆家具必需之物，自浙东海关禁止运沪后，来源断绝，不能供给需要。特再函市商会，电呈经济部，请迅予核定证明办法，以维商业"[①]。

2. 汉口

汉口是我国桐油出口最大的商埠之一，汉口位于汉水及长江汇流之处，所以四川、湖南、湖北、陕西、安徽等省所产的桐油，均运集汉口，然后输出外洋或分销内地。随着上海商情发达，航运便利，致各产

---

① 佚名：《漆业公会再请，放行桐油运沪》，载《申报》1939 年 3 月 5 日第 12 版。

油区域，均改为直接运往上海销售，汉口桐油市场迅速衰落。至1937年"八一三事变"以后，上海沦陷，长江封锁，各省所产桐油无从运沪，只能集中汉口，由粤汉铁路转由广州出口。据《海关中外贸易统计年刊》所载，1938年汉口运赴广州出口的桐油，共达35万公担之多。但1938年10月起，汉口沦陷，其对外贸易遂行停顿。

表2-12　　　　　　1934—1937年汉口桐油出口数量　　　　单位：公担，圆*

年份	数量	价值
1934	34582	1431740
1935	23140	1499274
1936	24200	2667605
1937	20532	1987929

注：圆*指法币。
资料来源：沈衍《八一三事变后我国桐油输出概况》，载《税则委员会季刊》1939年第1期。

3. 梧州

梧州为广西桐油的集散地，因其地位重要，交通便利，故广西产油均集中于此，然后转运外销。"在梧州集散的桐油依其产地分为二种，即容县、柳州、古宜墟、沙子墟、贵县各地所产的桐油称为大河木油，而桂江流域的昭平、贺县、阳朔及桂林各地所产之桐油称为抚河木油。抚河木油品质优良，在梧州市场颇有市场。"① 集中于梧州的桐油，大都先运中国香港，然后分销各国，其中以英国采购为最多。抗日战争全面爆发前，梧州出口桐油年在四五十万公担之间，在我国桐油市场的地位亦颇重要。全面抗战期间，长江封锁，上海桐油出口暴减，各国大量需要中国桐油，虽有广州大量出口，仍不能应其所求，于是梧州桐油出口随而激增，1937年其出口额达10万公担之多，较1936年的5万公担约增一倍，1938年上半年，出口仍然可观，是年8月间，梧州迭遭

---

① 佚名：《译丛：中国产之桐油》，载《交通公报》（附录）1924年11月26日第12版。

轰炸，进出口贸易深受影响。旋即大鹏湾发生战事，继之西江又被封锁，于是桐油出口停顿。

4. 广州

广州的桐油输出，全面抗日战争爆发以前，仅 1935 年一度达 4 万公担，1934 年及 1936 年，年仅数千公担。全面抗日战争爆发后，长江封锁，四川、湖南运往汉口的桐油，均由粤汉铁路南运来广州。以致 1937 年广州出口大盛，竟达 6 万公担。1938 年出口更形激增，计自 1 月至 9 月，其桐油出口达 32.6 万公担，1938 年 10 月大鹏湾发生战事，旋即延及广州，广州沦陷，出口贸易于是停顿，桐油贸易兴旺局面仅维持一年。

5. 九龙

九龙出口桐油，原本数量甚微，年仅数公担而已。淞沪会战以后，因广九铁路贯通广州香港，桐油输出曾有一度突增。至 1938 年 10 月，广州沦为战区后，进出口贸易即被切断，其情形与广州略同。

表 2-13　　　　1935—1938 年九龙桐油出口数量　　　　单位：公担，元

年份	数量	价值
1935	1	64
1936	3	95
1937	22452	1886294
1938	119167	5885981

资料来源：沈衍《八一三事变后我国桐油输出概况》，载《税则委员会季刊》1939 年第 1 期。

6. 北海

北海位于广西西南方向，往年出口桐油，为数亦少，年只数百公担，抗日战争爆发后，广西所出产的桐油，有改经此道而出口，但出口数量尚不多。故 1937 年出口数量稍有增长。至 1938 年秋，珠江封锁，南宁、梧州等地的桐油，遂多经由北海，于是出口数额大为增加。1939

年 11 月间，北海与南宁先后沦陷，其贸易即行中止。

表 2-14　　　　　1935—1938 年北海出口桐油数量　　　单位：公担，国币元

年份	数量	价值
1935	432	14228
1936	743	52922
1937	1067	81576
1938	6342	506505

资料来源：沈衍《八一三事变后我国桐油输出概况》，载《税则委员会季刊》1939 年第 1 期。

7. 温州

温州是浙江省主要进出口口岸，但是桐油商品很少由温州输出。浙江所产的桐油，一般装运到上海销售。1936 年间，温州虽有桐油出口，为数亦仅百余公担。抗日战争爆发以后，浙沪交通中断。浙省政府为谋求本地桐油外销，以维持农村经济及对外贸易起见，于该年冬季在永康、温州设立桐油运销处，温州始有较多的桐油出口。至 1938 年，浙省政府为进一步管理统制外销，于 3 月间成立浙江省油茶丝棉管理处，收效显著，温州的桐油出口得以大增，1937 年仅有 3700 公担，而 1938 年增至 43000 公担。

8. 蒙自

蒙自地处西南，为云南省的重要口岸，其桐油出口，实自 1934 年始，但该年出口数仅为 31 公担。抗日战争发生后，战区日益辽阔，我国各进出口岸因战事影响，其贸易均见减少，而蒙自则因地理上关系，反见进展。"故桐油出口，由 1937 年的 2980 公担，一跃而至于 1938 年的 18942 公担。其原因固然以四川、贵州二省运来为多，而滇省植桐增多，亦其一因。至 1938 年 10 月间，广州沦为战区后，我国直达内地之口岸，以蒙自为首要，因而进出贸易更形繁盛"①。

---

① 沈衍：《八一三事变后我国桐油输出概况》，载《税则委员会季刊》1939 年第 1 期。

上述各地情况，即足以说明抗日战争全面爆发以后各口岸桐油输出的移转原因及贸易情形。

三 战后衰退时期的桐油贸易（1945—1949）

抗日战争结束以后，正当桐油贸易复苏之际，却马上面临通货膨胀，财政崩溃势如决堤的毁灭性打击，严重影响了桐油对外贸易。① 这一点可以从表2-15得到很好的说明：

表2-15　　　　1946—1949年全国桐油产量与出口数量比较　　　　单位：吨；%

年份	产量	出口数量	出口数量占产量比例
1946	65000	35264	54.25
1947	78500	80537	102.59
1948	97000	76093	78.45
1949	96100	38162	39.71

资料来源：全国产量、出口量见中国油脂总公司编《桐油参考资料》，油脂商品研究1号，中国油脂总公司1950年版，内部发行。

1947年桐油出口数量超过了当年的桐油产量，这是因为1942年至1945年间积压的桐油一并出口。这也可以反映出此四年间，还有大量的桐油积压在国内，出口贸易的路径和渠道并不畅通。

抗战胜利后，国民政府废除了统购统销办法，桐油进入自由贸易时期，在国外需求的推动下，桐油市场出现短暂的繁荣局面。"我国对外贸易开始活跃，美国、英国、加拿大、苏联等国纷纷向我国订货，所订大多为桐油、皮毛、猪鬃及少数药材。苏联在上海设立商业代表处收购桐油，日本亦将建筑材料向我国易货桐油"②。1946年4月29日，"纽约环球贸易公司副秘书长胡特，在美国桐油协会席上宣称，中国桐油输

---

① 杨乔：《抗战时统制政策背景下两湖地区的桐油贸易》，载《社会科学论坛》2015年第4期。
② 佚名：《美英苏等国，纷向我国订货，大多为桐油猪鬃》，载《申报》1946年3月5日第1版。

入，因中日战事影响，停顿9年，现已恢复。1年以内桐油进口恢复至1937年水平。1937年美国共进口中国桐油17500万磅"①。"大量桐油输美，美国总统轮船公司曼林立卜特号，运载散舱桐油约900吨，1946年6月3日离沪运往纽约，该项散舱桐油输美，战后尚为第一次"②。

以1946年11月上半月为例，国内外桐油市况坚挺。"第一周桐油成交800吨，其中75%为美国，25%为欧洲。小部分则运往奥斯陆、哥登堡、哥本哈根、安特卫普等。上海船边交货价格约为美金0.35元。第二周香港方面出口商提高收购价格，本周成交795吨，其中3/4运销意大利，价格为0.3585元"③。1948年9月30日，"美国经合总署宣布：该署已准以830000美元，在中国购买菜油及桐油，运往德国美军及英军占区"④。

从宏观上来看，武汉桐油出口贸易但远远比不上战前兴旺。战争过后，江汉关出口货物比起战前明显萎缩，出口数量大为减少。即便如此，1946年江汉关出口货物中仍以桐油占首位。据江汉关册载："1946年桐油出口量为432140市担，值51942914000元（法币）。"⑤ "1947年为39440市担，1948年（1—8月）为303440市担，1949年（缺五月数字）为755980市担。"⑥

在全面抗日战争爆发以前，汉口炼油出口数量就有25000吨至3万吨的最高纪录。抗战期间，武汉被日军占领，桐油出口中断。1946年因世界秩序渐趋恢复，国际贸易亦在开始复兴，湖北省桐油渐为商人所收购，油价不断攀升。战后汉口桐油市场虽运往国外，但因运输工具缺

---

① 佚名：《经济消息：中国桐油输美：将恢复战前数量》，载《经济通讯》1946年第16期。

② 佚名：《散舱桐油，九百吨运美战后第一次》，载《申报》1946年6月3日第6版。

③ 邱良荣：《半月来之桐油市场》（1946年11月上半月），载《国际贸易》1946年第1卷第13期。

④ 佚名：《经济重建下月开始，美经合总署拨款向我购运桐油》，载《经济通讯》1948年第826期。

⑤ 佚名：《江汉关桐油出口数量》，载《湖北省银行通讯》（经济要讯）1947年第15期。

⑥ 佚名：《江汉关桐油出口数量》，载《湖北省银行通讯》（经济要讯）1947年第19期。

乏，桐油的来源和销路都有大幅下降。虽然就全国来看，桐油贸易情况，复见好转，但湖北省桐油外销数量仍旧微小。1948年汉口输出数字，不过1万5千吨左右，仅占全国当年桐油总出口量的19.7%。汉口桐油外销数量较少的原因首先是桐油价格每每比起其他城市桐油价格高昂，收购困难。其次是因为襄河（鄂北通武汉的水道）交通阻滞以及湖南部分桐油不经汉口装运，而改走粤汉铁路直接运往广州所致。运销受阻是战后汉口桐油市场出口数量下降的重要原因。

桐油出口贸易最大困难在于长江运油吨位难以觅得，江轮油舱设备不够，各地装油铁桶缺乏，足以影响输出。①

抗日战争结束后，国民政府对出口物资宣布实施出口物资结汇办法。上海出口的货物，特别是桐油，多以美金结汇，广州方面出口则以港币结汇。而且在很长的一段时期里，因为外汇率订定的牌价不同，在广州的港币结汇比在上海的美金结汇要便宜很多，于是很多桐油仍然从广州经香港输出，这就是战后香港桐油出口贸易还占着重要地位的最大因素。而在这种情形下，中国植物油料厂垄断了香港的桐油市场，通过中国银行总裁张嘉璈的关系，中国植物油料厂可以更方便借到大批出口物资贷款。这种贷款的利息只要一分二厘。中国植物油料厂可以得到很多方便和优越条件，中国植物油厂经营桐油的有利条件并不是一般出口商所能得到的，因此该厂在战后桐油出口贸易当中独树一帜。

香港沦陷以后，桐油出口数字无法统计。战后复员，从1945年10月起截至1946年12月，据中国植物油料厂统计，由香港输出的桐油总数是184894桶（每5.3桶为1吨）。而在1947年，桐油的出口数字则为176526桶。即由战后香港桐油恢复输出的时候起至1948年年底，全港桐油的输出总量为361420桶，折吨数即68192.45吨。从这亦可见战后香港对我国桐油输出的重要了。②

受到国内国外社会政治经济大环境的影响，民国时期桐油出口贸易

---

① 中美农业技术合作团编：《改进中国农业之途径：中美农业技术合作团报告书》，商务印书馆1947年版，第199页。

② 尔东：《暴发户的没落：香港桐油市场调查》，载《经济导报》1948年第85期。

的发展经历了需求畅旺、战时国家统制和战后衰退三个时期。① 桐油出口贸易的繁荣，带来了桐油榨油技术、加工程序、检验标准及包装存储等方面的变化。全面抗日战争爆发后，国民政府为挽救战时救济，偿还对美国桐油借款，对全国桐油实行统购统销。战时桐油出口贸易呈现紧缩局面，没有了战前的辉煌。抗战胜利后，全国桐油市场未能恢复元气，桐油出口贸易陷入了困境。

---

① 杨乔：《民国时期长江流域的桐油贸易》，载《怀化学院学报》2016年第6期。

第三章

民国时期政府对桐油生产贸易的管理

晚清时期，中国的桐油贸易交易量较少。晚清政府昏庸腐朽，为应付岌岌可危的政局自顾不暇，更谈不上对桐油生产贸易有过多的关注，基本上采取听之任之的态度。民国时期由于桐油出口贸易日渐兴盛，国民政府对这一行业的关注较多。中华人民共和国成立后，国家对桐油投入了大量的科研人员和管理人员，对桐树种植进行推广，对桐油的用途继续开发，对桐油行业的生产贸易相当重视。

第一节 抗战前政府对桐油贸易的政策

民国时期政府对桐油行业的管理贯穿整个民国时期。1912—1937年是桐油行业发展的黄金时期，政府对桐油行业的发展可见多层次的扶持和推动。抗日战争时期，为应对战时需要，国民政府对桐油行业实行了统购统销政策，这是战时特殊环境下所采取的政策，抗日战争结束后，国民政府随即取消了统购统销政策，但是随着国民经济的崩溃，国民政府对桐油行业已无暇顾及。

一 设立商品检验局，规定桐油出口标准

1929年商品检验局成立之前，桐油的检验靠目测和从业者的经验通过观察桐油的颜色、气味等来确定其质量等级。这种旧式方法给了作

伪掺假者以可乘之机。"所用方法，多用烈火熬油，熬后凝固呈蜂房式者，视为纯油，否则以夹杂论。因其方法简陋，已不复为人所采用。"①

对于中国出口的商品，桐油和其他土产一样，外商须有正式检验证书方可接受。因此这种劣质掺假的桐油运到汉口后，由外国商人在汉口成立化验室自行检验。"该化验室产生于1926年，属于私人组织而成，主持化验者为丹麦人，此化验室开具的化验单得到了汉口各出口洋行的承认。"② 这种检验并不标准，比较随意，致使外商可以通过掌控判定桐油等级的环节来控制收购价格，中国商人经济利益受到严重损害。

桐油出口的飞速发展迫切需要桐油检验的规范化，为了使桐油品级划一以适应国外市场的需要，1929年起国民政府在上海、汉口、当时的万县、青岛、重庆、天津、广州等地设立商品检验局。商品检验局制定了一整套等级标准，逐步建立了桐油对外贸易的商品检验制度。

首先，规定了桐油检验的程序，强调进入市场的桐油均需要呈报商品检验局进行检验。自1929年11月6日起，凡出国或转口，或集散市场买卖的桐油，于未封固前，向本地商品检验局填写检验请求连同检验费用呈请检验。商品检验局接到报验单后，即派员采样，其经过采样的篓桶，由采样员加盖印识，并发给报验人采样凭单。其报验单及采样单的样式如下。

桐油合格的标准分两种，即运销国外标准和运销国内标准。桐油检验合格，由商品检验局通知报验人持采样凭单换领证书或凭单，并由商品检验局将装油器总钳口处，逐一加以标识。甲局检验合格的桐油至乙局所在地应查明原证书及标识，分别转运出口，或内地市场买卖，换给证书，如查有不符，仍照章检验。"桐油合格证书以六个月为限，六个月后仍得请求复检。"③ 而且，检验合格的证书及标识在全国通行，无论是转运出口，还是内地市场买卖，皆以该证书为有效凭证。

---

① 黄其慧：《湖南桐油产销概述》，载《湖南经济》1946年第1期。
② 上海商业储蓄银行调查部编：《汉口之桐油与桐油业》，上海商业储蓄银行信托部1932年版，第69页。
③ 上海商业储蓄银行调查部编：《汉口之桐油与桐油业》，上海商业储蓄银行信托部1932年版，第39页。

第三章　民国时期政府对桐油生产贸易的管理

汉口商品检验局的检验方法是先以瓶盛油少许到油行澄验，采用专业设备，检验其色状、比重、折光指数、酸值、碱化值、碘价、杂质、水分、进行白郎氏试验、脂酸凝点试验、华司脱氏试验等，通过上述种种检验，油品均达标的方为合格。这种采用新式专业设备的检验方法是为迎合国际市场的需要而建立起来的。这种用机器设备来检验桐油的品质的方法能有效地防止桐油掺假，比原来凭目测和从业者的经验来判断桐油品质的方法无疑更为精准、更为有效。

为进行标准化管理，商品检验局定期培训桐油专门检验人员。

> 桐油检验人员，由汉口商品检验局招收训练，每次培训一个月。计有甲组生1名，乙组生4名。学员受训合格以后全数由各地植物油料厂调用服务。学员在学习期间的课程包括参考书籍阅览、天平运用、各种溶液配制、滴定及计算、植物油类定性分析、植物油类检验、桐油检验、煤炭分析、棉饼氮素定量等等。①

实业部实施桐油检验的措施对桐油品质的提高有重大影响。

> 凡出口之油，皆须检验，方准出口。洋行向油行购油，亦以检验为凭证。桐油检验由各地商品检验局负责，如当时的万县、重庆、汉口、青岛、天津、上海等地之商品检验局，对于桐油检验，极著功绩，并从事调查研究，贡献极多。②

自1929年11月16日起凡运销国外或转口出国的桐油，在固封以前，须向所在地实业部的商品检验局报验，经过严格的检查后，才能准许固封载运出口或转口。不符合标准的桐油，是不准出口的。因为有这

---

① 实业部国产检验委员会编：《实业部国产检验委员会桐油、茶叶、棉花、生牛羊皮检验人员训练成绩调查表及检验人员分发录用的文书》，1937年2月16日，中国第二历史档案馆藏，目录号422-162。
② 章乃焕：《世界桐油业概况》（续），载《中国新农业》1937年第1卷第3期。

样的限制，所以像以往那种掺假的行为，已不复见，而桐油的品质，亦逐渐上升了。桐油的品质既纯，而在使用上更为方便，从而对外的销路较前更为畅旺。

商品检验局对桐油品质的把关比较严格，执行到位，并不轻易降低标准。如 1946 年 8 月 26 日，经济部广州商品检验局发出公布称："中国植物油料厂广州办事处，函请改订桐油检验标准，暨据商人请求将不合格桐油运港出售一案，已经经济部指覆桐油酸度提高，仅以陈油为然，但加提炼后酸度即可减低，为求桐油品质之提高起见，检验标准仍以 8 度为宜。"①

各地商品检验局所采用的桐油检验措施对于各地的桐油品质的提升，具有重要的作用。

二 设立各种指导桐油生产机构，鼓励农民种植桐树

20 世纪二三十年代，国民政府成立各种指导桐油生产机构，鼓励各地农民种植桐树。并且出台各种鼓励种植桐树的政策和法令。

> 实业部接管前工商部卷，全国工商会议送部关于维持四川桐油国外贸易一案，经审查，本报告名称应注重全国，将四川字样删去，其办法则修改为：通令全国如宜植桐之省区，厉行其奖励种植，以增产额。通令各省区域减免桐油应付之杂捐等项，减轻成本，便于与国外竞争。请政府积极实施油质检验，以固国产令名。②

1. 成立中央农业推广委员会

1928 年 12 月，中央农业推广委员会成立，并相应逐步设立了各省农业推广机构。1929 年 6 月，国民政府公布了《农业推广规程》，大力推广农业改良。为了满足国际市场对桐油的巨大需求，国民政府于

---

① 佚名：《工商情报：桐油出口标准》，载《工商通讯周刊》1946 年第 1 期。
② 佚名：《工商：令知维持桐油国外贸易案》，载《江苏省政府公报》1931 年第 667 期。

1932年成立农业改良所,推动农业的改进。①

在四川省:

> 当时的万县县政府建设科自1931年起于该年3月12日邀请市县各机关法团,在荒郊实行造林运动。计1931年至1939年间,造林5个林场,均有桐林3000余株,总面积220余平方英尺。②

> 1940年顷于10月公布桐油业发展方案,决定在5年内增植桐树1800万株,由专门委员会管理其事,此后四川省桐油产量,每年可达140万担。③

> 隆昌以县境内官山荒废,为化无益为有益开辟全县官山以种桐树,正式成立桐油促进会开始工作。④

在湖南省,省政府从20年代开始就逐渐通过组织推广机构、改良品种和制定措施,鼓励农民种植桐树。

> 1929年湖南省政府通过植桐的提案,省及各县均先后设立植桐委员会,1930年湖南省政府颁发了《湖南省政府植桐提倡保护奖励办法》,1931年制订了《湖南省保护桐茶章程》及《领荒植桐暂行章程》等条例。⑤

湖南省采取一系列奖励保护措施,如对于民间人士申领荒地造林的行为给予了免费10年的优惠政策。这些措施使全省桐油常年产量位居全国前列。明清时期,湖南地区的桐树多是零散种植、无人管理的状况。到20世纪30年代,在政府倡导种植桐树的氛围下,桐树种植面积

---

① 杨乔:《民国时期政府对于两湖产业的参与》,载《兰台世界》2013年第3期。
② 朱美予编著:《中国桐油业》,中华书局1941年版,第121页。
③ 佚名:《川省增值桐树》,载《申报》1940年10月6日第4版。
④ 佚名:《四川经济:产业:桐油业近迅:隆昌组桐油促进会》,载《四川经济月刊》1936年第6卷第6期。
⑤ 李石锋编:《湖南之桐油与桐油业》,湖南经济调查所1935年版,第104页。

迅速扩大。1935年，湖南省教育厅曾于省立职业学校内添设油漆专科，聘油漆专家，指导改良技术，培养技师。

湖南醴陵：

县境以前桐油销路不广，所产无多，至1921年后，乃行销美洲。此时省府提倡植桐，陶广、钟克仁、汤新昭等，首于本县自辟农场，所植各以万计，各县翕然向风。1938年对外贸易，湘省出产首推桐油，遂益为国人所重视。1941年春，农业推广所报告，醴陵全县增植80000株。迩来，发明桐油可制汽油，价值提高，植桐者倍加踊跃①。

湖南宁乡：

自1925年、1926年间，县境渐提倡植桐及各种果木。如廖起于蔡家冲植桐20000株，邓耘于东城外撮箕坡约植2000千株，并植各种花果；陶懋功、李思运等各于椭山植数百株，风气渐开，各有赢利、继起者，陈家骐于县东北十五里桃林桥私山，植桐8000株；师顾乡唐氏于据县20里仙凫冲之南竹山后私山，植桐约2000株；彭氏于驻县30里之唐家坡私山，植2000株。詹氏于东郊外数里二岭坡私山，植数千株。罗汉冲之黄泥岭、陈家坡周氏私山相连，各植桐2000株。1936年，北城外梅氏私山植约3000株，而县长杨绩荪复令各乡于公私荒山皆得植桐。1941年，县政府调查各乡镇所植，统计约40000余株，从此勤加培植，一县闻风兴起，富源不可量矣②。

湖南省农业行政管理部门及农业试验与推广机构对于植桐技术和桐树增产技术的科学试验工作也非常重视，相继开展了"油桐栽培试验、播种造林与育苗造林比较试验、土壤石灰含量试验、株行距离试验、覆

---

① 陈鲲修，刘谦等纂：《醴陵县志》卷五，食货志，植物油，1948年铅印本。
② 宁乡县志局编：《宁乡县志》卷二，实业，1941年木活字本，第3页。

第三章 民国时期政府对桐油生产贸易的管理

土深浅试验、间作农作物收获价值与垦殖投资比较试验六种科学试验。此外，还进行了留种试验，于1938年播种，作状况观察"①。

湖北省同样出现了成片的建制林，"如1934年孝感人士韩安在陆家山河滩申领荒地2600亩用来造林，政府同样给予了免税十年的优惠政策"②。1936年，"湖北省政府业已通令全省，以普遍植桐为本年造林要政。襄阳荒山荒地，多未开垦，极适合于植桐，行政专员程泽润特拟定创设襄阳大规模桐林区计划，呈请省府核准实施。计该县除耕种地外，一律造为桐林区，预计五年之间，播植3000万株之桐树"③。湖北省政府鼓励种植桐树的政策也取得了很好的实际效果，全省植桐面积有大幅度增加。"在省政府鼓励下，1936年，全省植桐面积为13.41万亩，到1942年，植桐面积增至65万亩。"④ 湖北省工合组织除经常举办短期专业训练班以外，还通过工读结合的"培黎工艺学校"选拔种植方面的技术人员。

安徽省多山，宜于造林，省政府鼓励民众广植桐树。

> 而植桐事业尤为重要，是以皖省当局督饬所属，从事倡导甚力。因之全省植桐工作，突飞猛进，而油料的产量，亦与日俱增，江南以贵池、东流、至德等县，江北以舒城、六安、合肥等县所产的桐油质量最佳。逐年市价高涨不已，植桐者莫不获利甚厚。关于生产方面，政府倡导于上，人民乐于景从。由省建设厅划定沿芜屯路一带荒山，长达400公里，为植桐农场，委任李光灿、鲍寅二人筹备一切。此外还有京沪实业界巨子荣浩亭等联合集资3万元，创设昆仑农林实验场，在黄山之麓广植桐树，在四年内共植100万株，年收益达3.5万元。此种本轻利重的桐油事业，在皖省以地势适宜之处多有发展。关于运销方面，省政府自加股植物油料公司

---

① 符少辉、刘纯阳主编：《湖南农业史》，湖南人民出版社2012年版，第644页。
② 实业部中国经济年鉴编纂委员编：《中国经济年鉴（1934—1936）》，第12卷，国家图书馆出版社2011年版，第112页。
③ 佚名：《湖北襄阳设桐林区》，载《申报》1936年4月18日第9版。
④ 佚名：《湖北省植桐面积增加》，载《正大农学丛刊》1942年第1卷第1期。

后，在芜湖设立驻芜办事处，实业部特委派农业经济专家崔庶士前来主持，将皖南北各地，桐油产销情形，详细查明，认为可以在芜湖设厂集中提炼桐油较为合适，一方面安徽地方银行即将皖省部分的股款25万拨出，购置炼油机器，在芜湖江边太古码头附近兴工建设了炼油厂。①

在浙江省，省政府为提倡种植桐树事业，对于造林进行甚力。1937年核定经费1万元，在当时的衢县、永嘉县创办经济林。在此之前，已经在当时的衢县有"十里桐山"的建设，为时已经数年，颇有成效。此外省政府规定各乡村间集合若干人，以合作方法共同经营村有桐林。浙江省明确规定采果时期及禁止拾残。

  农民因急于图利及避免拾残者偷窃起见，往往不待桐果十分成熟，即提早采摘，对于桐籽含油量殊有影响。应宜设法制止采摘未成熟之桐果，并禁止拾残习惯。在保护桐林规约中，规定采摘桐果至早须在寒露，待桐果成熟之后方准采摘。拾残须在立冬或小雪之后，否则即作为破坏规约，或视为偷窃，予以相当处罚。②

在广西，提倡种植桐树更见积极。"1928年间，当局尝有晓谕，农人每户须在山地或荒地植桐300株，故该省桐树之生长日盛。"③ 1937年，"省政府第279次会议决议规定每年4月1日为桐花节，以此提倡植桐。在政府的倡导下，广西植桐面积将增加至200万亩，2000万株，2亿斤之巨。"④ 据1941年的报道："广西为提倡植桐最力者，且曾规定桐花为省花，凡曾足履桂省，于风和日丽之日，只见满山遍野，尽属桐

---

① 佚名：《皖省大举植桐，芜设炼油厂将落成》，载《申报》1937年3月15日第4版。
② 周新华：《浙江桐油生产状况之调查》，载《农声》1931年第14期。
③ 佚名：《调查：中国桐油之产销》，载《实业季报》1940年第6卷第1期。
④ 章乃焕：《世界桐油业概观》，载《中国新农业》1937年第1卷第4期。

花。"① 1942年，广西临时参议会咨请省政府转财政部设法维持桐油生产以保存国家资源："我国桐油近年出口均占出口货品之第一位，低补入超为数甚巨，适宜及早设法维持其生产，因太平洋战事爆发，桐油无法出口应暂时开放，准自由运销。因太平洋战争爆发，桐油无法出口，应暂时开放，准人民自由运销。由政府设厂加工制造为制造油漆提炼汽油、火水油（灯油）、油渣（柴油）、滑机油等。请银行对桐农作长期放款扶助桐农。责成乡村各级政治机构切实登记现有桐场并劝止其砍伐。"②

在广东省，广东省银行拨款200万元，设大规模榨桐油厂，并积极推广种植，与地争利。③

在各地各级政府的推动下，桐林种植面积快速增加，品种得到改良，为扩大桐油的生产贸易奠定了坚实的基础，同时也培养了科技人才。④

2. 组织桐油合作社

在浙江省，桐油合作社开展得有声有色。

> 国内桐油出产，长江流域各省均有，而浙省产量颇丰，全省产桐油5年合计有147500余担，合计价值约500万元左右，在本省农业经济上极占重要地位，除组织桐油运销处以利运销外，根本办法尚需积极组织桐油产销合作社。浙省桐油问题症结，在于生产与运销问题，就生产方面言，桐农对油桐垦荒、选择、施肥、种耕、除草等，大都不知讲究，致品质低劣，产量稀少。就运销方面言，

---

① 佚名：《桂省着意农产，漫山遍野桐花》，载《申报》1941年7月17日第7版。
② 经济部档案：《国民政府广西临时参议会请贷款桐农维持桐油生产的提案》，1942年3月10日，中国第二历史档案馆编：《中华民国史档案资料汇编》，第五辑，第二编，财政经济（八），凤凰出版社1994年版，第25页。
③ 佚名：《工业动态：广东：广东省银行设桐油厂》，载《中国工业》（桂林）1942年第8期。
④ 杨乔：《民国时期政府对于两湖桐油产业的参与》，载《兰台世界》2013年第7期。

桐油价格往往受中间人剥削、操纵、垄断，不得待价而沽，上述两种病态，桐农如能组织合作社，均可迎刃而解。省战时物产调整处暨桐油运销总办事处当局洞悉其弊，故采取合作导向办法，实行此种办法，不但使桐农之桐油可集中运销，免受中间人之剥削，且可实地指导桐农改良生产事业，诚一举而两得者，省处与桐油运销总办事处之选派桐油合作事业指导人员，分赴金华、衢州、严州、温州、处州、各属指导组织桐油合作社，并由省调整处派第九区分处股长林志豪为督导员，数月以来，成绩显著，共同努力桐油合作事业，亦可谓贸易管理班对社会上的一种责任。①

各县组织桐油生产合作社先就产桐区域内先组织，然后推及其他适宜于植桐之区。各桐油合作社所需的桐苗，由各合作社自行设法采办，于必要时并得自设苗圃。各县桐油合作社组有三社时，应即联合组织区联合社。每县组有三个区联合社时，应即联合组织联合社。浙江省筹组各县桐油合作社，由各县斟酌地方情形，决定方法积极指导组织。由各县指导各社积极改进，并由省建设厅随时派员前往视察指导，同时举办各种放款。各级联合社成立后，各合作社即以生产桐籽为主要业务，区联合社以榨油为主要业务，县联合社以运销及储押为主要业务，分工合作。②

浙江省的桐油合作社做得有声有色。在仙居县：

本县三都地方，桐农智识低劣，每年所得代价甚微，殊为可惜。乡长有鉴于此，乃发起组织该乡无限责任桐油运销合作社。2月以来积极筹备，至7月9日，一切均已筹备妥当，乃召开创立会。县府由杨合作指导员出席指导，出席的社员约40余人③。

---

① 佚名：《浙江省改进桐油产销事业计划》，载《实业部月刊》1936年第1卷第3期。
② 佚名：《浙江省改进桐油产销事业计划》，载《实业部月刊》1936年第1卷第3期。
③ 佚名：《消息一束：仙居县三都乡桐油运销合作社成立会之盛况》，载《浙江合作》1935年第3卷第11期。

3. 成立输出推广会桐油小组会

输出推广会执行委员会,"于1947年2月21日上午10时,在中央银行会议室举行第四次委员会,由贝祖诒主席、委员刘攻芸、沈熙瑞、金士宣及马克等二十余人,决定正式成立桐油小组会刘攻芸、马克为召集人,委员李锐、沈瑞洲、刘世威、赵石湖、邱良荣(兼秘书),并商讨蛋品、桐油输出的技术问题,并迅速推广各货之输出"①。

4. 国民政府农林部设立中国桐油研究所

"中国桐油研究所设于广西,农林部拨款4亿元作为开办经费。② 1948年冬,中国植物油料厂在国民政府农林部、中央农业试验所、广西政府和广西地方科研院所等有关单位的协助下,推动并捐资成立中国桐油研究所,即:三十七年冬季,中国植物油厂之发起概允捐款,设立桐油研究所,以改良桐油生产技术,减低桐油生产成本,增加桐油产量为宗旨;捐款约及美金4万元。系由中国植物油料厂捐助者,另有15吨化学仪器、药品、书籍价值约1500美元,现均亦已运到柳州。"③

民国时期桐树的种植方法和桐油生产技术有了较大改进。桐树种植从传统的农民分散的漫不经心的栽培方式发展到政府大力提倡指导植桐,主办示范林场的大规模组织方式;榨油技术方面将桐油改土法榨制为机器榨制的方法也逐步得到推广,这种转变方式更好适应了国际市场的需要,同时也增加了农民的收入。

三 在国际贸易方面积极的措施

民国时期,国民政府实行了一系列有利于国际贸易发展的措施,对全国整个经济的发展起到了促进作用。

其一,1929年2月16日,国民政府公布《度量衡法》,再次统一

---

① 佚名:《输出推广会桐油小组会正式成立》,载《征信所报》1947年第289期。
② 佚名:《中国桐油研究所农林部正筹备设立中》,载《征信新闻(重庆)》1947年第711期。
③ 中国植物油料厂档案:《桐油研究所材料》(成立会记录),1949年4月4日,上海档案馆藏,中国植物油料厂档案,目录号:Q398-13-49。

度量衡，推行市用制，并准备与公用制接轨，国内市场上海、汉口等城市开始普及市尺、市秤，而其他复杂制度量衡逐渐被淘汰出市场。从各地汇集的桐油商品有一致的度量衡标准，这一举措有利于桐油商品的大量集中出口。

其二，1935年国民政府进行币制改革，这是财政方面的一个重要举措，对工商业的长远发展是有利的，币制改革后桐油对外贸易获得了发展机遇。由于国民政府放弃了银本位，"汉口对外贸易得以缓慢的回升，直接对外贸易值便由1934年的4200万元上升到1936年的4600万元"①。

从中央政府层面来看，国民政府颁布和推行一系列保护和发展商品贸易的法令，这些法律法规为桐油业的发展提供了较为宽松的环境。国民政府颁布了一系列鼓励公私生产经营发展的法令，如《工业奖励法》《特种工业保息及补助条例》《奖励工业技术暂行条例》《小工业及手工艺奖励规则》《发给国货证明书规则》等，有诸多具体奖励方式和优惠政策，如"免除出口税及原料税、由政府提供运输设备以降低运货费用；对一些公司与厂商在特定区域内对下列情况给予专利5年：利用机器或改良手工业生产的公司，或首先利用进口生产技术，或曾因发明而获得其专利制造的公司与厂商。为了补救因关税保护不足对民营企业造成的损害，还先后两次下令提高关税"②。在国际贸易的刺激下，国民政府及地方政府引导和参与了桐油贸易，对桐油行业采取了扶持的态度。为增加出口，补足财政收入，国民政府注意到优良物种的引进、商品检验等，促进了农业生产中经济作物种植扩大与农村副业的发展，从而进一步满足国内外市场需求。

从地方政府层面来看，1933年以后，湖北省政府依照国民政府的统一规定和部署，陆续在全省境内排除了厘卡盘剥，以及币制、度量衡

---

① 陶良虎：《20世纪30年代汉口对外贸易衰退原因辨析》，载《江汉论坛》1999年第6期。
② 徐鹏航主编：《湖北工业史》，湖北长江出版集团、湖北人民出版社2008年版，第170页。

不统一对农业品、工业品流通所造成的障碍，解决因白银外流造成的通货膨胀、物价低落、工商业凋敝等问题，对于稳定汇率，发挥了明显作用。城乡市场渐趋活跃，"初步形成了同全国各地保持一致的一元性的交易市场，为湖北省工农业的恢复和发展创造了基本的先决条件。到1935年，湖北一省已废除和减免附加税21种、苛捐杂税91种，共计减免税额126万元"①。同一时期，湖南省政府也做出类似举措来保证一元性交易市场的稳定。

针对桐油行业所存在的掺杂掺渣这些弊端，湖南省建设厅专门发布条例予以禁止，条例指出："为令遵事，案据驻省油业代表呈，为恳请通令各县，严禁桐茶各油产地人民、各产户油商，掺杂掺渣，如有上述情况，严重处罚，以维油业，而利销场。"②

晚清时期，桐油行业不显，清政府没有注意到桐油贸易这一块。民国初期至1927年南京国民政府成立之前，政府对经济方面的管理和控制力度是不够的。这一时期，全国桐油行业基本处于民间自由发展的状态，政府少有作为。20年代后期，政府对桐油市场的控制力度显著加强。这一时期，桐油成为各地重要的商品之一，桐油贸易市场活跃。

第二节　抗日战争时期政府对桐油贸易管理的变化

抗日战争全面爆发后，随着战区的不断扩大和战争时间的持续延长，国民政府对其经济体制不得不有所调整，相继颁布了一系列的战时法令和条例，以便更有效地集中经济力量，维持长期的战争所需。③

一　签订《中美桐油借款》

1938年10月，日本占领广州及汉口以后，中国战时财政颇感困

---

① 徐鹏航主编：《湖北工业史》，湖北长江出版集团、湖北人民出版社2008年版，第166页。
② 佚名：《建厅严禁桐茶各油搀杂搀渣》，载《国货月刊》1936年第3卷第34期。
③ 徐凯希、张苹：《抗战时期湖北国统区的农业改良与农村经济》，载《中国农史》1994年第3期。

难，美国财政部曾建议说由中国金融及工商业界组织赴美金融代表团，与美国政府及国会磋商对华借款。

该团由贸易委员会负责人员及金融工商人员合组而成，抵美后经初步接触，美方当时不欲订立何种政治借款，但认为中国拥有若干种资源为美国工业所需，就中国以桐油、锡、钨及猪鬃等项，战时对美输出数量甚巨，如成立此项以供给原料为偿还条件的商业借款，则中国可以继续换取外汇，在美购买战争材料。同时美国亦可获得中国各项原料。该团并建议组织两个机构办理此项业务，一个设在纽约，负责销售中国原料并采购美国器材；另一个设在重庆，负责收购并运输原料。由于桐油为对美重要商品，遂决定首先成立桐油借款。

中美双方同意每次以桐油售出价款半数经常偿还借款，其余半数用以购入美国物资或军需品。当时日本虽已占领华北及南京、上海，但华南、海口尚在开放，并可由滇越铁路经海防、河内出口，甚至可由滇缅公路经缅甸的仰光、腊戍装船，桐油运输尚无过分困难。于是1938年12月由美国进出口银行贷予桐油借款美金25000000元。

  依据借款协定，先后在纽约成立世界贸易公司，在重庆成立复兴公司。世界贸易公司资本为美金50万元，股本属于中国政府。依纽约州公司法注册，自1938年10月成立起至1942年，该公司曾售出桐油4100万磅，可供美国当时需要的60%。同时，截至1939年底，该公司复为中国政府由美国购入价值3200万美元的机械用具，其中包括卡车4338000元，轮船100万元，机器脚踏车87000元，汽车修理机件518000元，其他有关车辆器件600万元，该公司并曾购入汽油、火油、燃料油、滑机油等4224000元，电话100万元，收音机626000元，钢铁150万元。铅、铜、金属等300万元，卡几布425000元，棉毯1175000元，化学药品及医药用具等725000元，闭路机器及建筑材料650000元，其他机器设备20万元。

  重庆复兴公司担任桐油收购及输出工作，该公司于最初两年内曾输出桐油4100万磅，约值8745000美元。由纽约世界贸易公司接收出售。由于沿海口岸的封锁，出口贸易衰落，以往经营小量收购旅行于市镇农村的油商油贩，多数放弃其原有职业，该公司遂不得不直接担任小量收购的工作，后以出口需要日增，价格较趋正常。原有油商油贩遂亦重返旧业，为复兴公司收购桐油。

关于中美桐油借款，系由中国银行担保，由世界贸易公司依据复兴公司合约，以售出之桐油价款50%偿还进出口银行，合约注明全部借款应于1943年底还清，利息率为4厘半，旋于1940年6月25日减为4厘。借款之实数为22000000美元，于1942年3月30日借款本息全部还清。所有尚余未用之3000000元亦于1943年12月11日取消。①

桐油为我国重要出口商品，战前曾由官商合组中国植物油料厂，主持桐油榨制品质的改良及外销事宜。战事发生后，桐油因与偿债有关，自1939年7月份起，即经由中国植物油料厂、中央信托局及其他国营贸易协助财政部贸易委员会统筹经营。该会总办事处设重庆，并在全国各桐油集中区广设办事处或收油站，而由海关合作，禁止桐油私运出口或转口，以收统制之效。1940年间，财政部复拟就桐油统购统销办法及桐油统购统销施行细则二种，并经行政院审查通过，由财政部公布施行。依据上项办法及细则，举凡全国各地桐油之收购运销事宜，均指定由财政部贸易委员会之复兴商业公司统一办理。②

桐油输出贸易，战前多由外商居间经营，利权外溢，影响国民经济甚大。抗战发生后，我国政府鉴于运输困难，桐油外销阻滞，由财政贸易委员会负责调整，并提价收购，由财政部贸易委员会根据桐油产销及国际市场情形，随时定价收购，凭财政部准运单报运出口。1939年2月9日，中美签订桐油借款，"中国政府向美国借款2500万美元，年利

---

① 经济部：《桐油与国际市场》，1944年1月21日，中国第二历史档案馆藏，目录号：4-38593。

② 佚名：《植物油料业及其现状：战时植物油运输之现状》，载《中外经济年报》1941年第3期。

率4.5%（后减至4%），清偿期限不得超过1944年1月1日，规定中方在国内收购桐油，分五年运美销售，以收入之半数偿付借款"①。因为中美桐油借款的关系，国民政府还在纽约组设世界贸易公司，办理在美销售桐油的业务。"我国桐油销美，战前已占全国桐油出口总量68%，自签约后，更能集中营运。"②

二　国民政府的桐油统制政策

桐油的统购统销，契机是因为1939年签订的中美桐油借款合约。该合约规定，中国政府须在五年内输出美国桐油若干，在美国市场发售，以其价款的一部分抵偿此项借款。政府为履行契约，维持信用，在1939年7月规定桐油为统销物品，由贸易委员会办理统销事宜。1940年由贸易委员会将桐油收购业务划归复兴公司办理，并拟定全国桐油统购统销办法，呈由财政部转呈行政院核定，于12月24日由财政部公布施行。③

国民政府的桐油统制政策最重要的一点包括将全国桐油产地划分为若干个桐油管理区，各区之间的桐油流动要凭单转运，严禁走私。

> 经济部查全国桐油调解管理暂行办法暨其施行细则业经先后呈奉行政院核准并由本部指定重庆市、川东、川中、陕南、鄂北、鄂西，凡158县市为第一桐油管理区域并对于桐油在管理区域内各县间转运暂准依照施行细则第10条之规定，免领转运证通行。此项均经分别公告施行并电达各区，兹据本部贸易委员会转据所属复兴公司呈为桐油管理区范围广大，桐油自由转运漫无限制，市场动态难以明了，调节管理均感不便，拟请暂在第一桐油管理区内鄂西、川东沿江重要桐油市场指定秭归、云阳、当时的万县、涪陵、彭水

---

① 财政科学研究所、中国第二历史档案馆编：《民国外债档案史料》，第11卷，档案出版社1991年版，第119页。
② 严匡国编著：《桐油》，正中书局1944年版，第158页。
③ 贾周：《中国桐油之国际贸易》，载《世界农村月刊》1947年第1卷第4期。

5县及重庆市，所有运出或运经上列6县市的桐油概须验凭本部贸易委员会桐油转运证放行。①

1940年1月，国内桐油的购运与外销等业务，由贸易委员会划归所属复兴商业公司办理。贸易委员会则处于督导地位。统购统销办法要点于下。

第一，核定价格。

全国各地桐油收购价格，由复兴商业公司根据各地桐油生产成本及运缴费用，参照国际市况，随时分别拟订，呈请贸易委员会核定公布，并转呈财政部备案。

第二，统制收购。

全国各地桐油的收购事宜，由复兴公司统一办理。各省桐油主要产地或集中市场，由该公司设立收货机关，依照公布价格（通称牌价）收购。凡在该公司设有收货机关的市场，其他任何机关或个人均不得收购或贩运桐油。此外凡经贸易委员会核准登记的桐油业商号行栈，或受复兴商业公司委托代办收购业务的其他政府机关，应将所收购桐油依照规定牌价让售于复兴公司。各机关工厂自用桐油，内销商号零售桐油，得向复兴公司申请让售。在复兴公司无存油可让的地点，必先呈请复兴公司核准后方得自行收购。②

委员会为树立国家重要资源统制基础，稳定桐油市场，并谋中央地方经济切实合作，以利各地桐油事业的发展，及利民生起见，决定分批于各产桐油省份，由中央地方官商合资组织各省桐油贸易公司，川省首先接受组织，湖北省随之。"协商决定合组湖北桐油贸易公司，经商定办法：第一，湖北桐油贸易公司暂定资本百万元，官股60%，商股40%。第二，筹备期内，贸易委员会以60万元做官股，省行信托部以

---

① 经济部贸易委员会编：《第一桐油管理区域县市名单及有关文书》，1943年4月13日，中国第二历史档案馆，目录号：4-28790。

② 杨乔：《抗战时统制政策背景下两湖地区的桐油贸易》，载《社会科学论坛》2015年第4期。

40万元作商股，募商股时省行以全部或一部让与之。第三，公司在本省境内外设立分公司，凡未设分公司的地方，仍由省行分支处代收，运交公司。此种合作办法，较省行独立购运，易于推进。其于本省商民之裨益，战时经济之繁荣，所关尤大，奉经省府核准会同组织，于1941年6月，在宜昌成立总公司，并设分公司于老河口、恩施两地，负责收购本省桐油的职责，省行仍处辅助地位，在未设桐油贸易分公司各地，由省行各行出代理收购。"①

第三，限制存储。

桐油业商号行栈，存储桐油不得超过50公担，桐油榨油坊不得超过80公担。存储时间不得超过6个月。其未经核准登记的桐油商号行栈，一概不准存储。如超过上述数量或时间，均由复兴公司依照当地牌价强行收买。

第四，管制运销。

凡经核准登记的桐油业商号、行栈、榨油坊、合作社，得转运桐油至复兴公司或其委托机关销售。贩运时须向该公司请领贸易委员会所发的"桐油甲种转运证"，凭此转运。复兴公司在内地自行报运出口，亦须填用此证。凡经登记的内销桐油商号，如因本县无油或产油不敷供给，须向他处采办时，应由同业公会或商会指定若干商号为代表，转向复兴公司分支机关或其代理机关申领"桐油乙种转运证"，照核准数量，购运分配各商号销售。如运往限制转口区域，非经领有财政部核发的"内销特许证"，并照章结汇，不得报运。至复兴公司报运出口，则凭贸易委员会核发财政部颁发的"专用准运单"放行。

在国民政府的桐油统制政策出台以后，由于各地桐油存在差价，不法分子打起了桐油走私的主意，各地出现的桐油走私案层出不穷。如1939年，"湖北宜都办事处主任号电称外商在湖南以高价收购桐油，枝江王家畈、观音桥，宜都刘家桥的油偷运前往者日以数十担计，县府鞭

---

① 佚名：《非常时期湖北桐油之运销管理》，载《新湖北季刊》1941年第1卷第1期。

长莫及,都枝桐油来路断绝。电称枝江、五峰桐油均由松滋偷运南下"①。1940年10月7日,中国植物油料厂总经理张嘉铸向军事委员会办公厅特检处报告两起桐油走私案件,"本厂三合分办事处职员许政元职员囤积桐油数十担运往柳州售与中央贸易处,如此行动实违反本厂立场,此前镇远分办事处职员宁子敬也有此行为,两人均撤职处理"②。1941年,"广西含浦、灵山一带走私之风很炽,政府虽然在各处设了许多查缉所,然而收效甚微。含浦灵山两地的桐油,完全是由桂省南乡镇偷运出来,然后由灵山、武利运至含浦、南原出海,销往广州湾"③。

自1941年12月太平洋战事爆发以后,出口运输更趋困难。统销固属为难,统购亦感不易。1942年2月,行政院经济会议通过外销物资管理办法纲要6条,各地桐油的收购运销事宜,指定由复兴公司集中经营。其收购出口办法,与猪鬃无异。桐油在国内存储转运销售,均有严密限制,以期集中桐油产量,以便大量外销。

由于战局瞬息万变,之前制定的桐油统购统销政策有很多不适合地方执行之处。适时桐油炼制汽油成功,桐油仍须严加统制,政府复颁布了全国桐油调节管理暂行办法及实施细则。由财政部贸易委员会负责执行供给炼油原料,责成运输统制局增设炼油工厂,并协助原有炼油厂炼制汽油,以每年利用桐油7万公吨,炼油4万加仑为标准。上述办法公布后,经由贸易委员会拟定三个管理区域:第一管理区域,包括重庆市与川东、川中以及陕南、鄂北、鄂西。地跨3省,含158县市。此区产油量约为57700公吨,第一桐油管理区县市名单,在1942年8月20日先行公布实施管理。

前项全国桐油调节管理暂行办法公布时,并将关于桐油、猪鬃、茶叶3项的法令,参合厘正,分别公告。④ 上述办法公布后,"桐油内销,

---

① 佚名:《湖北省银行宜都办事处密报桐油偷运情况》1939年8月,省建设厅档案总类卷,湖北省档案馆馆藏,目录号:Z12-1-2。
② 张嘉铸:《中国植物油料厂股份有限公司在国内停止收购桐油案》,中国第二历史档案馆藏,1940年10月7日,目录号:4-25731。
③ 威连:《关于桐油走私希望政府切实注意》,载《大公报》(桂林)1941年11月13日。
④ 行政院编纂:《国民政府年鉴》,行政院发行1943年版,第93页。

则由财政部贸易委员会施行实施期内,在 1941 年 3 月 8 日颁行的桐油存储转运变通办法后,均按新的政策实行"①。

抗日战争开始后,大量桐油改由香港出口,1941 年底太平洋战争爆发,香港沦陷后,桐油出口日益艰难。"海运断绝后,除改应内销,供炼汽油原料外,并依争取物资的原则,将接近战区地带过剩桐油,准运游击区域易取后方物品。1941 年一年内桐油内销外销数量,共计约 191400 公担,价值国币 22386 万余元。"②

桐油一项准许商民向复兴公司领证报运,其报运手续规定如下:"商民报运桐油出口应先向复兴公司或其各地分公司请领本部印发的出口准运单,持向外汇管理委员会所属机构照章结汇,取具《承购外汇证明书》凭向海关报运出口。商民报运桐油以前在国内转运,其纳税办法照现行章则办理,出口后得持凭最后出口关卡证件,向原征税关卡领还。所缴税款,除呈报行政院并分行外,相应电请查照转饬各县市政府知照,并布告周知。"③

应该说国民政府为坚持抗战,集中经济力量,而对桐油等产品采取了统购统销政策,由复兴公司统一经营的措施是非常必要的。复兴公司在战时艰苦的环境中惨淡经营,竭力推进出口贸易的开展,以换购抗战所急需的物资,有力地支持了军事上抵抗侵略的抗战。④ 抗日战争爆发后,客观形势发生改变,外国洋行无力继续控制中国的对外贸易,为国民政府统制政策的实行提供了条件,国民政府建立了一系列管理及经营机构,颁布实施了一系列的相关法规和条例,"大批大宗商品的贸易被置于国家控制之下,中国对外贸易的被动局面有所改观"⑤。在国民政府统制下,复兴公司在各桐油集散市场自行定价,使桐油价格被外商操

---

① 严匡国编著:《桐油》,正中书局 1944 年版,第 162 页。
② 行政院编纂:《国民政府年鉴》,行政院发行 1943 年版,第 99 页。
③ 财政部:关于"规定商民报运桐油出口手续"规定的公文,1942 年 6 月,湖北省建设厅档案工商卷,湖北省档案馆馆藏,目录号:Z12-1-11。
④ 杨乔:《抗战时统制政策背景下两湖地区的桐油贸易》,载《社会科学论坛》2015 年第 4 期。
⑤ 孙玉琴编著:《中国对外贸易史》,清华大学出版社 2008 年版,第 179 页。

纵的状况有所改变。

但是由于战时特殊的政治经济环境，统制统销政策的出台和修订远远赶不上军事局势的变化，所以实际实施效果并不满意。例如依照《全国桐油统购统销办法暨施行细则》的规定，"各地内销桐油，应由当地市县政府调查实际需要数量及经营行号，申请财政部贸易委员会核定之"，因为战事瞬息万变，情况复杂，各地市县政府实际上没有精力和控制力来调查桐油需要数量和桐油经营行号，贸易委员会也不可能做到所有油号、货栈逐一核准登记，这一规定并没得到实施。又如依照《全国桐油调节管理暂行办法及施行细则》的规定，"在桐油管理区内一次转运桐油在 10 公担以下的可免转运证"，很多桐油商贩抓住这一政策漏洞，转运桐油时多化整为零，逃避领证，以致扰乱桐油市场，妨碍供应。实际上很多诸如此类的情况的出现，使战时国民政府对于桐油产业的统制政策并未得到很好的贯彻实施。①

在具体的桐油经营中，产生了各种各样的问题。桐油统购统销政策措施给各地工业生产经营和农村经济带来一些困难。

> 财政部经济部桐油为本省出产大宗复兴公司停收以后，农村经济大受影响。法令规定虽准出口易货，然办理领证手续甚缓，以致阻滞狡猾之徒反借以走私牟利，似应设法救济本府，迭遂所属请以油易取棉纱。桐油已由复兴浙江分公司呈准总会准予以供应。按内地棉丝奇缺，以油易纱确属一举两得。财政部孔部长案准浙江省政府子阳勇电请准以桐油易取棉纱并请变更领证手续。查桐油一项战时管理进口出口物品条例规定，先去机关领证后结汇出口。在内地棉纱缺乏，浙江省桐油既停收购桐油，省政府所请以桐油易棉纱，可予以准行。②

---

① 杨乔：《抗战时统制政策背景下两湖地区的桐油贸易》，载《社会科学论坛》2015 年第 4 期。
② 浙江省政府：《浙江省政府请以桐油出口易取棉纱的文书》，1943 年 1 月 9 日，中国第二历史档案馆藏，目录号：4-22903。

三　中国植物油料厂的创立

国民政府鉴于桐油渐成为出口大宗，计划组织带有官方性质的机关，一切桐油交易概由其受理，该业愈臻于整齐划一，结果遂产生中国植物油料厂股份有限公司。该公司的成立，其意义在于使国产植物油的品质一律树立出口油料的标准。使其市价平稳，从而提高此项商品的国际价值，恢复国外市场的信心。1936年3月，南京国民政府开始酝酿筹建中国植物油料厂，此项计划由实业部主导，经浙江、湖北、湖南、安徽及四川各省政府的赞同。时任国际贸易局副局长张嘉铸"出发赴四川、湖北、湖南各省调查，并与当地商人交换设厂意见，派刘茂寅赴皖调查菜油产销情形"①。中国植物油料厂的组织遂成事实。

1936年8月15日，其第一次股东会议在牯岭举行。中国植物油料厂决定总厂设在汉口，选武汉市市长吴国桢为常务监察人。中国植物油料厂，即分别在上海、汉口、常德、长沙、重庆、当时的万县等6处设厂，并以浙江省距离上海近，产销事宜，即归并上海分厂办理。其性质为股份有限公司，由官商合办，一切遵守公司条例。经向政府注册为普通的商业机关。该公司创立宗旨在使各项植物油及其副产品的品质改良而趋于标准化。并设法便利其生产运输与分配。其营业范围略述有以下几点：代理存储、精炼及压榨桐油；代理存储、精炼及压榨其他植物油；从事各项植物及其副产品的整理、运销及资金融通；制造各项润滑油脂；制造厚漆及凡立水。

该公司成立后，对于所定宗旨颇能迅速见诸施行。在各内地产区多已建立新式储油仓库。在各制造区则设有新式水压机。炼油厂亦迅速开工。其出品品质一律富有标准性。对于资金融通，其条件亦极合理，使各方交受其利。总之，自该公司成立后，于国产植物油的标准化和维持公平市价等方面深有裨益。

该公司的活动在固有的出口商行方面，自深为足额。其范围既广，

---

① 上海商业储蓄银行档案：《上海商业储蓄银行关于中国植物油料厂调查记录（筹备经过）》，1938年2月，上海档案馆藏，目录号：Q275-1-662-65。

实力雄厚，且有目标计划。断非普通商行所能望其项背。因之各出口行有以为其目的在垄断全业。固有同业将被其一网打尽。该公司则竭力自白，初无专利的企图。并为证明其言之由衷，声明如固有的出口行愿意向其交易，一经申请，即当以出品销售。该公司且否认有进一步为国产植物油唯一出口的意愿。其态度对于国外购买者极端欢迎，随时愿意与其接触。即对国内商行，亦愿以其出品随时供应。该公司的主要目的不在竞争操胜，而在于使物产品质提高而区域标准化，使价格不致有过甚的涨跌。如能达此目的，则结果植物油料的营业应益增，使同业者交受其利。且该公司于轧子及榨油，俱有新式机器设备。储藏与精炼方面锐意改进，包装与运输方面亦有所改进。对于行业中人员资金融通，其条件宽松。所以该公司成立使桐油实业深受其利。

该公司资本额定 200 万元，分 20 万股，每股 100 元。实收股本计 100 万元。公司最高机关为董事会，设有董事 17 人。其中 8 人为官股代表，由官方委派。9 人为商股代表，由商人选举。除董事长及副董事长外，尚有常务董事 2 人：1 人代表官股，1 人代表商股。监事计有 7 人，其中 3 人由政府委派，4 人由股东选举。执行事务者计总经理 1 人，协理 2 人，俱由董事会举荐。实业部委任其厂务部及业务部俱设由经理及副理，由总经理委派，董事会批准。其总公司设于汉口，分公司及工厂设于下列各地：

表 3-1　　　　1939 年中国植物油料厂分公司及工厂地点

地点	分公司	工厂
安徽	芜湖	芜湖
浙江	杭州	杭州
	温州	温州
	处州	
湖南	常德	常德
	长沙	长沙

	当时的万县	当时的万县
四川	重庆	重庆
湖北	汉口	汉口
	宜昌	宜昌
	沙市	
	老河口	老河口
江苏	上海	上海
	香港	香港

资料来源：逊之《有裨于战时经济之桐油业》（下），载《商业月报》1939年第19卷第3号。

该公司第一任总经为实业部长吴鼎昌，协理为实业部次长周诒春。常务董事为湖南省建设长余籍传记汉口聚兴诚银行杨季谦。民国政府行政院为使该公司得集中全力推行，关于桐油之堆存、机榨、精炼，俱给予特许经营权。其一切会计及稽核，宜俱由中央信托局管理。

该公司既在国内各地建有新式工厂，对于植物油的工业及商业方面贡献颇多。其活动范围亦广，如以炼油藏量而言，储藏6800吨的设备。又如将仁的轧压，备有新式机器，可以代公众服务。又对于某种可供食品的油类，备有最新式由美输入的机器，公众亦得利用。此外设有研究与试验部门，从事于改进及发展工作。凡以油类寄存于其货栈，持有栈单可向其抵押款项。该公司在上海并有驳船设备。以便于散装油类的运输，无论中外油商，俱得租赁利用。①

植物油料厂的最主要工作，即为改良炼油、储油方法，各桐油尚

---

① 逊之：《有裨于战时经济之桐油业》（下），载《商业月报》1939年第19卷第3号。

行，多设储油池，池四壁皆铁质，容量自 30 吨至四五百吨，底通热气管，油入池后，因受热，杂质皆下沉，清质则从池旁插管流出，然后以篓装或桶装，运往欧洲及国内各埠，其运往美国者，则探对舱制，直接从油池以铁管排入船舱，便利多多。①

1937 年，中国植物油料厂汉口分厂在汉口吕钦使街开工生产，主要机件有炼油、滤油全套设备，包括锅炉 2 具、油池 3 座、金属油柜 2 座。

该厂开设未及一载，抗战爆发，沿海各厂处先后沦陷为战区，该厂业务颇受打击，旋随战事演变，业务重心，渐次转移香港而再至西南内地，继续促进产销并参加后方战时工业建设，添设机构大小 40 余厂，遍及西南各省，对大后方抗战工作颇有贡献。太平洋战事以后，该厂在香港的贸易基础及湘桂二省的工业建设，两遭粉碎，损失惨重。

抗战胜利后，中国植物油料厂总公司由渝迁沪，分华中、华南、华北三区。华中以长江流域为主要动脉，有重庆、当时的万县、宜昌、汉口、老河口、芜湖、上海、杭州、温州、嘉兴、平湖、长沙、常德、沅陵、衡阳等贸易单位及当时的万县、汉口、上海、长沙、常德等工厂，以上海为中心。华南区域则以西江流域为其主要范畴，为南宁、柳州、长安、广州、九龙等工厂，以香港为中心。华北有天津、北平、锦州、青岛等贸易单位及天津工厂，以天津为中心。各区工厂设经理厂长向总公司负责办理工厂事务。

抗战胜利后，海运疏通、中国植物油料厂积极复员，一方面恢复上海、香港出口据点，另一方面至四川、湖南、湖北、安徽、浙江、广西、广东各桐油产区发动收购，分别集中上海和香港两埠，运销国外。② 由于中国植物油料厂具有官方性质，在战后桐油市场无人能与之抗衡，业务进展顺利，桐油大量收购大量出口，在桐油出口行业中，占据首位。

---

① 佚名：《我国桐油产销概况》，载《商务月刊》1935 年第 5 卷第 2 期。
② 佚名：《介绍中国植物油料厂》，载《新世界》1946 年第 8—9 期。

中国植物油料厂开始发挥了原有的作用。首先接收了原日伪榨油企业资产和设备，迅速扩大规模。其次中国植物油料厂发展成为股份公司，在华北、华东、华南等区域大量新设贸易办事处，组建各种植物油料的生产单位，并在国外派驻代表，负责中植公司国外业务的发展。再次中国植物油料厂凭借其官方背景与美国太平洋植物油公司结合，发展成为中国油业垄断组织，控制了全国桐油出口的大部分。中国植物油料厂的主要业务有：一是代理桐油之储存及炼榨；二是代理承办押借、押汇、报关运输及其他便利销售各事项；三是提炼润机油料；四是制造油漆涂料。

中国植物油料厂在战后之所以能坚持桐油贸易以及储炼业务并在市场上形成一家独大的局面，"很大一部分原因是由于官方背景，正是在政府的支持甚至是参与下，它才得以继续开展业务"①。此外，复兴公司、湖北省民生贸易公司也属于桐油出口大户。

四　奖励桐油输出的方案

1937年以后，中国政府以中国各种土产，每年输出颇多，有关中国对外贸易及非常时期财政金融业务繁多，财政部设贸易委员会，以促进土货外销为主要任务。其包括之范围，为桐油、猪鬃、茶叶、矿砂、药材、生丝、肠衣、皮货、鸭毛、五倍子、羊毛、苎麻、牛皮等13类，以桐油为主要对象。对桐油的生产运销方面做出调整。

1. 奖励生产

政府鉴于桐油对外贸易之发达，促使桐油产量的增加，故政府明令川、黔、湘、皖、桂、闽等产油之区，奖励农民种植桐树，尤侧重于西南及边陲诸省。桐树生长之区，不限土地，即在岩石与山溪之间，亦可种植，其性虽不耐寒，但是平均温度在华氏18—20度以上即可生长。"通令全国各宜于种桐之省区，力行其奖励种植，以增产额。通令各省

---

①　张丽蓉：《长江流域桐油贸易格局与市场整合——以四川为中心》，载《中国社会经济史研究》2003年第2期。

区，减免桐油应付的杂捐等项，减轻成本，便与国外竞争。"① 1946年，"江西省为桐油生产要区，省府为谋本省油脂工业及国外贸易，由农业院选定赣东西南北为四个植桐中心区，分区登记桐民山地面积，每区扩大桐林面积500市亩，增植桐树两万株，并向四川湖南，选购优良桐种，折价贷放农民"②。1948年，农林部决定，"自1949年起，在四川、贵州、湖南、广西、浙江等五省主要产桐区，大量增产桐油。计划在黔东、黔北、黔西，选择三个适当地点设置桐油工厂，以资示范"③。

2. 新法提炼，提高品质

中国政府对于桐油品质，决定力求提高，除用美国所制的测验表，区别优劣与数量外，对提炼方面，尽量采取最新方法。并由工业技术委员会，派员分区指导，以期提高品质的实效。"国民政府深知此种商品对于国家经济之重要。对于此业，乃从事于有组织之进行，力图发展。尝在各大商埠购备新式水力压机，设立炼油厂及储油机，并创设新式实验工厂。"④

3. 统一收买机关与价格

桐油的收买，已由贸易委员会委托中国植物油公司办理。由该公司经贸易委员会的核准，订定桐油产地及集散市场价格，由该公司尽量筹款收买，所有损失，概归国库担负。

4. 设置购买基金

上述筹款收买的基金，是由财政部拨付。财政部拨国币数千万元，为收买土产基金。并对应结售外汇的土货，准免转口税及出口税，以示奖励。

---

① 佚名：《建设：本府事项：维持桐油国外贸易》，载《广东省政府公报》1931年第145期。
② 佚名：《赣推广植桐》，载《申报》1947年1月25日第3版。
③ 佚名：《增加桐油产量，农林部派员抵黔省考察》，载《申报》1948年10月28日第5版。
④ 影翀：《国产桐油在美国市场前途之展望》，载《商业月报》1939年第19卷第10期。

5. 改善运输

在抗日战争爆发以前，以中国桐油，盛产于长江上游，汉口为其对外贸易的集散地；而南宁、梧州、温州、杭州等处亦是两广闽江皖赣诸省桐油集散之中心。杭州处已沦为战区，而汉口又为战争所困扰。桐油的输出一段时间集中香港，香港沦陷后，则改为集中昆明，昆明为西南唯一的通国外要道，滇越铁路通至河内，滇缅公路可达缅甸，桐油对外运输，较为艰难。又交通部为调整非常时期货物之水陆运输，提高效率，特设置水陆运输联合委员会，主持水陆运输事宜。

在铁路运输方面，"本路为鼓励出口贸易，特规定凡报运出口桐油，得比照外销箱惯例，优先装运，已通告各段站遵照"①。

6. 设置保险基金

政部除拨款收买土货基金外，并拨国币1000万元，给中央信托局充作办理土货运输时的兵险基金，由中央信托局承保兵险。凡经贸易委员会证明为外销，其桐油保险费特准记账。货物出售后，如有折本，则免缴保险费，由政府代付。

7. 售结外汇

经济财政两部鉴于桐油为中国主要出口土货之一，规定桐油出口，应在中国银行或交通银行售结外汇。战前桐油分由上海（包括汉口在内）及香港输出，华中及华西两区所产的桐油以上海、汉口为出口地，华南区所产之油则以香港为出口地，桐油输出量最高之一年为1937年，数达102978.9吨，输出地以美国为最，占2/3。英国和德国进口中国桐油也较多。据统计1946年桐油出口量仅及战前的35%，推其原因，是因为美国方面自战时桐油供给中断，多采用代用品，如亚麻仁油等。一时自难复用桐油，故对桐油之需要并不迫切。欧洲方面亦因贸易尚未纳入正规，所以销路不大。1946年欧洲方面约需桐油1万吨，美国方

---

① 佚名：《本路鼓励出口贸易，优先运输出口桐油》，载《运务周报撮要》1947年第10期。

面约 8 万吨。6 月 1 日起，政府采用结汇证办法以贴补出口商人，出口商人经由出口所售得之外汇按照组合汇率计算，即市价外汇率加上结汇证明书，出口成本计算与以前略有不同，1946 年桐油输至纽约成本计算表，如下：栈交桐油成本（每磅）1200000，加其他出口费用 8000，FOB 上海价格 1208000（利息及利润除外），纽约市价（FOB 上海）US 0.19，指定银行牌价美金美元合国币 394000，结汇证明书价 6300000，组合汇率 6694000，每磅桐油值 CN 1271860①。

桐油出口商，在上海所用之价格均为 F.O.B（即各项税包括在总费用之内，并将货物负责运上船），上海运费一项则在发票中扣除，以免去向中央银行请求非进口外汇之困难。

自政府采取结汇证办法以帮助出口商以后，推行之初，颇著成效。1947 年初，上海方面数月来堆积的存货，均渐次装运出口，初以结汇证明书期限为七日，出口商一时不易脱手，价格方面未免稍受影响，自央行公布结汇证之期限自七日延至一月后，此种困难已告解除。在出口各业普遍不景气的情况下，独桐油出口能保持战前数量，对争取外汇一节，极具重要性。

抗日战争时期，因汽油资源紧张，曾研究用桐油代替汽油以缓解资源紧张。

"初由资源委员会燃料室与兵工署合作于 1939 年在重庆采用高压裂化法从桐油中提炼，这是战时植物油裂炼工业之创始。当时所采用原料除桐油外，还有菜籽油、花生油、皮油、木油、茶油和蓖麻油等。1942 年行政院经济会议决定，在后方各省遍设桐油提炼厂，并禁止采用可食用性植物油。计划增设新厂 20 个，要求月产汽油 400 万加仑。这一新的植物油加工部门在战时得到了迅速的发展，仅重庆从 1938—1942 年先后建厂 13 个。资源委员会新办的动力燃料厂采用高压裂化法，1 吨桐油可产汽油 400 公斤以上，大华炼油厂采用皂化法，1 吨桐油产汽油

---

① 即各项税包括在总费用之内，并将货物负责运上船。

350公斤左右。"① 1942年春中国植物油料厂与交通部合作致力于桐油改制汽油、火油、柴油。

8. 尝试用桐油作为动力燃料

抗日战争时期，因舶来矿油进口困难，国内桐油大量用于制造代汽油及代柴油并直接充作有特别装配之汽车动力燃料。中国汽车公司，曾尝试利用桐油直接代替汽油行驶汽车。

将柴油汽车发动机加以改造，使适合桐油特性。其主要改造为更改发动机预燃室容量，使桐油充分氧化燃烧，增强桐油喷射时之压力，以打破桐油浓厚黏度，使喷出成薄雾状，以便在预燃室与高压空气紧密接触而充分氧化。此外如提前其喷射时间，以适应桐油燃烧缓慢之性质。经过不断之改进，桐油汽车已趋实用阶段。据闻桐油汽车速度，每小时最高55公里，平均35公里，爬山能力，虽较汽油为缓，然如西南公里坡度，亦畅行无阻。在平地每加仑桐油可行24公里，用油节省。且所用桐油不须精炼，经土布滤清即可。桐油为我国特产，取之不尽，用之不竭，价值低廉，且可随地购买，以代汽油而行驶汽车，实为桐油最有价值之用途。②

1941年6月，"国产桐油汽车，4日在陪都重庆试验成功。以植物油车参加京滇公路巡览团的张世纲，系中国汽车制造公司之总工程师，最近驾驶该公司自制成功之桐油汽车至重庆，邀集各界赴陪试车，由化龙桥至北碚温泉的60公里，往返均为一点半钟，完全使用桐油。爬老鹰岩时，系用三档速率至30公里，其他各地均为40公里以上，与汽油行驶无异"③。1942年4月，"湖北老河口西南化学工业社工程师廖觉民、梁善德等，利用鄂北出产桐油提炼汽油，刻经试用，其功能与天然

---

① 王瑞元主编：《中国油脂工业发展史》，化学工业出版社2005版，第50页。
② 黄仁勋：《商品知识：桐油（四）》，载《贸易月刊》1942年第3卷第11期。
③ 佚名：《中国交通界伟大贡献桐油车试验成功》，载《申报》1941年6月23日第7版。

石油所炼者无异"①。

与此同时，国民政府采取了禁止桐苗、桐果、桐籽输出的政策，保护本国桐油贸易的开展。1939年9月，"浙海关发表布告，兹奉财政部第16745号令，查桐果、桐籽或桐仁，皆可榨取桐油，嗣后油商人报运出口，应予一律禁止"②。"1941年，财政部代电各海关，准农林部通告，以巴西现正提倡种植桐树，将来不免影响我国桐油在海外市场之推销。请转告各海关，严禁本国桐油种子及油桐枝条出口，以利桐油外销，而杜市场竞争等由，查桐油种子，业经连同桐果桐仁一并禁止出口，通告遵照在案，兹为防止桐苗移植海外，所有桐油枝条，即严禁输出。"③ 1941年，"桂省府以商民取巧，大量将桐仁或桐果运往边界，借名集中就榨取油，实则乘机偷运入越资敌，桐籽系桐油原料，特通告查禁桐油运输办法规定，禁运出省"④。

第三节　民国时期政府实施的桐油贸易政策及其措施的影响

民国初期至1927年南京国民政府成立前，政府在桐油贸易市场作用不显。至20年代后期，国民政府制定一系列的法律法规，实施了较为积极的贸易措施，组建商品检验所，成立各类农业改良机构，对桐油行业的发展起到了一定的推动和扶持作用。全面抗日战争爆发后，迫于战时严峻的对外贸易局势，国民政府采取了强制的调控机制，对桐油采取统制统销政策，并由复兴公司统筹经营，桐油贸易趋于紧缩。抗日战争结束以后虽然国民政府旋即取消了统购统销政策，但全国桐油行业逐渐走向了萎靡不振的局面。

---

① 佚名：《鄂北桐油提炼汽油刻经试用》，载《申报》1942年4月22日第2版。
② 佚名：《财政部禁运桐果桐子出口》，载《新闻报》1939年11月15日。
③ 佚名：《禁止桐苗输出》，载《申报》1941年3月20日第10版。
④ 佚名：《桂禁桐果仁出省》，载《广西银行月报》1941年第1卷第6期。

一 桐林面积的扩大

民国时期,政府为了壮大桐油贸易,做了大量促进桐油增产的工作。财政部贸易部除颁布各项管制办法外,更是力图实行桐油增产工作。

一是选定环境优良、产量丰富的桐区146处为指导区。二是在各指导区设立机器榨油及设厂的基本设备。三是完善组织各指导区内的桐籽产销合作社四千余社。四是在各指导区内整理旧有桐林约300万亩。五是推广新桐油林500万亩。六是根据研究试验结果,实地改进各区油桐品种,油桐栽培管理方法,并积极消除病虫害,使每亩产桐籽产量能由2担增至2担4斗以上。七是根据研究试验结果,实地改进各区桐油的榨制包装及存储运输,使每百斤桐籽,可能增加榨油量由24斤增至28斤以上。其工作区域,在川、湘、桂、黔、鄂五省施行。在四川省内设指导区50处。在湖南省设指导区40处。在广西设指导区40处。在贵州省设指导区10处。四川、湖南、广西三省的桐油增产工作较为繁重,由各该省农业改进机关,酌设桐油机构负责管理。湖北、贵州两省的桐油增产工作较为简易,由各该省农业改进机关原有推广部门办理。①

这一时期,出现了"家有千株桐,一世不愁穷"的宣传口号。

全面抗战爆发以来,桐油因换取大量外汇关系,财政贸易委员会曾先后补助西南产桐省份,如四川、湖南、广西、贵州大量从事育苗、推广植桐。②

从1939年10月至1941年6月,短短一年半的时间内,推广新桐林面积成效显著。

---

① 佚名:《关于桐油》,载《基层建设》1941年第2期。
② 徐明:《农林知识:桐油与油桐》,载《农业推广通讯》1943年第5卷第9期。

表 3-2　　　　　　1939—1941 年各省推广新桐林面积　　　　　　单位：亩

省份	推广新桐林面积
四川	41000
湖南	300000
湖北	80000
贵州	120000
广西	64548
总计	1211096

资料来源：贾周《中国桐油之国际贸易》，载《世界农村月刊》1947 年第 1 卷第 4 期。

从表 3-2 可见，民国时期推广种植新桐林的工作，湖南省执行最为得力。在湖南省，桐油的产量并没有深受战争的影响，仍保持着较大的产量。

1933 年—1937 年湖南省桐油平均年产量为 35 千公吨，1937—1946 年湖南省桐油平均年产量同样是 35 千公吨，并未受战事的影响；1933 年—1937 年湖北省桐油平均年产量为 16 千公吨，因战事的影响，1937—1946 年湖北省桐油平均年产量下降至 12 千公吨。[①]

湖南省在战时桐油产量仍维持一定水平与战时湖南省政府采取了很多积极措施来鼓励桐树种植有关。湖南省政府特别重视种植桐树事业，甚至专门成立了湖南植桐委员会，颁发保护奖励植桐办法 16 条，并且聘请了富有农林学识的专门人才指导植桐。1929 年湖南省颁布的厉行植桐办法有如下规定：

省植桐委员会的成员由省政府遴选人员组织。每个县政府内附设县植桐委员会，由县长召集各公法团体选举人员。省县植桐委

---

① 参见中国油脂总公司编《桐油参考资料》，油脂商品研究第 1 号，中国油脂总公司内部发行 1950 年版，第 87 页。

会的经费由省县地方款项拨给。省植桐委员会每年派员分赴各县考察一次。湖南省植桐委员会制发植桐知识广为宣传。并规定凡人民有山地、荒地、旱田（家屋菜园四周）能植桐者，限于各县植桐委员会成立并公布施行植桐公告后，一律种植桐树。但旱田已继续耕种五谷杂粮者不在此限。凡人民愿意植桐，无力购办苗种者，得由公家酌量贷予。凡公山得由各该地人民领荒地植桐，并由县政府发给执照。成绩优良者，由县政府呈请给奖。凡私有荒地，由政府公布日期限令植桐，并呈报县政府出示保护凡植桐区域，如逾期没有植桐者，即由政府勒令租给他人垦殖。责成各地方警察局切实保护。各县县长于植桐事业办有成绩或奉行欠缺者，应分别有奖惩。①

可以说湖南省政府对于植桐工作的认真推广执行是全国各省份当中表现得最为突出的。就连寺庙荒地也被要求种植桐树。"湖南省民政厅奉省政府之令，各处寺庙，荒地甚多，特令行湖南省佛教会转饬各寺僧，将各寺庙所管有荒山荒地，一律种植桐树，以免荒芜。"②

"中国植物油料厂与中国农民银行在沅陵召集各桐油农户组设桐油生产及转运合作社，借以改良生产及运输事项。"③为了推进植桐和造林工作，以达到示范造林、开种植风气的目标，湖南省政府下属的农业改进所在1938年11月颁布《推广民营桐林暂行办法》，1939年1月，农业改进所又颁布了《禁止早摘桐茶果暂行办法》，提倡民众增加桐油生产，提高桐油的产量和品质。上述两个《办法》包括农业改良所无偿发给农民优良桐种；提供技术指导；与金融机关合作给农民予以种植贷款；规定桐果的采摘期并广而告之；植桐5年后有成效的，省建设厅予以奖励等积极措施。1939年冬，湖南省政府制定颁布了《各县乡镇

---

① 俞宁颇：《中国桐油产销概况与未来危机》，载《商业月报》1930年第10卷第7期。
② 佚名：《湖南省民政厅令饬寺庙植桐》，载《威音》1930年第3期。
③ 佚名：《沅陵组织桐油产销合作社》，载《农业建设》1937年第1卷第6期。

保甲植桐大纲》。规定各乡镇每年植桐3000株，分令各县遵照办理。由湖南省合作事业委员会指导各县组织合作社，向金融机构贷款，协助进行。1940年，省政府要求办理核实桐油种植情况，并订立《当给桐种暂行办法》和《推广桐种成绩考查暂行办法》。① 1941年春，省政府又将前述两"办法"合并修改为《推广民营桐林暂行办法》。"其具体实施内容主要包括勘查各县宜桐区域、桐种收购与贷款、劝导备种植桐、推广植桐技术等等。"② 1940年6月，"省政府在沅陵太常办示范林场"③。战时湖北省方面局势颇为复杂，湖北省政府在1940年举办了植桐推广人员技术训练班，在恩施等8县提倡种植桐树；日军控制下的伪汉口特别市政府也曾于1942年发布训令"提倡植桐以利生产"。

在政府大力提倡植桐的氛围下，湖南省种植桐树的实施效果有所体现，战时全省的桐树遍布70余县。如"1938年12月，湘西王陈渠珍聘请金陵大学农作系毕业生熊南波在乾州开办试验农场，主要对棉花、水稻、西红柿、桐树等作物进行示范栽培"④。"1940年，第九、十区采桐种1000担，无价发给农民种植。1941年在当时的靖县荣军生产处3000多名官兵上山垦荒植桐，当年垦荒山6000亩，植桐50万株。"⑤ 民国时期，湖南大规模植桐始于20世纪30年代，但前期各林业局的成绩因档案散佚而难以统计。"自1938年至1943年止，各县历年植桐总计达4900万株，造林11600余万株。"⑥ "仅1940年3—10月，全省有72个县共植桐树6279839株。"⑦ 湖南省的桐油种植面积和产量在战时仍保持了战前水平，和国民政府和湖南省政府在战时仍推动桐树种植有关的。

---

① 杨乔：《民国时期长江流域的桐油贸易》，载《怀化学报》2016年第6期。
② 符少辉、刘纯阳主编：《湖南农业史》，湖南人民出版社2012年版，第659页。
③ 陈青：《湖南桐油生产概述》，载《购销旬刊》1941年第1卷第6—7期。
④ 廖报白编著：《湘西简史》，湖南人民出版社1999年版，第244页。
⑤ 湖南省怀化地区林业局编：《怀化地区林业志》，湖南省怀化市林业局内部发行1998年版，第19页。
⑥ 符少辉、刘纯阳主编：《湖南农业史》，湖南人民出版社2012年版，第659页。
⑦ 湖南省建设厅编：《湖南全省第二次扩大行政会议湖南省建设厅工作报告》，湖南省建设厅1940年版，第11页。

二 桐油免征税捐政策执行不力

抗日战争结束后，国内局势依然动荡。各地均告发生强行收取桐油捐税以充军费的现象。

> 准财政部代电关于湘省征收桐油税捐，已电盖省府饬停止征收请查。据长沙办事处报称有湖南省县市特产品自卫捐稽征处开征桐油税，捐5%无法沿免等情，查桐油为主要出口物资，政府奖励输出向免征税捐以资推广出口争取外汇，今湘省征收桐油自卫捐实违背政府推广出口之国策，请速洽有关机关并电湘省府予以制止以利出口除以查省市及县（市）筹集自卫经费不得对货物征收产销及过税。行政院颁自卫特捐筹集办法第八条第二款已经明文规定等语电请湖南省政府转饬停止征收外特电复请查照。①

> 为上海植物油工会暨生利洋行等由输渝运沪桐油途经汉口被战时总部因征捐扣留嘱交涉见复一案经电准汉口市进出口商业同业公会1949年2月17日以据报中国植物油料厂易瑞总行等由，渝万装桐油来沪途经汉口，因自卫特捐被华中剿匪总部扣留，是否业经准予放行及经过情形如何。因查华中战时总前为充实自卫经费决定对桐油、猪鬃、皮革等出口物资征税。

> 查本案前以会员据称由川运申输出桐油遭汉口华中战时总司令部扣留饬缴自卫特捐，电请交涉免捐放行。②

1949年1月15日，上海市商会，因运沪桐油，被海关扣征自卫特捐，影响输出，特电请"华中剿总司令部"，停征放行，该会已接到"剿总政务委员会"电复："已将桐油附征自卫特捐，核减为从价征收

---

① 输出推广委员会执行推广处：《准财政部代电关于湘省征收桐油税捐已电该省府饬停止征收请查照转知由》，1948年6月1日，上海档案馆藏，目录号：S195-1-12。
② 输出推广委员会执行推广处：《代电经已转电本会华中区办事处就近交涉顷准复函》，1949年3月7日，上海档案馆藏，目录号：S195-1-12。

5%，并饬商人遵照缴捐放行矣。"① 解放战争时期，各地战事不断，桐油的正常运输已经无法保证，政府规定的桐油免征税捐政策沦为空谈，各地不断出现桐油运销被强征捐税的现象。

三　美国对中国桐油征收反倾销税的争端

民国时期，中国桐油源源不断地进入美国市场。美国国内各工业制造商想摆脱全部依赖从中国桐油进口的局面，于是美国南部一些州尝试本土种植桐树，生产桐油。美国自1905年由汉口总领事威克士（L. S. Wilcox）选购我国桐籽后，先后种植于加利福尼亚州、密西西比州等处。至1921年，佛罗里达州宣布"栽植桐油试验已可宣告成功"。②"1923年，美国漆业协社及全美漆业协会创设美国桐油协社，该社办事处设于美国华盛顿之纽约街2201号，该社的目的，以推广植桐事业为中心。"③"1923年桐油协社集资10万美元，美政府亦拨50万美元，一边指导农民植桐方法，一边购地试植。"④经过多年的推动和尝试，确定宜桐地区仅限于美国南部滨墨西哥湾的狭长地带，包括佛罗里达州中部及北部地区，亚拉巴马、密西西比、路易斯安那三州的南部地区，佐治亚州的东南地区，得克萨斯州的东部地区，这些地区开始大量种植桐树。

"佛罗里达州一省，在1924年开始植桐，面积仅有2万英亩。至1935年，扩充至4万英亩，桐树达40万枝。"⑤"1937年，仅佛罗里达州，就设立植桐公司十余家。"⑥"1940年美国各州共有桐林12万英亩，同年桐油产值达600万磅，成效不可谓差。"⑦"美国南部大规模种植桐树相当成功，培植桐林不惜将其他大树森林砍伐。桐林种植、剥壳

---

① 佚名：《桐油自卫特捐，减征百分之五》，载《申报》1949年1月15日第4版。
② 李振院：《中国桐油对外贸易概况及其前途》，载《农声》1936年第198—199期。
③ 林维治：《各国植桐事业及桐油消费之近况》，载《农报》1937年第4卷第7期。
④ 李振院：《中国桐油对外贸易概况及其前途》，载《农声》1936年第198—199期。
⑤ 佚名：《国际：美国桐油业生产发达》，载《国货月刊》（上海）1935年第5期。
⑥ 林维治：《各国植桐事业及桐油消费之近况》，载《农报》1937年第4卷第7期。
⑦ 严匡国：《从世界桐油供需情形论我国桐油事业》，载《经济汇报》1942年第6卷第4期。

及榨油等均科学化，品质甚佳。"① 据 1945 年美国方面的报告："桐树种植在美国取得成功，桐油产量有明显增加。"②

1948 年，在密西西比港召开的美国桐油公会会议中，主席盖哀德更指出："美国本土今年桐油产量较 1947 年增加 22%。美国南部佐治亚、佛罗里达、亚拉巴马、密西西比、路易斯安那、得克萨斯州的桐林大面积扩充，桐果收成约为 9 万吨，可榨制成桐油 2.25 万吨。"③

美国南部一些州大量种植桐林，越来越多的美国农民开始种植桐树。美国市场大量从中国进口桐油，引起了这一部分人的不满。早在 1929 年 3 月，"美国全国大农业联会因由中国运美之桐油日益加增，呈请政府定一高率之关税。每磅至少须抽美金一角五分，以免国货为其所排挤，此案在 24 日交到众议院，26 日众议院讨论"④。显然，美国桐农的建议并没有被美国政府采纳。"1929 年 7 月，美国修改进口税则，对于中国运美货物之税率，除丝绸、茶、棉花、生皮及桐油仍旧外，余均抬高其税率。"⑤ 1936 年 5 月 28 日，"美国参议院财政委员会议决，对桐油一概豁免产销、进口和营业各税"⑥。

至抗日战争结束后，美国桐农要求对美国市场上来自中国的桐油征收高税率的呼声愈加猛烈。

1. 事情的起因

抗战时期，因战争原因，中美桐油贸易数量大幅减少。抗战胜利后，国民政府废除了统购统销办法，桐油进入自由贸易时期，在国外需求的推动下，桐油市场出现短暂的繁荣局面，国外市场被抑制的需求被释放。据美国方面的报告："随着美国政府取消了所有种类植物

---

① 佚名：《美南部大规模种植桐树，剥壳榨油均科学化》，载《征信新闻》（重庆）1947 年第 629 期。
② 美国国务院中国事务办公室编：《中国内战与美国关系 1945—1955 年》，第 10 页，《农业》（1945），美国国家档案馆藏。
③ 佚名：《美国桐林绿遍六州，桐油产量急剧增加，美油商力促美政府限制我桐油进口》，载《益世报》（上海）1948 年 7 月 5 日第 2 版。
④ 佚名：《美将抵制华产桐油进口》，载《申报》（上海）1929 年 3 月 26 日第 8 版。
⑤ 佚名：《美国修改进口税则》，载《申报》（上海）1929 年 7 月 6 日第 9 版。
⑥ 佚名：《美参院财政委员会议决桐油免税》，载《申报》（上海）1936 年 5 月 28 日第 6 版。

油的上限，出口商期待着更好的生意。美国市场桐油价格趋于上涨。"① "我国对外贸易开始活跃，美国、英国、加拿大、苏联等国纷纷向我国订货，所订大多为桐油、皮毛、猪鬃及少数药材。苏联在上海设立商业代表处，日本亦将建筑材料向我国易货桐油。"② 1946年4月29日，"纽约环球贸易公司副秘书长胡特，在美国桐油协会席上宣称，中国桐油输入，因中日战事影响，停顿九年，现已恢复。一年以内将恢复1937年的桐油进口17500万磅的贸易额"③。"美国总统轮船公司曼林立卜特号，运载散舱桐油约900吨，1946年6月3日离沪运往纽约，该项散舱桐油输美，战后尚为第一次。"④ 在出口各业普遍不景气的情况下，独桐油出口能保持战前数量，在争取外汇方面，极具重要性。1947年，桐油商品出口总值占全国商品出口总值的比重达到15.2%，桐油商品出口数量在全部商品出口数量当中排名第一。⑤

然而，桐油国际贸易并没有像预期的那样兴盛长久。1947年9月至1948年6月，因国际市场上桐油大量抛售，桐油价格下降，使美国桐农的利益严重受损。中国和美国之间因为桐油贸易引起了贸易争端。美国南部的桐农指责我国桐油业以远低于实际生产成本的价格向美国倾销，致使美国本国桐油业大受影响。

抗日战争结束后，国内局势依然动荡。此时，中国国内处于战争状态，桐油运输受阻，桐油货源紧张。各地均告发生强行收取桐油捐税以充军费的现象。"据长沙办事处报称，有湖南省县市特产品自卫捐稽征处开征桐油税，捐5%无法洽免，湘省征收桐油自卫捐实有悖政府推广

---

① 美国国务院中国事务办公室编：《中国内战与美国关系1945—1955年》，第10页，《中国贸易与经济》，1946年11月15日，美国国家档案馆藏。
② 佚名：《美英苏等国，纷向我国订货，大多为桐油猪鬃》，载《申报》（上海）1946年3月5日第1版。
③ 佚名：《经济消息：中国桐油输美：将恢复战前数量》，载《经济通讯》1946年第16期。
④ 佚名：《散舱桐油，九百吨运美战后第一次》，载《申报》（上海）1946年6月3日第6版。
⑤ 数据来源于各年中国海关册记载，茅家琦、黄胜强、马振犊主编：《中国旧海关史料（1859—1948）》，京华出版社2001年版。

出口之国策，请速洽有关机关并电湖南省政府予以制止，不得对货物征收产销及过税。"① "上海植物油工会暨生利洋行等由输渝运沪桐油途经汉口因征捐扣留，电请交涉免捐放行。"② "据报中国植物油料厂易瑞总行等，渝万装桐油来沪途经汉口，因自卫特捐被扣留。"③ 解放战争时期，各地战事不断，桐油的正常运输和货源稳定已经无法保证，政府规定的桐油免征税捐政策沦为空谈，各地不断出现桐油运销被强征捐税的现象。四川省和湖南省是桐油出产大省，桐油经营商想从长江中上游产地经长江水路运送桐油到上海再出口海外，异常困难。

长江航运困难，重庆和上海之间，仅有少数船舶，能够按时往返，大多数货物，只能预先运往宜昌或汉口，等待时机再转运上海。货物从重庆运往上海的运费率，竟然超过上海至欧美各埠间的运费率。这使桐油的运输成本大为增加，桐油商人叫苦不迭。

国民政府实行的出口结汇政策同样严重影响了桐油出口贸易。其一，出口结汇价格过低，桐油商经营亏损。"新结汇办法实行，桐油输出业颇感困难。"④ 在不合理的外汇制度之下，结汇价格的过低，距离自由市场价格颇远，新结汇办法虽已公布，但结汇证明书的售价与平衡汇价的总和，和黑市汇率相差甚远，给予桐油出口业以严重打击。桐油结汇估价的提高，更制约了桐油出口。例如广州桐油输出的结汇估价，向来以香港市场价格为标准。粤海关规定，广州桐油出口概以每担140元港币结汇，规定每磅结汇价0.195美元。以这种结汇价来说，不仅在纽约桐油价跌至0.1975美元的情形下不能外销，就是运往香港，每担成本亦需160元港币以上。香港桐油每担仅售123港币，桐油经营商蒙

---

① 输出推广委员会执行推广处：《准财政部代电关于湘省征收桐油税捐已电该省府饬停止征收请查照转知由》，1948年6月1日，上海档案馆藏，目录号：S195-1-12。
② 输出推广委员会执行推广处：《代电经已转电本会华中区办事处就近交涉顷准复函》，1949年3月7日，上海档案馆藏，目录号：S195-1-12。
③ 输出推广委员会执行推广处：《代电经已转电本会华中区办事处就近交涉顷准复函》，1949年3月7日，上海档案馆藏，目录号：S195-1-12。
④ 佚名：《新结汇办法施行后桐油输出业感困难》，载《益世报》（上海）1948年6月9日第2版。

受巨大的损失。以致已与国外签订合约的输出桐油,被冻结达三四千吨。①

美国市场价格桐油出口每磅须按 0.21 美元结汇,是指净桐油而言,内地运港桐油都是未制炼的毛油,其价格在 0.189 美元,估价高于市价桐油出口商须赔贴超额外汇。

1948 年中国植物油料厂曾公开批评政府收购桐油的做法:"在外商无意购买为稳定桐油市场而收购,及为打击走私商而收购,原不失为权宜之计,惟本年度政府所实施收购之情形,则径流为摧残油商之嫌。六月间政府委托中信局在沪收购桐油出价仅为每市担 53 万,市价则为 60 余万,此种价格非但正当油商蒙受重大亏折,且利用客帮油商脱货求现之心理,乘机杀价,亦与当局扶植商民鼓励生产,增加输出之初衷相违,甚且深入产地收购,与民争利,更不合理。"②

其二,桐油经香港输出,依照协定,政府对出口物资需要收另外的 25%结汇。按照海关公布的结汇价需要将全部外汇结售与政府指定银行,并未将政府结汇的 25%除去,也使出口商负荷重结汇的损失。即是在国内桐油出口时受了一重结汇损失之后,从香港输出还要损失一次。"因为桐油从上海输出需以美元结汇,其损失常较香港输出的双重损失更大,所以还是有一些桐油经香港外销。"③"但随后广州亦以美金结汇,而在上海方面出口结汇证又有一个月长的时间可以犹豫,相较之下,桐油从上海输出则比较有利了。加以我国桐油产桐区多在川至两湖一带,从水路运输到上海出口较之从铁路运到广州再转香港,运费要低廉四分之三,香港桐油转运地位随告低落。"④

其三,桐油出口所有运缴费用都需要外币结算,合计约占货价之 20%,将全部外汇结售政府指定银行则一切运费开支无法应付。

---

① 尔东:《暴发户的没落:香港桐油市场调查》,载《经济导报》1948 年第 85 期。
② 中国植物油料厂档案,《中国植物油料厂常务董事会、股东会、董监联席会会议记录》,上海档案馆藏,目录号:Q398-7-359。
③ 尔东:《暴发户的没落:香港桐油市场调查》,载《经济导报》1948 年第 85 期。
④ 尔东:《暴发户的没落:香港桐油市场调查》,载《经济导报》1948 年第 85 期。

其四，以结汇证明书期限为七日，桐油出口商一时不易脱手，价格方面深受影响。

以上种种弊端严重阻碍了桐油出口，尤其是合理调整汇率是一个重要的问题。1947年，美元汇率较为稳定，但中国国内的法币贬值迅速，有时甚至一天当中法币贬值数次。桐油出口商结汇后所得法币往往低于成本而致亏损。实际经营桐油输出业务的出口商，在国内以法币高价买入桐油，而在国外则以美元低价出售。此种经营方法，造成诸多损失。"出口商承担不了经济损失，只能竞相在国外跌价抛售，以致中国出口商在国外市场的跌价现象，亦以桐油最为显著。此举使美国桐农认为中国倾销，有碍正常贸易的进行。"①

这个时期，影响桐油国际市场价格波动最主要的原因是华南桐油走私猖獗。在香港经营桐油走私出境的商人，多属投机之辈，不惜以低价向美国抛售桐油，严重扰乱桐油国际市场价格。"据经济部消息：我国销美桐油，大约分为上海出口及香港出口两种。因结汇关系，照售价结汇所得国币数目，常常入不敷出，亏损在5%左右。香港方面，则因华南各口岸有走私桐油运港，可不结汇，故其售价常低于上海。中国政府正不断设法，制止走私桐油经港运销，以免抑低桐油售价，而美国桐农和桐油生产商不清楚走私情形，认为中国桐油在美国市场倾销。"②

> 桐油因华南走私猖獗，影响上海市来源，不但福建出产者悉数南运，即过去集中温州之桐油，向例运销上海的桐油，亦全部经由香港出口。上海市社会局为此特邀中国植物油料厂、上海市造漆业公会、桐油业公会举行谈话，商讨对策，一致同意函请经济部设法杜绝华南走私。③

---

① 邱良荣：《币制改革与进出口业：币制改革与桐油输出》，载《进出口贸易月刊》1948年第1卷第5期。
② 佚名：《我国桐油销美正制止走私中》，载《申报》（上海）1948年2月25日第2版。
③ 佚名：《华南走私猖獗，桐油来源受阻》，载《申报》（上海）1946年12月25日第7版。

第三章　民国时期政府对桐油生产贸易的管理

桐油出口商人普遍认为："在我国桐油产销的绝对有利条件之下，要排除桐油出口的障碍，仍赖政府运用现行的外汇政策，予以合理的调整，使整个桐油商可以得到若干利益。"① 同时桐油商希望："中央银行因放宽外汇转移证之出路，借使外汇转移证之价格接近市场实际价格，以杜绝走私逃汇之路，而清除国外之误会。"② 桐油出口商要求国民政府采取措施杜绝华南走私和调整结汇制度，一时间无法得以有效解决。

由于中国国内桐油贸易的混乱局面，导致了国际市场上桐油价格的急剧波动。在这种情况下，美国政府对输入美国市场的中国桐油开展了一系列的反倾销调查，并且就桐油是否征收反倾销税展开了激烈的争论。

显而易见的是，美国市场上的中国桐油价格走低，损害了美国本地桐农群体的利益。美国桐农受市场上桐油跌价的影响，遂纷纷向议会呼吁。

> 请求征收保护关税，向中国桐油征收每磅五分美金的关税，以期保护本国桐油生产。并声言中国桐油国内成本远高于在美出售价格，故认定是中国，有实施桐油倾销之嫌，有请政府实施抵制倾销法案，允许征收中国桐油倾销税之要求。③

此举的用意是希望通过征收税款使美国市场桐油价格提高，以保护其本国桐农利益。经代表美国南部的国会议员努力后，在国会提出了关于此项课税的法案。

1947年9月，美国海关司着手调查中国桐油价格、输入方法及其产量情形。美国海关官员要求各主要桐油进口商，将1947年6月以后的桐油进口记录呈验，以此作为中国桐油是否在美国市场倾销的依据之一。与此同时，美国海关更是下令进口商对中国桐油缴纳保证金，以备

---

① 邢广益：《当前我国之桐油业》，载《银行周报》1948年第32卷第39期。
② 佚名：《桐油商发表对美方抵制倾销意见》，载《工商法规》1949年第8期。
③ 中国驻美大使馆商务参事处编：《美国桐油生产公会请求美国政府加征进口桐油反倾销税案》，1948年6月11日，中国第二历史档案馆藏，目录号：4-29950。

施行反倾销税时可以补征。

此种举措一出，在中美桐油贸易方面即引起了严重纠纷。中美两国的桐油市场遂陷于混乱状态。"此举对欲继续输入中国桐油的进口商大受影响，而美国市场上绘画与油漆材料，亦将涨价。"① 美国桐油进口商因此都存戒心，有些商人停止桐油营业，有些商人则并不急于抛售桐油，静候海关澄清局势再做决定。美商不肯从中国进口桐油，使中美桐油贸易大受影响。此后，中国桐油即鲜有输入美国，美国桐油存货量大行减少。

美国桐油输入以中国为主要来源，而中国桐油输出亦以美国为主要对象，中国政府及桐油出口商各方，对美国方面采取的措施反响强烈。

2. 政府层面的交涉

桐油外销事宜此时由国民政府输出入管理委员会负责。输出推广会执行委员会内部于1947年成立了由二十几人组成的输出推广会桐油小组会，"商讨蛋品、桐油输出的技术问题，并迅速推广各货之输出"②。

接到美国方面的消息以后，输出入管理委员会迅速行动起来，"因该国反对中国桐油输美，遭受严重打击，输管会为推广输出，促进贸易互惠利益，特发电报给美大使馆转美政府，商量解决反对中国桐油在美倾销之问题"③。

中国驻美国大使馆顾维钧大使对此事亦颇重视。他在纽约总商会等处演说，"将我国输出至美国桐油的实际情况，趁机加以说明"④。"同时建议国内有关机关暂行避免高价收购，低价出售，合理调整汇价，使桐油及一般输出品得以在美销售，而无倾销之嫌疑。"⑤

---

① 佚名：《美国亚麻仁油厂商，反对我国桐油输入》，载《征信所报》1948年第675期。
② 佚名：《输出推广会桐油小组会正式成立》，载《征信所报》1947年第289期。
③ 佚名：《美反对我桐油在美倾销，输管会已电华府交涉》，载《金融日报》1949年4月15日第3版。
④ 中国驻美大使馆商务参事处编：《美国桐油生产公会请求美国政府加征进口桐油反倾销税案》，1948年6月11日，中国第二历史档案馆藏，目录号：4-29950。
⑤ 中国驻美大使馆商务参事处编：《美国桐油生产公会请求美国政府加征进口桐油反倾销税案》，1948年6月11日，中国第二历史档案馆藏，目录号：4-29950。

中国驻美大使馆方面接到国民政府的请求后，以事关商务，具体由驻美大使馆商务参事处进行交涉。商务参事处立即分头向美国外交、财政、农业、商务各部分别交涉或解释。①

商务参事处先是向美国商务部说明我国桐油输出美国，与中美贸易的关系甚大。

> 美国需要中国桐油甚多，而美国本土产油有限，我国毫无倾销的需要。况且在此时，经美国政府以每磅0.25美元的定价收买的约500万磅左右的美产桐油已将近售罄，限制华油输入，于桐油生产者无益，而于消费桐油的油漆业则有极大损害。②

经过一番交涉，美国商务部对桐油输美，表示无意加以阻挠，但提出反倾销税是由财政部主管，中国方面应与之直接交涉。

商务参事处平时与美政府交涉对象为外交、商务两部，所以商务参事处一方面按照商务部的建议，向财政部直接交涉，另一方面继续与美国外交部接洽。驻美大使馆商务参事处特向美外交部商业政策司说明我国桐油收购价，以此国币计算，比售给美国桐油进口商的价格更高，则按美国1921年颁布的《反倾销税法》，不得认为倾销。我国国内桐油市场，按挂牌汇价，折成美元，较美价为低，则中国桐油出口商在此种情形下无利可图，即无法输出，不构成技术反倾销。经一再交涉，见其态度似有转移，进一步请其代向财政部斡旋（因其关系商业政策）。美国外交部商业政策司承诺代为先行洽谈，但仍须商务参事处派人自行前往，与财政部主管反倾销税事务的官员面谈，故交涉重心仍然是在财政部。

因征税是美国财政部主管，商务参事处工作人员向该部主办此事的

---

① 佚名：《桐油输美困难解除，我驻美商务参事折冲结果，美取消反倾销税及保证金》，载《金融日报》1948年7月4日。
② 中国驻美大使馆商务参事处编：《美国桐油生产公会请求美国政府加征进口桐油反倾销税案》，1948年6月11日，中国第二历史档案馆藏，目录号：4-29950。

费尔德及根得二人一再交涉，提出请其嘱咐美国桐农和桐油生产商将请求征收反倾销的原呈撤回，几经交涉，财政部表示同意撤回提案，此时似乎事情得以顺利解决。没想到，提出此议案的美国桐农和桐油生产商态度坚决，拒绝照办。

美国财政部依照美国反倾销税法，必须调查我国桐油是否倾销以及美产油商是否蒙受损害。商务参事处只能根据所有资料，桐油挂牌价折合美元，实际比桐油销售价较低，并将近8个月双方市价列表，以资证明。同时称如中国国内桐油市价折合美元高于桐油在美售价，则中国桐油即不能输往美国。经过中方人员的反复解释说明，二人对此说颇表同情，但是表示关于美产油商的利益是不是受到了损害，财政部派根得至南方产油区调查有无损失，再行决定。

商务参事处同时向美国财政部国际金融署研究我国金融的专家阿得勒说明中国挂牌价是中国政府根据整个经济情形及政策随时调整，不能因牌价影响桐油市价，则视为倾销。况且牌价远较黑市价为低，在此情形下，美国商品以对华倾销更为便利。若因此认为中国桐油商品倾销美国，似不合理。阿得勒在第一次接洽时，称我国所定汇价太低，最好改与黑市价接近。此外，中方人员咨询美国财政部对此项办法有何意见，此次桐油是否构成倾销和此前希腊商品贸易相似，而美国方面并不视希腊为津贴输出，希望美国方面的政策同样适用于中国桐油商品。

因制定反倾销税与美国桐农密切相关。中方人员向美国农业部接洽，请其出面斡旋，因此曾与顾问委员会主席斯金（Skin）接洽数次，其态度颇佳，并曾约桐油生产厂商至该会商谈，但是美国桐农代表态度强硬，拒不前往。此时，主张对中国桐油征收反倾销税的美国桐农和美国桐油生产商均拒绝美国财政部和农业部提出的商谈提议，不与驻美大使馆商务参事处的中方人员见面，此事陷入困境。随后斯金又特意至美国南方产桐区域调查桐农状况，并说明政府仅能以每磅0.25美元收购存桐油的苦衷（桐农原希望以每磅0.3美元的价格收购），希望得到美国桐农和桐油生产商的理解。但是美国农业部官员和桐农之间的斡旋效果甚微。

事情陷入僵局后，商务参事处又继续联络美方各部门进行协调解释。美国桐油主要消费者为油漆业公会，中方人员特与其主席贝德兰（Bedlan）、副主席普利斯特（Prester）联络合作，双方并进，共同与各方周旋。此外，美国植物油脂业原料所亦是桐油消费者，也在与商务参事处合作，设法取消反倾销税案。

在驻美大使馆商务参事处和美国各部门具体交涉的过程中，中国各地桐油商人也在通过各种途径积极争取美国取消对中国桐油征收反倾销税。

3. 民间层面的交涉

民国时期桐油出口贸易交易数额巨大，桐油是中国一项重要的出口商品，中国国内经营桐油业的商人众多，油商拥有一定的社会地位，一部分人资金雄厚。

中国各地桐油商人，尤其是在桐油集散市场汉口、上海等地从事出口贸易的巨贾，由于利益息息相关，急于通过同业公会和商会表明反对美国政府征收桐油反倾销税的态度。1947年8月19日，上海市桐油输出同业会和桐油储藏业商业同业公会聚会商讨对策。一致同意同业公会成员统一行动，稳定桐油市价。① 1947年9月10日，"美国欲对进口桐油征税，中国桐油商人发反对函，并将函送达美国领事馆"②。"第一区植物榨油工业同业公会理事长邱良荣暨有关团体向美国主管当局详细解说，清除美国方面的误会。并联络美国桐油主要消费者油漆业公会设法使美国政府取消向中国桐油征收反倾销税的提案。"③ 1948年1月，"美国桐油公会曾谓我国上海油商某君曾两次致函该会，辨明并未倾销"④。

---

① 佚名：《桐油商人议决稳定桐油市价》，载《申报》（上海）1947年8月19日第7版。
② 佚名：《中国桐油商人发函送达美国领事馆》，1947年9月10日，上海档案馆藏，目录号：S195-1-10-52。
③ 佚名：《对外传我桐油在美倾销一事，纽约工商协会调查中》，载《金融日报》1948年6月6日第1版。
④ 上海市政府编：《上海市桐油苎麻业经营历史情况》，1956年6月2日，上海档案馆藏，目录号：S227-3-1-5。

桐油商人以个人名义和团体名义通过各种渠道向美国政府和民间组织表达自己的反对意见。"桐油商有关团体向美国主管当局详细解说，希望其打消原议。同时桐油商希望中央银行因放宽外汇转移证之出路，借使外汇转移证之价格接近市场实际价格，以杜走私逃汇之门，而清除国外之误会。"①

战后国民政府为加强政府与企业之间的沟通，特成立中国进出口协会，由"全国有关贸易各界权威人士所组织，成立以来集合官民双方，解决贸易方面所遇之困难"，选举陈长桐为理事长，张禹九为总干事，该协会"需主管部指示，配合国家之政策，拟再请经济部派员来沪指导"②。1947年中国植物油料厂总经理张嘉铸以中国进出口贸易协会总干事的身份代表外贸行业，晋京向政府有关各部陈述各种困难情形，并洽商有关国际贸易问题，呼吁当局减免税收。③

1948年4月，中国植物油料厂上海办事处发动上海市桐油、苎麻商业同业公会向输出推广委员会吁请提高中信局上海桐油收购价格，发动上海市植物油输出业同业公会向交通部全国轮船公会等机关请求将桐油运费不论散仓、桶装一律改照第三类收费，以减轻桐油成本而利出口。④ 1948年8月，政府为鼓励输出，局部开放外汇，造成桐油价格上升，中国植物油料长上海办事处"乃联络桐油输出业公会暨苎麻商业同业公会议定收购价格，通知各处照办以免扰乱市场"⑤。

1948年中国植物油料厂在董事会上多次提议："关于桐油南运走私问题，应如何防止以维持正当营运出口行而使国家外汇收益增加，就目

---

① 佚名：《桐油商发表对美方抵制倾销意见》，载《工商法规》1949年第8期。
② 佚名：《当局允考虑减免出口税，张禹九晋京陈述出口业困难》，载《征信新闻》（上海）1946年第165期。
③ 倩华：《民族资本家介绍之九：进出口专家张禹九》，载《经济导报》1947年第16期。
④ 刘春杰：《中国植物油料厂股份有限公司研究》（1936—1949），上海社会科学院，博士学位论文，2014年。
⑤ 中国植物油料厂档案：《中国植物油料厂上海办事处工作年报稿》，1948年12月，上海档案馆藏，目录号：Q398-2-75。

前运输路线而言，在铁路方面已有规定须凭结汇证明书始能放行，然公路水路则尚未有防止办法。"① 最后，研讨结论如下："一面由中国植物油料厂长沙办事处参加油业公会，多方联络各正式油业同业，加强同业组织，监视走私以保护本身及国家利益，一面由总处与上层如输出管理委员会接洽，责成各地油业公会负责，对于走私及一般不正当游击商不予以交易，双管齐下，本标兼治以遏制走私之风。"②

某一独立的商人这样直接致电美国领事馆和联络美国桐油消费者，如美国油漆业公会、美国桐油公会等机构明确表示反对其国家政策，反映了中美桐油贸易商人之间联系密切。这种情况一改民国前期中国桐油商行与外国消费者不能直接接触、桐油国际贸易完全受制于外商的局面。

中国桐油同业公会直接联系美国主管当局详细说明和解释，此举并未招到国民政府相关部门的反对，反而有所鼓励，实则反映出桐油贸易影响中国对外贸易全局甚大，桐油是中国出口贸易当中具有重要地位的商品，国民政府迫切需要解决中美桐油贸易争端，因此，非常希望各方尽最大努力，尽快解决此事。对于桐油行会和个人参与此事发出声音，表示欢迎。

美国政府对中国桐油征收反倾销税，严重影响了油漆、防水漆布、印刷行业的利益。"美国战后一切建筑事业，现正积极展开，致油漆工业非常发达。惟该业所需之重要原料，如桐油、铅等，极感缺乏。"③ "近来美国之油漆，极度缺乏。战事储制之油漆，战争期中即已消耗殆尽。战后民用工业复员，各种工业制造品以及建筑房屋等，均需巨额油漆。欧洲各国战后各城市须重新建设，纷纷自美国大量购买油漆，致使美国油漆顿成缺乏现象。据专家估计，此种现象将延长至1950年。如

---

① 中国植物油料厂档案：《中国植物油料厂常务董事会、股东会、董监联席会会议记录》，上海档案馆藏，目录号：Q398-7-359。
② 中国植物油料厂档案：《中国植物油料厂常务董事会、股东会、董监联席会会议记录》，上海档案馆藏，目录号：Q398-7-359。
③ 佚名：《美缺乏桐油，现以亚麻仁油代替》，载《国际贸易》1946年第1卷第3期。

油漆原料之供给不增加,则油漆缺乏情形当愈趋严重。"①

美国桐油进口商和油漆制造商明确反对针对中国桐油征收反倾销税。"自1947年9月以来,中国桐油在美国的储存量已减少,而美国油漆业对中国桐油的需要则在不断增加中。"②对中国桐油征收反倾销税,此举使市面上可供应的中国桐油数量减少,导致原材料的价格上涨,生产成本增加。因此,美国多数桐油进口商和众多油漆制造商反对倾销调查,"皆认为美国本土桐农的呼吁,并无根据。他们相信:桐农的此种呼吁,目的在于将国产桐油售价提高至每磅0.3美元"③。"他们坚持反对代表南部的众议员提出的主张对桐油进口课以关税的议案,理由是杜鲁门总统公布中国为参加日内瓦关税协定的国家之一,因此按照日内瓦关税协定,中国桐油应免税输往美国。欲求桐油市场早日恢复安定,则反对倾销调查一事,显然应早作决定。"④

4. 中美桐油贸易争端的结果

经过几个月的调查,美国海关调查的结果,并未发现中国出口商有从事桐油倾销的证据,海关亦未发现任何证据可提供给财政部用以证明中国出口政策或美国进口商的汇率与结汇方法,有损于美国本国的桐油生产业的利益。

1948年5月6日,美国杜鲁门总统发表公告,对中国的"桐油、生丝与若干毛皮与兽皮等项,仍然可以免税输入"⑤。

1948年6月4日,美国方面宣布放弃征收中国桐油反倾销税。"美国财政部及外交部商业政策司皆来电话,告以反倾销税已决定不予征收,此事已顺利解决,征收反倾销税的议案已经撤销,我国输美桐油亦

---

① 佚名:《美注意我桐油生产情形:美工业复员需用巨额油漆,原料存底缺急需桐油输入》,载《征信新闻》(南京)1947年第136期。
② 佚名:《国际经济:美商需要中国桐油》,载《商业月报》1948年第6期。
③ 佚名:《美国调查:桐油进口可酿纠纷》,载《前线日报》1948年1月30日。
④ 佚名:《要美财部中止反倾销调查,南部议员主张课以关税》,载《大公报》(天津)1948年5月20日第1版。
⑤ 佚名:《关税及贸易总协定22日对我国生效,杜鲁门总统正式发表公告》,载《申报》(上海)1948年5月6日第1版。

不必向海关缴纳保证金。"① "美国桐油进口商,对财政部此举,甚表欢迎,而认为中国桐油即可复行输美。"②

在国民政府外交部、输出入管理委员会、中国驻美大使馆等各部门不断与美国各部门周旋、解释,以及中国民间桐油商人联系美国桐油进口商、油漆制造商,各方抗争的作用下,美国放弃征收中国桐油反倾销税。当然,此次美国停止对中国桐油征收反倾销税并不完全是屈服于中国方面的压力。两国之间的国际商品贸易争端实际上是两国之间国家实力的综合较量。国民政府此时面临通货膨胀、财政崩溃、经济运行日趋恶化的局面,在对美外交方面并无多少话语权。美国财政部放弃征收中国桐油反倾销税是由于美国工业——尤其是油漆行业迫切需要中国桐油作为其原材料进行生产。美国众多油漆制造商及其他行业的生产商愿意从中国大量进口桐油,因为这符合行业利益和市场需求。在各方拉锯的情况下,美国桐农的利益没有被满足。尽管美国本土大量扩充桐林,但桐油产量依然远远跟不上美国本土的工业发展需求,美国仍然迫切需要从中国进口桐油。这个事情的解决是各方合力的结果,是市场供需关系的呈现。

民国时期,中国对外桐油贸易顺差较大。中国销往美国的桐油数量可观,桐油是中美贸易当中的重要商品。在巨大收益的驱使下,众多美国商人插足中国桐油贸易。在对美贸易当中,中国商人和美国商人之间、中国政府和美国政府之间产生了一些纷争。民国前期,经营桐油业的中国商人在桐油定价、运输、销售等方方面面受制于洋行,20 年代以前,美国商人垄断了桐油的出口价格。抗日战争时期,中国政府采取了统购统销的政策,挽回了价格制定权。中美两国签订了桐油借款,用桐油偿债及换取外汇。抗战胜利后,中国政府经过多方努力成功让美方取消了桐油反倾销案。中国所产的桐油在国际市场具有独占性,是民国时期对外贸易的亮点商品之一。

---

① 佚名:《贸易:关于外传我桐油在美倾销一事纽约工商协会正在调查中》,载《每周经济要闻索引》1948 年第 7 期。

② 佚名:《我桐油在美倾销事美财部停止调查,美桐油协会撤销抗议》,载《益世报》(上海)1948 年 6 月 9 日第 2 版。

第四章

桐油对外贸易的产销网络

桐油从各地偏僻山区偏远农村采摘，在各产地市场榨制，运输到几个大的集散市场精炼，再运输到出口市场销往海外市场，形成了多层运销网络，并使大量从业人员参与其中。桐油的产区和产量主要集中在长江流域各省份。

第一节 桐油的产地和产量

中国的桐油产区分布较广，南方各省多有种植，凡黄河以南诸省均有出产，而以西南山地为最。"我国适宜产桐区，为北纬22度至23度，东经100度至120度之间，面积约687000平方英里。"① 其中包括四川、湖南、湖北、广西、浙江、贵州、陕西、江西、安徽、河南、福建、云南、广东等省的全部或一部分。其植桐面积范围之广，海外的植桐各国远不能比。而中国桐油产量之巨，则可以独霸世界市场。但是宜桐的地理条件，各地不一，植桐历史，亦有先后，致上述范围的产量，分布并不平均。"桐油产区主要集中在四川、湖南、湖北、广西、贵州五省，约占全国产量85%以上。五省地处我国内地的西南部，可以统称为西南桐区。其余诸省，产量较小。20世纪30年

---

① 佚名：《国内农事要闻：桐油业问题：全国桐油产销概况》，载《农学》1936年第3卷第2期。

代,浙江省大力倡导植桐,桐油产量与年俱增,渐有独树一帜于东南,以与西南桐区媲美之势。"①

明清时期,各地桐树种植面积不大,多数不成片种植。桐油产区多在山地、丘陵地带。这些地区耕地少而人口多,因此粮食问题颇为严重。农民开荒植桐,原为家庭副业,当地农民的主要精力都放在耕种粮食上面,毕竟解决口粮是放在第一位的。因此民国以前桐树的栽培,基本上是放任自流,山区绝大多数都不成林,很难加以统一管理。桐树种植没有形成规模,产量不高,多属于农民自用,故种植面积和产量难以有精确统计。"因栽桐土地极为零碎,有植于山上者,有植于田陌者,有的一家栽数十枝,有的数百千株。大规模栽培者至为罕见,故精密一些的估计也比较不容易。"② 民国以前桐油主要是内销,一般用来作为燃料点灯或制作油布、雨伞、油漆、木器家具和造船、修船等,用量不大。进入民国时期,国际市场对桐油的需求大增,直接促使桐树种植面积迅速扩大和桐油产量的激增,在政府的大力提倡和市场需求的推动下,农民种植桐树的热情大增,桐树从零星种植发展为大规模成建制林区。在抗日战争爆发之前,种植面积最大的省份是四川省和湖南省,产量则同样主要集中在两湖地区及四川、广西。长江流域便利的水运体系使长江沿线四川、湖南、湖北、浙江地区出产的桐油可以通过水路运往上海转销海外。

桐油是值轻量重的商品,而水道运输是最为经济便利的运输方式。因此,桐油基本上由水路运输。产桐地区分布与水道系统密切相关,桐油集散市场也依靠水运。我国桐油产区可以以水道的流向与汇合大致划分为长江及沿海两系。长江系主要是四川、湖南、贵州、陕西、湖北等省桐区的全部或一部分。其在四川省的一段,平时总汇岷江、沱江、嘉陵江、乌江、赤水等流域桐油于重庆、当时的万县两埠,出三峡,再汇合集中了宜昌、沙市一带的桐油,直达汉口。湘、

---

① 佚名:《国内农事要闻:桐油业问题:全国桐油产销概况》,载《农学》1936年第3卷第2期。
② 章乃焕:《世界桐油业概况》(续),载《中国新农业》1937年第1卷第3期。

资、沅、澧四水可视为长江系的支系,其两岸亦多为桐油产区,而运输则依赖水系之便,经洞庭湖,越岳阳而抵达汉口。汉水亦可列入长江系,以老河口为集散中心,集中鄂西、陕南一带桐油顺汉江抵达汉口。"沿海系可分为东南短流及西江上游两支系,前者包括有钱塘江、瓯江、新安江、上饶江、文溪、南门溪诸水,集中浙江、安徽、福建诸省全部或一部分的桐油于杭州、温州等埠,转运至上海市场。后者则包括桂江、柳江、黔江四江,集中广西全部及贵州南部的桐油于南宁、梧州等埠,再运经广州出口。"①

一 桐油的产地

民国以前的桐树种植面积难以有精确的统计,民国时期桐树在南方各省多有种植,共计有14个省山地、丘陵地带种有桐树。

1919年北洋政府农商部发表全国植桐面积和全国桐油产量统计情况如表4-1所示:

表4-1　　1914—1917年农商部全国种植桐树面积统计　　单位:亩,株

年份	面积	株数
1914	2828518	107123449
1915	1141670	102495680
1916	1611881	295037774
1917	194841	14762225

资料来源:李昌隆编著《中国桐油贸易概论》,商务印书馆1935年版。

既然北洋政府时期有全国植桐面积的统计,说明民国初年全国植桐面积已经为数不少,全国各地种植桐树已经不是偶然、零星的现象。

从1934年全国各省植桐面积来看,四川省植桐面积最广,植桐面积占全省面积的百分比为0.9%,远远超过其他省份。

---

① 杨开道:《中国桐油产区之分析》,载《贸易月刊》1942年第3卷第10期。

表4-2　　　　　　　1934年中国各省种植桐树面积统计　　　　单位：千英亩,%

省份	种植桐树面积	种植桐树面积占全省面积比例
四川	907	0.9
湖南	292	0.42
广西	161	0.29
湖北	108	0.24
浙江	93	0.34
陕西	54	0.11
贵州	50	0.11
安徽	21	0.06
江西	17	0.04
广东	13	0.02
云南	10	0.02
河南	8	0.019
福建	5	0.017
甘肃	3.4	0.014
合计	1742.4	

资料来源：吴兆铭《独占国际市场之中国桐油》，载《时事月报》1936年第15卷第4期。

1. 四川省

由表4-2可知，全国范围内，四川省植桐面积在全国名列前茅。四川省内为盆地地貌，四周高山环绕，中部平凹，除成都平原外，均为丘陵地带，颇适于种植桐树。河流以长江为主干，南北河流成放射状注入，河流堪匀布，是以桐树遍植全省境内。油桐由于地势关系，多种植于坡地，又因运输关系，均沿河道分布。四川省产桐油县分列如下：
（1）长江流域——云阳、新宁①、奉节、开县、当时的万县、宣汉、梁山②、忠州、长寿、渠县、太平③、涪州、重庆、江津、合江、泸州、

---

① 新宁县，即今四川省达州市开江县。
② 梁山县，即今重庆市梁平区。
③ 太平县，即今四川省万源市。

江安、兴文、长宁、珙县、庆符①、高县、叙州、屏山、乐县、井研、嘉定、巫山、酆都等三十余县。（2）嘉陵江流域——合川、西充、南部、广安、阆中、彰明、遂宁、盐亭、蓬溪、江油等十余县。（3）乌江流域——南川、彭水、黔江、酉阳、秀山、黔江等数县。从上列三大流域计算，四川产桐区已达五十余县，产区较多。

2. 湖南省

湖南省植桐面积同样较多，湖北省植桐面积名列第四。湖南、湖北地区植桐面积分别占到全省面积的 0.42% 和 0.24%，这也是相当可观的。湖南桐油产区均按河山分布，绝大部分分布在湘西乾城、沅陵、龙山、辰溪、永顺、保靖、桃源、泸溪、古丈、会同、麻阳、晃县、黔阳、溆浦、绥宁、凤凰、靖县②、城步、永绥、芷江、通道、慈利、大庸、石门、桑植等二十五个县。

3. 湖北省

湖北桐油以西部出产最盛，东部出产稀少。产区主要分布在鄂西鄂北的光化、房县、均山、郧县、宜都、襄阳、京山、秭归、鄂城、广济、英山、麻城、公安、兴山、长阳、五峰、鹤丰、宣恩、来凤、咸丰、利川、恩施、建始、巴东、荆门、南漳、保康、当阳、宜昌、竹溪、郧阳等 31 个县中，少数分布在湘南及鄂东各县山地中。洞庭湖区域、江汉平原及湘中地势平坦地区产量较少。

表 4-3　　　　　　1950 年湖南湖北六县植桐面积比较　　　　　　单位：亩

县名	耕地总面积	旱地面积	植桐面积	宜林荒地面积
沅陵	1025585	702200	144922	92000
泸溪	348718	230850	153400	86240
慈利	969125	687450	122856	93670

---

① 庆符县，今属四川省高县。
② 靖县，今靖州苗族侗族自治县。

续表

县名	耕地总面积	旱地面积	植桐面积	宜林荒地面积
长阳	254814	100000	1390	11278
宜都	294600	9000		
五峰	65541	53931	1240	1103

注：(1) 长阳、宜都、五峰植桐面积根据1950年的农业调查。

(2) 资料来源于各县农林科及工商科的历史资料。

(3) 长阳、五峰两县植桐面积根据全年产量及市场情况估计。

(4) 山区旱地中多在田埂上植桐，故植桐面积与其旱地面积有关，一并列出，供作参考。

资料来源：两湖桐油产地调查队《两湖桐油产销调查报告》，湖北省档案馆馆藏，目录号：SZ68-1-8，第4页，1950年。

在两湖地区内的六个县来看，湖南省内的沅陵、泸溪、慈利三县植桐面积是相当可观的，和本县旱地面积相比，分别占到20.6%、66.5%、17.9%，特别是湖南省泸溪县种植桐树的规模较大，在政府和市场的推动下，有数个较为集中的建制林区。相比较湖南省而言，湖北省长阳、五峰二县植桐面积和本县旱地面积相比，分别占到1.4%、2.3%，种植桐树的规模较小。宜都植桐面积不详。

4. 浙江省

1934年，浙江省植桐面积占全省面积的0.34%，浙江省桐油色淡质优，向受外人欢迎。"桐油产区，占全省60%，约40余县。分布于钱塘江及瓯江两流域，尤以钱塘江流域为盛。"①"钱塘江流域：淳安、于潜、兰溪、金华、分水、昌化、桐庐、建德、诸暨、浦江、衢县、江山、寿昌、遂安、常山、开化、东阳、汤溪、龙游、义乌、武义、永康、新登、孝丰、临安、嵊县等26县。瓯江区域：龙水、龙泉、永嘉、平阳、缙云、松阳、遂昌、宣平、云和、瑞安、庆元、景宁、泰顺、青田等14县。其余如仙居、临海、黄岩、天台、温岭、南田、新昌等县，

---

① 浙江省通志馆修，余绍宋等纂：《重修浙江通志稿》，第二十一册，物产，特产商，桐油，1943年至1949年纂修，稿本，浙江图书馆1983年誊录本。

亦有相当产量。"① 浙江省钱塘江流域桐油，皆集中杭州出口，瓯江流域多集中温州出口。

5. 广西

1934年，广西植桐面积占全省面积的百分比为0.29%。华南生产木油树，历史已久，尤以广西风土最称适宜。故本省桐种，桐油树虽多，木油树亦不在少数。全省产桐县份达五十余县之多，每年产量据估计，约30万市担。按河流分区，以桂江流域产油最多，年产116000市担。其次为柳江上源区，年产97800市担。再次为郁江上源区，年产35500市担。黔江上源区最少，为24700市担。兹将各区产桐县列后：

产区	包括县份
桂江流域	灌阳、富川、临平、全县、荔浦、桂林、恭城、蒙山、兴安、贺县、阳朔、修仁、平乐、钟山、灵川、苍梧、岑溪、藤县
柳江上源区	龙胜、融县、宜山、三江、百寿、榴江、天河、永福、柳州、柳城、义宁、罗成、宜北、思恩、象县、中渡、吉容
郁江上源区	回阳、上林、隆安、敬德、镇边、平治、果德、靖西、田东、天保、万承、西隆、龙茗
黔江上源区	都定、隆山、圻城、河池、东兰、南丹、乐业、天峨山、凤山、万岗

广西桂江流域桐油，大都集中平乐、苍梧二地。柳江上源与黔江上源桐油，集中于宜山、柳州。郁江上源桐油则集中于南宁与百色。

6. 贵州省

1934年，贵州省植桐面积占全省面积的百分比为0.11%。贵州产桐县份，匀布全省，共计有40余县，全省年产约10万市担。本省桐油产量实际远不止此数。自1937年，桐油出产有逐渐增加趋势，曾因政府提倡，产量更见增加。"贵州省以乌江流域产油较多，年产65220市担。清水流域次之，年产16040市担。盘江流域又次之，年产15750市

---

① 佚名：《浙江之桐油业》，载《时兆月报》1940年第35卷第3期。

担。榕江流域最少，年产仅4990市担。"① 兹将各流域产桐县列后：

产区	包括县份
乌江流域	思南、印江、铜仁、德江、石阡、沿河、凤岗、正安、绥阳、湄潭、桐梓、遵义、仁怀、贵阳、贵定、龙里、修文、开阳、织金、大定、黔西、毕节、水城
清水河流域	玉屏、清溪、镇远、岑巩、黄平、雷山、三穗
盘江流域	贞丰、册亨、安龙、关岭、郎岱、普安、定番、镇宁、兴仁、安顺
榕江流域	都江、三合、八寨、榕江、独山、荔波、下江、永从、黎平

乌江流域桐油，近川省者，有运至涪陵集中的，亦有运至铜仁、镇远集中的。乌江上源区桐油集中于贵阳。清水河流域桐油，集中镇远。至盘江流域、榕江流域桐油，或由湘省或由滇桂出口。②

7. 陕西省

陕西省内的桐油产地集中于省南汉水流域，包括白河、紫阳、兴安、石泉、城固、汉阴、南镇、洋县及旬阳等地。本省桐油集中兴安县，再转运至湖北老河口。

8. 安徽省

1934年，安徽省植桐面积占全省面积的0.06%，安徽省产桐县份分布于省内长江流域，包括舒城、合肥、六安、霍山、庐江、东流、贵池、祁门、宁国、旌德、休宁及其他县份，共二十余县。全省桐油集中于屯溪，输往江苏、浙江等地。

9. 江西省

1934年，江西省植桐面积占全省面积0.04%。"江西省主要产油县份散布于省北境，包括浮梁、都昌、高安、宜春及萍乡等县。全省产桐县份不过20余县，产量不高。本省北部出产桐油集中于南昌、浮梁。

---

① 黄仁勋：《商品知识：桐油（四）》，载《贸易月刊》1942年第3卷第11期。
② 黄仁勋：《商品知识：桐油（四）》，载《贸易月刊》1942年第3卷第11期。

南部桐油多集中于赣县。"①

此外，云南、福建、广东、江苏等皆产桐油，产量甚少。

二　桐油的产量

民国以前各地的桐油产量难以有精确统计，民国时期桐油产量主要集中在四川、湖南、湖北、广西、陕西、贵州和浙江等省份。

表4-4所包含的产地共21省。1916年有四川、陕西、湖北、湖南、江西、安徽、浙江、广西、福建、云南、贵州、广东、新疆、河南、山东、山西、河北、甘肃、辽宁、吉林、察哈尔等省种植桐树。其中四川省桐油产量最多。

表4-4　　　　1912—1916年国内21省桐油产量统计　　　　单位：担，元

年份	数量	价值
1912	4014619	5587043
1913	481513	6072117
1914	524448	6341622
1915	589440	7216080
1916	144127	5165014

资料来源：李昌隆编著《中国桐油贸易概论》，商务印书馆1935年版，第134页。

需要指出的是，表4-4所计产量由各省调查报告编成，难免有偏颇。以海关报告册所载来推民国初年全国桐油产量如下：

表4-5　　　　1912—1915年全国各海关原货出口桐油数量统计

单位：担，海关两

年份	数量	价值
1912	841572	8446300
1913	795560	6855547

---

① 黄仁勋：《商品知识：桐油（四）》，载《贸易月刊》1942年第3卷第11期。

续表

年份	数量	价值
1914	754632	6448080
1915	635728	6278195

资料来源：李昌隆编著《中国桐油贸易概论》，商务印书馆 1935 年版，第 135 页。

桐油的产量以四川省最多，其次是湖南、浙江、广西、陕西、福建、湖北、贵州、安徽、江西各省。据统计，"四川每年可产桐油 44000 多吨，湖南 40000 吨，广西 16000 多吨，湖北 16000 多吨，浙江 12000 多吨，其他如贵州、江西、安徽等省大约有 3000 多吨，总计我国桐油出口于国际市场，每年几达 14 万吨以上"①。

由于各省桐油产量统计的渠道、方法不一，造成了桐油产量计算有偏差的情形。

表 4-6　　　1933—1946 年中国各省桐油平均年产量及占比　单位：千公吨，%

省别	战前 （1933—1937 平均）	各省产量占 总产量比例	战时 （1937—1946 平均）	各省产量占 总产量比例
四川	45	33.1	45	37.5
湖南	35	25.7	35	29.2
湖北	16	11.8	12	10.0
广西	15	11.0	5	4.2
浙江	10	7.4	10	8.3
贵州	5	3.7	8	6.7
陕西	3	2.2	3	2.5
安徽	2.4	1.8	1.3	1.1
江西	1.5	1.1	1.0	0.8
河南	1.2	0.9	0.8	0.7
福建	1.0	0.7	0.9	0.8
其他	0.9	0.7	0	0
合计	136	100	122	100

资料来源：严匡国《中国桐油之国际市场》，载《国际贸易导报》1947 年第 1 卷第 4 期。

---

① 梓侯：《我国桐油概述》，载《商业杂志》1940 年第 1 卷第 1 期。

从表 4-6 可知，桐油产量首推四川，每年约计 45 千公吨，占全国总产量的 33.1%，即使是在抗日战争时期也未受其影响，因全国总产量有所下降反而占全国总产量上升至 37.5%。湖南次之，每年约计 35 千公吨，占全国总产量的 25.7%，战时因全国产量下降，占全国总产量的比重上升至 29.2%。湖北省居第三位，战前年约 16 千公吨，占全国总产量的 11.8%，战时因为湖北境内的鄂东、鄂南、鄂中各县相继沦陷，桐油产量下降至 12 千公吨，占全国总产量的 10.0%。由此可以看出两湖地区在全国桐油产量中占有重要地位，两湖地区在战前和战时分别占到全国总产量的 37.5% 和 39.2%。广西居第四位，每年约计 15 千公吨，占全国总产量的 11.0%，战时受战争影响较大，下降至 5 千公吨，占全国总产量的 4.2%；浙江约计 10 千公吨，战前和战时分别占到全国总产量的 7.4% 和 8.3%；贵州、陕西、安徽、江西、河南、福建产区不多，为数有限。统计全国产量，全面抗日战争爆发以前全国（1933—1937）每年平均桐油年产量约计 136 千公吨，战时全国（1937—1946）每年平均桐油年产量下降至 122 千公吨。

1. 四川省

四川省全省桐油产量，最高可达 535000 公担，通常可有 447500 公担，其各区分布情形如表 4-7 所示：

表 4-7　　　　　　　　1944 年四川桐油产量估计　　　　　　单位：担

产区系统	最高产量	普通产量	包括区域
当时的万县下游	90000	80000	当时的万县、云阳、奉节、巫山、巫溪
当时的万县上游	60000	50000	忠县、酆都、涪陵、石柱、长寿、南川、梁山、垫江
开县区域	40000	35000	开县、开江、城口
乌江区域	60000	50000	酉阳、秀山、黔江、彭水
重庆上游	25000	15000	江津、綦江、合江、泸县、江安、南溪、宜宾
渠河流域	90000	80000	广安、渠县、达县、宜汉、万源、大竹、邻水、南江、巴中、通江

续表

产区系统	最高产量	普通产量	包括区域
嘉陵江流域	60000	50000	江北、巴县、武胜、岳池、南充、蓬溪、蓬安、西充、营山、南部、仪陇、苍溪、广元、剑阁、昭化
涪江流域	30000	25000	遂宁、乐至、安岳、盐亭、江油、彰明、射洪、三台、绵阳、安县、梓潼
岷江流域	15000	10000	乐至、峨眉、犍为
金沙江流域	10000	7500	屏山、雷波、马边
永宁河流域	15000	12500	叙永、古宋、古蔺、纳溪
南六县	15000	20000	筠连、庆符、珙县、长宁、兴文、高县
其他	15000	12500	冕宁、汉源、荥经、丹棱、璧山、峨边、荣县、井研
合计	525000	447500	

资料来源：严匡国《四川桐油产销概况》，载《四川经济季刊》1944年第1卷第2期。

四川省各县种植桐树数量和桐油产量领先于全国。这一点从当地地方志的记载中得到充分反映。

四川丰都县："桐油，治南北各乡出产俱盛，而黄河坝、厢子石尤多。近外国人利以制造器物，悬格订价，向各场搜买，商贩装运出口，颇获厚利。"[1] 四川南充："县人呼油桐为桐，在昔各山皆有之，土人取油点灯及为涂料。近世行销欧美，油价日高。民国以来，人知其利，种者日多，各山岩间多有成林者。"[2] 云阳县："昔日菜油最贵，香油次之，桐油最贱。今则桐油值数几数倍，种者益多，皆山农余利也。"[3]

在近代，桐油的运输始终以水运为主。四川省和其他省份一样，依水道系统而划分的桐油产区，是桐油集散和运输途径所形成。

2. 湖南省

湖南省的桐油产量仅次于四川桐油，桐油输出亦极大，桐油是该省

---

[1] 黄光辉等修，郎乘诜、余树堂等纂：《重修酆都县志》卷九，食货志，物产，1927年铅印本。
[2] 李良俊修，王荃善等纂：《南充县志》卷十一，物产志，林业，1929年刻本。
[3] 朱世镛修，刘贞安等纂：《云阳县志》卷十三，礼俗中，农，1935年铅印本。

的主要输出商品。就湖南省而言，桐油出产多集中湘西。

湖南各县均产桐油，湖南农业改进所所编的湖南省桐油量统计如表4-8所示：

表4-8　　　　　1940年湖南各县桐油产量统计　　　　　单位：市担

区位	桐油产量	区位	桐油产量
湘水流域	90230		
桂阳	24200	祁阳	8500
常宁	5966	永兴	5200
东安	4000	衡山	3800
湘乡	3400	宁远	3000
永明	3000	零陵	2800
耒阳	2560	资兴	2200
浏阳	2080	江华	2000
衡阳	2800	道县	1600
新田	1500	酃县	1310
湘潭	1800	茶陵	3910
郴州	3890	醴陵	4886
攸县	5850	宁乡	5869
蓝山	8800	平江	4800
汝城	790	安仁	720
宜章	720	长沙	676
桂东	600	临武	305
嘉禾	250	湘阴	150
资水流域	35634		
新宁	9978	武冈	7300
安化	6840	邵阳	4818
新化	3920	益阳	2770
沅江	8		
沅水流域	368058		
乾城	50000	沅陵	37276

续表

区位	桐油产量	区位	桐油产量
龙山	37200	辰溪	35000
永顺	33572	保靖	25305
桃源	30000	泸溪	23466
古丈	20000	会同	15015
麻阳	13500	晃县	11500
黔阳	9620	溆浦	6510
绥宁	5900	凤凰	3420
靖县	3120	城步	2760
永绥	2200	芷江	1244
通道	780	汉寿	160
常德	510		
澧水流域	75920		
慈利	37000	大庸	18900
石门	9900	桑植	5700
澧县	4000	临澧	420
总计	569842		

注：产量仅是该县当地产量，其邻省邻县经由集散地运出的产量均未计算在内。岳阳、临湘因战时情况特殊未能调查列入。上表根据的材料，计有各县县府报告、民政厅物产调查表、财政厅物产调查表、实业杂志及工商半月刊的记载五种。估计方法，是将各种材料加以比较，数字相同，则取众数（Mode），数字不同，则取中数（Median）。最后根据油商的售油经验，确定其次第，校正其数字，与各流域的集中数量相比较，两者差异并不大，其与实际数字相近。其他产量较小的县，没有列入此表。

资料来源：湖南农业改进所《湖南农业（油桐增产专号）》，1941年第12期。

从表4-7材料来看，在湘水流域桂阳、祁阳、常宁、永兴、攸县、宁乡、蓝山的桐油产量均超过5000市担；在资水流域新宁、武冈、安化的桐油产量均超过5000市担；在沅水流域乾城①、沅陵、龙山、辰溪、永顺、保靖、桃源、泸溪、古丈、会同、麻阳、晃县、黔阳、溆浦、绥宁产量均超过5000市担；在澧水流域慈利、大庸、石门、桑植

---

① 乾城县，即今湖南省湘西自治州吉首市。

产量均超过5000市担。沅水流域各县桐油产量非常多，沅水流域所出产的桐油约占全省桐油总产量的65%。湘水流域、澧水流域和资水流域所出产的桐油分别占全省桐油总量的15.9%、13.3%、6.2%。三个区域的桐油产量加起来都没有沅水流域所出产的桐油数量多。这是和地形地貌气候有关的，上述桐油产量高的地区均是属于多山的地区，十分适合桐树的生长。湖南省各县中有桐油出口的计有长沙、湘潭、桃源、慈利、石门、大庸、衡山、常宁、道县、祁阳、东安、永明、江华、沅陵、泸溪、辰溪、溆浦、黔阳、麻阳、会同、永顺、保靖、古丈、乾城、凤凰、永绥、晃县等县，其余各县因为桐油产量低仅供本地区区域内消费。

湖南各县种植桐树之多，在地方志中也有所反映。表4-8未提及的湖南其他各县均有少量桐油出产。如当时的湖南永定县，"1920年前后，桐油、茶油、木油三种皆本地特产。桐、茶为上，木油次之。价值，茶木为贵，桐油次之。每岁出境之桐油约十万，茶油约十万，木油约五千，各商设栈收买，贩运武汉一带，获利甚多"①。湖南辰溪县，"桐、茶为出产大宗，因气候与种植相宜，凡高山峻岭遍种桐、茶"②。沅陵县，"西、南、北各乡（如保、利、益、新、南、建、永、安八乡）山地多植桐树，每年出桐油多，巨商收买装运汉口"③。古丈县，"古丈物产以桐油为大宗，其总收入，年约四十万元"④。凤凰县，"全县每年约产桐油千余石，概行运销外省"⑤。

3. 湖北省

湖北省桐油产区分布鄂东、鄂西、鄂北20余县的山地中，以鄂西、鄂北产量最大，"鄂北所产桐油必先集中宜昌、沙市"⑥。

---

① 王树人修、侯昌铭纂：《永定县乡土志》，下篇，物产第十二，1920年铅印本。
② 曾继梧等编：《湖南各县调查笔记》，物产类，辰溪，1931年铅印本。
③ 曾继梧等编：《湖南各县调查笔记》，物产类，沅陵，1931年铅印本。
④ 曾继梧等编：《湖南各县调查笔记》，物产类，古丈，1931年铅印本。
⑤ 曾继梧等编：《湖南各县调查笔记》，物产类，凤凰，1931年铅印本。
⑥ 湖北省政府秘书处统计室：《湖北桐油产量统计》，载《湖北省年鉴第一回》1937年，第6页。

表 4-9　　　　　　1912—1930 年湖北省桐油产量　　　　　单位：市担，元

年度	产量	每担平均价
1912	647482	9.92
1913	697805	8.44
1914	639925	8.38
1915	580888	9.97
1916	678100	11.05
1917	550717	12.45
1918	487884	12.36
1919	697525	12.65
1920	560743	16.03
1921	446742	12.81
1922	384884	14.00
1923	382545	32.01
1924	406783	20.04
1925	376140	18.22
1926	352228	21.46
1927	342004	35.70
1928	444577	25.70
1929	303885	22.89
1930	296377	20.69

资料来源：李昌隆编著《中国桐油贸易概论》，商务印书馆 1934 年版，第 133 页。

从表 4-9 可以看出，湖北省桐油产量以 1912 年、1913 年、1914 年、1915 年、1916 年、1917 年、1919 年、1920 年较多。

湖北省桐油产量在 1912—1930 年并没有随着桐油价格上涨而上涨，反而在 20 年代甚至出现了下降，主要原因是 20 年代湖北省天灾人祸不断。1920 年，陕西、湖北地区发生大旱灾。1928—1929 年，湖北又遭遇大旱，经济作物产量不高。在 20 年代，湖北省境内内战连年，北伐战争，迁都之争，1928 年到 1931 年上半年相继发生的蒋桂战争、蒋冯战争、中原大战以及国民党军队围剿红军等，皆以湖北省为战场，湖北农村凋敝，同样也是造成湖北省桐油产量没有得到增长的重要因素。30

年代以后，在省政府大力鼓励植桐的推动下，桐油产量有所增加。湖北省战前每年桐油产量最多为 70 万担。1941 年具体到每个县的产量如表 4-10 所示：

表 4-10　　　　　　1941 年湖北省各县桐油产量估计　　　　　　单位：市担

县别	产量	县别	产量
恩施	3000	谷城	15000
巴东	10000	保康	3000
秭归	10000	南漳	1200
建始	3600	兴山	5000
宣恩	2000	房县	3000
咸丰	6000	均县	15000
来凤	30000	郧县	15000
利川	3000	郧西	25000
宜都	20000	竹山	12000
枝江	10000	竹溪	8000
长阳	9000	鄂城	2300
五峰	600	广济	2300
鹤峰	400	英山	5900
宜昌	20000	麻城	3500
当阳	1200	浠水	2000
襄阳	20000	京山	9900
光化	52000	公安	1000
		合计	329900

资料来源：佚名《非常时期湖北桐油之运销管理》，载《新湖北季刊》1941 年第 1 卷第 1 期。

从表 4-10 可以看出，湖北省谷城、巴东、秭归、来凤、均县①、郧县、郧西、宜都、枝江、竹山、宜昌、襄阳、光化、竹山等县 1941 年桐油产量均在 10000 市担以上。

---

① 均县，原湖北省县份，1983 年撤销，设立丹江口市。

据 1942 年记载，光化县①年产 48000 市担，房县、均山县、郧县、宜都、襄阳、京山、秭归，年产 15000—25000 市担之间，为最大产区。其余鄂城、广济、英山、麻城、公安、兴山、长阳、五峰、鹤丰、宣恩、来凤、咸丰、利川、恩施、建始、巴东、荆门、南漳、保康、当阳、宜昌、竹溪、郧阳等县，年产 2000—7000 市担之间，为次要产区。谷城、罗田仅年产 500—900 市担，产量最小。

抗日战争结束以后，湖北省各县桐油产量显著下降。"战后 1947 年湖北省桐油产量约 20 万担左右，鄂中鄂西约 4 万担，鄂北 8 万担，鄂南 3 万担。"②

4. 浙江省

浙江省桐油的省外贸易，据统计其产量不过年约 7 万余担，很有限。在其输出方面，1912 年至 1922 年年平均在 200 担左右。1924 年开始陡增为 5924 余担的输出，1926 年增至 16738 担，价值 309316 两。由表 4-11 可见，1927—1931 年，桐油出产较多，浙江省植桐面积显著增加。

表 4-11　1912—1932 年浙江省输出省外的桐油产量及价值统计　　　单位：担，两

年份	数量	价值
1912	277	2594
1913	2	15
1914	132	1322
1915	—	—
1916	109	1036
1917	363	3517
1918	535	6589
1919	108	1376
1920	271	4189

---

① 光化县：原湖北省县份，1983 年撤销并入老河口市。
② 佚名：《经济要讯》，载《湖北省银行通讯》1947 年第 19 期。

续表

年份	数量	价值
1921	461	5990
1922	443	6817
1923	882	12820
1924	5924	107862
1925	7692	97272
1926	16738	309316
1927	28730	523815
1928	22583	488532
1929	42322	958290
1930	41736	983120
1931	28191	642468
1932	219	3864

资料来源：杨德惠《中国桐油业现状及其前途》（上），载《商业月报》1935 年第 15 卷第 9 期。

具体到省内各地而言："诸暨年集中桐油约 15000 砠担（一砠担合 65.884 斤），其来源为浦江、东阳、义乌及诸暨本产。金华年集中桐油约 20000 砠担，其来源为汤溪、宜平、武义、永康、义乌及金华本产。兰溪年集中桐油约 70000 砠担，其来源为浦江、义乌、永康、东阳、武义、汤溪、衢县、江山、寿昌及兰溪本产。建德年产桐油约 6000 砠担，淳安约 16000 砠担，连遂安及安徽交界所产，约共 25000 砠担，均由徽港经建德外运。江山集中桐油年约 10000 砠担，其来源为福建浦城及江西所产。开化产油约 3000 砠担，常山产油约 6000 砠担，衢县产油约 4000 砠担。永嘉（温州）年集中桐油约 90000 砠担，其来源为武义、宜平、青田、缙云、龙泉、永康、松阳、泰顺、景宁、遂昌、平阳、庆元、云和、丽水，及福建属之松溪、政和、浦城。于潜、昌化、分水、桐庐四县，共产桐油约 30000 砠担。"①

---

① 游毅：《浙江桐油改进刍议》，载《工业中心》1937 年第 6 卷第 1 期。

表 4-12　　　　　　　1936 年浙江各县桐油产量统计　　　　　　　单位：担

产地	年产量	产地	年产量
兰溪	12000	永康	2000
分水	10000	龙游	1200
松阳	2500	开化	3000
庆元	1000	金华	8000
景宁	400	遂安	3000
寿昌	7500	江山	3000
丽水	6500	义乌	1000
昌化	1000	宣平	1665
武义	2400	常山	6500
仙居	10100	于潜	7800
缙云	5000	淳安	15000
龙泉	500		

资料来源：佚名《浙江桐油产量调查》，载《农村合作月报》1936 年第 1 卷第 8 期。

5. 福建省

福建省桐油产区几遍及闽北、闽东各县。闽北以浦城为主要产区，建瓯、水吉、松溪、政和、顺昌、将乐等县次之，建阳、崇安、邵武、南平亦均有出产。闽东以福安为主要产区，宁德、寿宁等次之，福鼎等亦略有出产。此外，闽南的大田、德化、华安、漳平，闽西的永安、平和亦有桐油出产。总计全省产油县份，不下 20 余县，但是产量不多。

表 4-13　　　　　　　1943 年福建省植桐面积及桐油产量　　　　　　　单位：亩、株、担

县份	植桐面积	植桐株树	桐油产量
浦城	5000	500000	3350
水吉	2500	150000	250
建阳	4000	240000	600

续表

县份	植桐面积	植桐株树	桐油产量
建瓯	2000	120000	670
顺昌	1000	80800	710
将乐	2000	120000	660
福安	6000	730000	4300
宁德	750	45000	280
闽侯	120	15000	200
德化	3500	200000	350
大田	2800	142000	350
合计	29670	2342800	11720

资料来源：董直《福建桐油产销概况调查》，载《贸易月刊》1943年第5卷第1期。

由表4-13可知，福建省桐油产量以浦城、福安产量较多。此外，未调查县份如松溪、政和、棠安、邵武、南平、古田、福鼎、毕安、漳平、永安、平和等县，均有少量桐油出产。据一般估计，总计全省年产量在3万市担左右。抗战以后，上述各产区植桐面积均有增加，尤以福安、浦城两县成效显著。这两县桐油产量增加都是县政府极力提倡、推广种植的缘故。

6. 广西

桐油为广西特产之一，各县地方均有种植，每年大量输出。"据统计1932年至1936年平均全国桐油出口总数为699736公担，由广西直接出口有58427公担，占全国出口的8.35%，其重要性不言而喻。又据海关报告，1935年广西对外贸易为115852公担，约值国币2995517元，占出口总值的16.36%，仅次于谷米。1936年因战争原因，对外贸易仅83026公担，1937年激增，计达144970公担，约值国币10695355元，比矿产、牲畜、谷米出口量多，占出口总值的25%，较前增三倍，居出口之首位。据一般估计，广西桐油内销约占30%，外销70%。"[①]

---

① 谢裕光：《广西桐油产销概况》，载《农业通讯》1947年第1卷第8期。

广西植桐地域分布极散，多产于各江流域，其中以桂江流域的灌阳、富川、昭平、柳江上游的龙胜、融县、宜山、三江，黔江流域的都安、隆山、上林，郁江上游的田阳、镇边及榴江、贺县、平治等地方为主要产地。

表4-14　　　　　　　　1936年广西桐籽产量

植桐地方	株数（株）	合计桐籽产量（担）	每株平均桐籽产量（两）
融县	7000	40	2.12
榴江	5000	30	1.12
柳州	100000	100	2.60

资料来源：刘华振《广西桐油种植压榨及贸易》，载《建设汇刊》1937年第1期。

广西荒地辽阔，既宜于桐油的生长，加上广西政府提倡植桐，不遗余力，并定有各县推广植桐办法，自1935年底颁布施行。广西种植桐树颇有成效，全省桐树面积计256万余亩。

表4-15　　　　　1912—1935年广西桐油出口统计　　　单位：公担，银元
（根据海关及饷捐局报告）

年份	数量	价值
1912	30657	882337
1913	17130	486743
1914	23531	631887
1915	21581	1165094
1916	40815	1150570
1917	49728	1442305
1918	79974	2275375
1919	54388	1599910
1920	49707	1387802
1921	30410	958172

续表

年份	数量	价值
1922	23377	1296684
1923	67212	2084470
1924	53738	1889821
1925	21501	745116
1926	43888	1660366
1927	180450	3172069
1928	83601	3529064
1929	74227	3140786
1930	34529	1421636
1931	55205	1966455
1932	42881	1804043
1933	63228	2472776
1934	123919	4417292
1935（上半年）	35286	1014369

资料来源：刘华振《广西桐油种植压榨及贸易》，载《建设汇刊》1937年第1期。

7. 陕西省

陕南汉水流域，为陕西省产桐油地区。每年产额约为208600余市担，每年集中兴安、老河口运销汉口。

表4-16　　　　　1937年陕西各县桐油产量　　　　　单位：担

县名	每年产量
白河	100000
兴安	15000
褒城	1000
汉阴	4000
岚皋	600

续表

县名	每年产量
西乡	1200
镇安	800
南郑	3000
紫阳	6000
石泉	13000
城固	9000
洋县	1000
总计	154600

资料来源：渔《陕西省桐油产量统计》，载《农报》1937年第4卷第4期。

由表4-16可见，陕西省白河、兴安、石泉、城固各县产量较多。

8. 安徽省

据1936年9月中旬的调查："安徽省南部之徽州、石埭、铜陵、贵池、至德、束流；皖北之六安、合肥、舒城皆出产桐油。每年全省桐油产量，概随年成之丰歉而定。丰收年成，输入总额约计25000担，年成歉收，则输入总额亦因之减少。"①

由表4-17可知，1935年，安徽省太湖县、铜陵县、舒城县、霍山县、石埭县、至德县、宣城县、宁国县、休宁县、祁门县、歙县、黟县桐油生产数量均超过1000担，桐油产量较多。

表4-17　　　　　1935年安徽省各县桐油产销统计　　　　单位：亩，担

县别	植桐面积	生产数量	出口数量	交易市场	运销地点
合计	17742	49385	2200		
太湖	1000	2400	1200		汉口、安庆
桐城	530	130		孔城	安庆、芜湖
潜山	3000	300		县城	霍山

① 佚名：《安徽省会桐油运销情形调查》，载《经济建设半月刊》1936年第1期。

续表

县别	植桐面积	生产数量	出口数量	交易市场	运销地点
望江	420			县城	安庆、九江
南陵		500	500		芜湖
铜陵	12	1350		顺安	南京、无锡
巢县	20	15		县城	芜湖
舒城	3200	1300		三河镇	上海
霍山		1200			正阳
滁县		100			
寿阳	400	200			芜湖
太平		100			
石埭		1310		县城	大通
至德	1000	1300			芜湖、汉口
宣城	400	1000	500		芜湖
郎溪	10	100			
宁国		5000			杭州、无锡
泾县	700	280			宣城、芜湖
旌德	1000	500			
休宁	4000	1000			杭州
祁门		1000			杭州
歙县	1500	5000			杭州
黟县		10000			上海
绩溪	550	200			杭州

资料来源：佚名《统计：本省各县桐油产销统计表（二十四年度）》，载《安徽政务月刊》1937 年第 29 期。

此外，在贵州省各县多种植桐油。榕江县，"桐油为榕江特产，每年可产 5 万余担，近更由政府提倡，遇山造桐"①。

---

① 李绍良编：《榕江县乡土教材》，第二章，榕江地理，第四节，物产，1943 年编，1965 年贵州省图书馆油印本。

我国的桐油产区分布较广，种植区域多在远离交通主要道路的山区，交通极为不便，人力、财力的不足。在近代很难形成大规模的林场式的运营模式。桐树大多是各地偏远乡镇农户零星种植，所以自桐籽收获到产出桐油，其间要经过多人之手，桐油贸易手续繁多，效率低下。

第二节　桐油的市场分布

在近代，中国桐油的主要销售市场在海外的纽约、伦敦等地，在国内以上海为最终出口市场。以下依次介绍桐油的流通情况，以反映各级桐油市场的分布和规模。

一　桐油的产地市场

产地市场的辐射范围不大，近的仅数里，最远的不过百里，通常多在30—70里以内。产地市场作为基层农副产品和手工业产品流通的集散场所，对于促进商品流通发挥着重要作用，对于沟通国内外市场、发挥经济中心的功能是不容忽视的。民国时期，桐油集散受自然条件和交通运输条件的影响自然形成了多个产地市场。

1. 重庆

"世界各国所用的桐油，十分之九以上产自我国，我国桐油产量，估计年约136万公担，其中以四川居首位，约45万公担，独占总额三分之一。重庆为长江与嘉陵江汇合点，在长江流域为大商埠之一。重庆市聚集的桐油包括嘉陵江、涪江、岷江、长江上游地区，渠河的大部分地区，乌江及长江下游的一部分。其分布于川江（长江流经四川省之一段）流域长寿、涪陵各县者约22万公担，嘉陵江流域各县者，约16万公担，乌江流域酉阳、秀山、黔江、彭水各县者约7万公担，大部分均在重庆集散。乌江流域各县，有时运往重庆有时运往当时的万县。"①重庆桐油交易行号，有桐油铺、油庄、堆栈业、油行、出口行五种，庄

---

① 佚名：《四川桐油之生产状况》，载《贸易半月刊》1939年第1卷第21—22期。

铺分设于产区各地，堆栈业油行出口行设于重庆。油庄为油行或出口行赴各县收购桐油。此外如农人、收桐籽人、榨房、乡贩等亦有零星交易。桐油统制后，油商须先在复兴公司领证，然后收购转售于复兴公司，因业务单纯，组织亦遂简单。重庆桐油交易季节，以四、五、六月为旺月，二、三、九、十二等月为淡月。运往重庆的桐油，大致可分为川北、川江上游、川江下游三区各县。桐油产区各县还有碾户，是农人就溪流便利的地方，设置水碾，代人碾磨稻谷面粉等物，桐实亦可代碾。亦有购置牛骡，专营旱碾，以上二种皆称碾坊，多附营米粮业。川江上游乐山、宜宾、泸县及南部六县产米之区，碾房尤多。

油铺又称油行，设于四川各产区繁荣的市镇，每处少者四五家，多者二三十家。各县油铺购入的桐油，多经乡贩挑运至城内，其交易情形，由买卖两方看货定价即可交易，地址无定，或由乡贩至油铺交涉，或在当地油帮茶馆，亦有街头巷尾，彼此立谈。

油庄购买桐油，多在茶馆举行，亦有由庄客或油铺之人，营业人员，逐日赴各处彼此拜访，探询交易者，均称为赶场。彼此交易多于午前八九时举行，茶馆集会，一般分为早中午傍晚三次，即上午七八时中午十二时午后三四时或五六时，逐日以早晨所成交易为多，此外尚有经纪人一种，专为双方介绍交易。①

至买卖成立，乃由中间人说合。中间人尝于中间将其价格高下之。交易成立后，即由买商交定金于中间人，其定金之多少，或为每篓价值十分之一。总视其习惯而定。中间人于接得定金后，即转交于卖商，并由中间人填定单于卖商，注明成交数量及价格，买卖商人及中间人姓名亦须填入。中间人之佣金，大约每百斤须银一钱。②

---

① 佚名：《川产五种外销物品概述·桐油》，载《财政评论》1946年第15卷第3期。
② 佚名：《调查：四川桐油生产贸易状况（续）》，载《工商半月刊》1930年第2卷第9期。

油铺购买桐油，基本上采取钱货两现的方式，有时行市紧俏，亦尝择可靠之乡贩，先期放款定油。各县乡镇小油房，则于每逢市集之日，收买农人零星桐油，银油两现，油价有一定行市，由油房自订，农人照价售油，油房集油多时即运至城市出售，有时城市的油铺油庄等，亦常到各乡镇收买。

油庄是重庆油商在各产区及大市镇设立的支号，多设置于宜宾、江津、泸县、合川、南充、达县、中县、太和镇、三汇等地。有租赁店铺终年开设的，有只在每年一定时间在各地设立数月的，多于各地栈房内，派赴各地之人，称为客庄，人数至少二人，多至十人不等，除桐油外，尚兼收其他山货药材等物，以上各地亦为山货药材集中地也其所需资金，由重庆本总号汇往。

在重庆和四川地区，茶馆是人们日常生活中的重要组成部分。桐油贸易在茶馆进行交易是地域特色文化的表现。

表4-18　　　　1913—1928年重庆桐油出口数量与价值统计　　　　单位：担，两

年度	数量	价值
1913	66	519
1914	9	73
1915	—	—
1916	188	1782
1917		
1918	3	42
1919	—	—
1920	33	470
1921	89	1007
1922	1876	17784
1923	32272	431696
1924	82917	1457681
1925	65256	1217677
1926	55493	1065465
1927	61194	1155343
1928	35906	689395

资料来源：佚名《调查：四川桐油生产贸易状况（续）》，载《工商半月刊》1930年第2卷第9期。

由表4-18可知，1922年以后，重庆出口桐油数量得到飞跃发展。重庆因此成为重要的桐油产地市场。同时也可看出，重庆周围各县桐油产量十分丰硕。

重庆市在1913年、1914年间，即有广州帮、福建帮来此经营桐油贸易。那个时候交易数量不多，纯用木筏装载桐油。1916年至1919年间，交易数额逐渐扩大。到1923年，重庆市开始有资本雄厚的义顺、义瑞等桐油号出现，专门经营桐油。外国洋行亦有施美、生利经营桐油外销，经常收购。除此以外，还有聚兴诚银行贸易部兼营桐油。其余桐油贩卖商，依其收油区域不同，往往各成系统，俗称某某帮。此外还有油铺，专在重庆市收购桐油，转手售出等。① 重庆成为西南地区重要的桐油产地市场。

在重庆市场上活跃的外国桐油商数量可观。外国桐油商为收买便利起见，多在重庆设有收买处及储油池。以收买各地运来之桐油。故近来重庆桐油市场日见发达。外商且于重庆设有澄油厂，以就地制油，换桶装至汉口运输出洋。②

表4-19　　　　　1944年重庆桐油油池、油驳设置状况　　　　　单位：吨

驳名	所在地	容量
美木驳	江北木关沱	140—150
施美蜀和号铁驳	江北木关沱	150—180
施美美江号铁驳	江北木关沱	165—175
太古洋行康定号铁驳	南岸龙门浩	155—165

资料来源：严匡国《四川桐油产销概况》，载《四川经济季刊》1944年第1卷第2期。

抗日战争爆发以后，广州、汉口相继沦陷，长江货运被阻后，四川省桐油之运输系统遂骤然改观。重庆桐油市场更显重要。"各市场地位

---

① 蒋芳：《四川桐油的产量与贸易》，载《征信新闻（重庆）》1947年第609—611期。
② 佚名：《调查：四川桐油生产贸易状况（续）》，载《工商半月刊》1930年第2卷第9期。

之重要性以及运输之方向及路线均颇有与战前不同之处。因长江阻塞，桐油输出改由西南公路运香港出口，于是重庆在出口市场中之地位趋于重要，重庆下游各地桐油均送重庆运输集中出口。"①

2. 常德

常德集中的桐油，一部分来自洪江，一部分来自贵州，一部分来自四川。"在常德的油行有德丰、信义、同仁裕、恒盛隆、集大恒、大成、晋昌生七家，专以买卖桐油为业。经销桐油年计133000桶（每桶60至70斤不等），约合79800担。常德为湘西桐油出口的门户，故外国商行及本国商人均集于此。聚兴诚银行且设国外贸易部专营桐油，其他洋行及代理庄较省会长沙多。坐庄专办桐油，油商大致可分两帮，一为客帮，专做国外出口。一为本帮，专做国内出口。统计常德桐油每年输出额在30万担之多。"②

常德临沅水，是湖南省桐油集散的最大市场，凡沅水流域及川黔边境所产，除运往怀化洪江外，皆以此为集中地点。1924年以前，资水、澧水流域的桐油也多运此销售，其业务兴盛达到极点。1924年、1925年常德地区连续大旱，河道梗塞，出油地区多改由津市、益阳等埠运销汉口，运往常德的桐油大为减少，但常德仍是湖南省内较大的集散市场之一。抗日战争爆发后，因桐油出口受阻，常德又一度被日军占领，各出口行相继歇业，桐油行业陷入停顿。

3. 岳州

岳州为湖南桐油的集散市场。岳州于清光绪二十四年（1898）开为商埠，位于洞庭湖平原的北部，距离汉口500里，距离长沙350里，不但是汉口、宜昌航运及汉口、湘潭航运轮船寄港地，其出入湖南的民船，亦寄港于此。

湘省西部及中部所产桐油，多从津市、辰州、常德及长沙等处汇集于岳州，然后再转至汉口。"湘省澧水流域所产桐油，均集中于津市，

---

① 严匡国：《四川桐油产销概况》，载《四川经济季刊》1944年第1卷第2期。
② 蒋学楷：《农村生产：湖南之桐油》，载《农村合作月报》1936年第2卷第5期。

沅水流域所产之桐油,均集中于长沙,再进而总集中于岳州,以达汉口。故岳州为湘省桐油之最大集散市场。"①

4. 洪江

洪江为湖南西部会同县的巨镇,地理位置在沅水上游与巫溪河会口处,地处沅江,为湘黔交通总枢纽。明清时期即兴起,清末时期与津市同称湖南的两大市镇,商业发达,可与衡阳、湘潭、常德媲美。洪江本地所产的油也不甚多,大都来自附近各县,如会同、黔阳、芷江、麻阳、凤凰、晃县、绥宁、通道、靖县等地,由洪江市的各油庄在各县设立分庄,收买桐籽或自榨桐油,运至洪江,再由民船运往常德及汉口。洪江的洪油与其他市场不一样,其他各地均以汉口为桐油的集中地,而洪油则多直接运往镇江,在汉口不过由水道转口而已。洪江市油庄,曾有数家为镇江帮油行的分庄,所收桐油全数运往镇江,而其他非镇江油行的油庄,也在镇江设行销售。洪江市场的油业,也与各地油业颇有不同之处:其一,各地购销均以油行为枢纽,而洪江则代之以油庄。其二,各地输出均以汉口为集中地,而洪江则以镇江为主要集中地,仅由水道运汉转口。其三,各地油行以桐油兼营为主兼营他油,而洪江油庄则以专营洪油为唯一业务。各地油业设分庄者为数极少,而洪江则均于附近各县设有分庄。其四,洪江的洪油主要是在国内销售,并不出口国外,洪江是两湖地区唯一专营洪油的专业集散市场。"每年由会同、靖县等地集中和由黔东北地区输入洪江的桐油常年在20万担以上,再由洪江直接运销江、浙一带,小部分则运至常德转口外销。"②战时由于洪江地处后方交通要道,商业经济达到鼎盛,桐油贸易同样繁荣。

5. 长沙

长沙是湖南省省会,商业繁盛,交通便利,凡湘水流域所产的桐油,大都集中于此,资水流域各县的桐油,也多贩运来此。根据海关贸

---

① 佚名:《实业消息:一月来之商业:湘省出产桐油岳州为最大市场》,载《实业部月刊》1936年第1卷第5期。

② 湖南省地方志编纂委员会编:《湖南省志·第十三卷·贸易志·粮油贸易》,湖南出版社1993年版,第62页。

易册的报告，"1912年桐油经长沙海关出口数量最多，达122200余担，而1915年至1918年最少，平均不超过数十百担，其他各年差数尚小，没有明显起伏。30年代初据油商估计，历年运来于此的桐油，年均9万余担，40%左右销售本地出口行，30%左右直运汉口，其余则供湖南省各地自用"①。自1937年抗战爆发，尤其是1938年11月文夕大火之后，长沙各油行相继倒闭，市场也一落千丈，所以桐油行业均转由衡阳集中，而津市、常德、益阳等处的桐油，也均由水道经长沙运往衡阳市交由设在此地的复兴湖南分公司统购统销。长沙的桐油行业，约可分为四种，即代庄、油行、油号及出口行。代庄的性质是受产区贩户或油行的委托，代售桐油于集散市场的油行，同时也代办其他棉纱、布匹等货其他物运回原地。油行则完全为买进卖出的中间经纪人，一方面向贩挑子及代庄买进，另一方面向当地出口行油号及湖南省各地售出。油号则是外省油行在这里所设的字号，专门从事收买桐油业务，洪江油庄即属于此种。油盐号即当地零售消费桐油的商店，各级市场均有，故散布甚广，数量亦极多。至于出口行，亦称洋行，以经营桐油出口为业务，但本地的出口行，所谓出口的，则不过指运往汉口而言，并非直接输出外洋。

5. 老河口

老河口位于湖北省西北部，居汉水中游东岸，地扼秦、陇、豫、蜀要冲，上达陕甘，下通武汉，是汉水沿岸的一大市场。在夏季水涨时期，由汉口溯河而上的小汽船可直达该地，以装运其所聚集的土产。由老河口而上郧阳诸埠，小汽船虽然因为水浅的原因不能行驶，但是以帆船沿汉水可直达安康、汉中。该市场商贾云集，贸易繁盛，集中该市场的桐油，不仅来自湖北省西北各地沿汉水流域各产区，而且陕西省紫阳、新安、洵阳、白河诸地所产的桐油，亦来此集中。老河口市场的桐油，来自湖北省西北郧阳、郧西、房县、保康、谷城、

---

① 曾仲刚编述，邱人镐、周维梁主编：《湖南之桐茶油》，湖南省银行经济研究室1943年版，第134页。

均县等县区者数量最多，来自陕西西南各县者次之，来自河南省西南各县者又次之。

集中老河口的桐油商人大抵分为以下几类：山货行是主要收购商，除经营桐油外，大都兼营木耳、生漆等生意。庄客是汉口经营桐油商派来收货坐庄。此外还有老河口的桐油商号，该商号收货，代理汉口油商的居半数，其余为自行营业。山货行以代客买卖为主要业务，庄客和桐油商号只以收买桐油为业务。市场上集中桐油的数量，"据战前一般商人估计，每年约在25万担以上。其中除来自陕西的十余万担，其余则为湖北汉水流域各地所产"①。故除汉口外，老河口实为湖北省内最重要的桐油集中市场。在汉口经营桐油商人，大约均在老河口设有代理商人或商号，以代其收购桐油转运汉口。老河口的输出桐油，据1935年湖北省公路局调查，"均、郧、谷、房县的油，由老河口站输出的，年为5万篓（每篓240斤），约值200余万元"②。"老河口市场集散的主要是农副土特产品，每年输出总值在1470万元以上，就估价而论，以桐油占第一位，约当输出总值41%。襄河桐油，以老河口为产区的最大集中市场。每年交易量最高可达30万担（天平秤），通常约24万担。"③ 因1927年至1931年间陕西方面大旱，桐油产量减少且运输困难，桐油多不能运来老河口集中。因此，由老河口运往汉口的桐油，大为减少。各产地通水运的，常常直接运销汉口，不再全数集中于老河口，老河口的桐油交易量，遂见减少。

老河口的桐油，由产区油贩贩运而来，必须在老河口的油行投行。货存行时，凡原来未过秤的，仍由贩客各自负责。凡经油行过秤后，即归油行负责。油行代为介绍出售于号商。买卖双方，并不见面，由经纪人居间议价成交。成交后油行由卖方按价一分半给予佣金，买方按价一

---

① 李昌隆编著：《中国桐油贸易概论》，商务印书馆1935年版，第83页。
② 实业部国际贸易局编：《桐油》，商务印书馆1941年版，第186页。
③ 平汉铁路管理局经济调查组编：《老河口支线经济调查》，平汉铁路管理局经济调查组1937年版，第24页。

分给予佣金，以为报酬。生意成交，均是口头交易，并无书立交单或彼此立账等手续。买方及油行，皆各自立账，以免遗忘或错误，双方账目，并不核对。买方买货过秤后，加封本号字条于油篓上，称曰"封货"。即行如数付款于油行，转交卖方，凡货经卖方封口后，即由卖方负责。老河口市场上桐油交易全是现货买卖，并无抛售期货。

1937年老河口油行19家，代客买卖居多数，也有兼营自买自卖者（称落货行）。卖客方面，来去无定。"买客方面有汉口聚兴诚、怡和油行及当地李兴发、春大、天昌、乾昌、和庆公等数家。老河口桐油业的金融周转，与其他各业相同。全赖买方出具汉票卖与钱庄，钱庄再售与银行，或售与由汉口来此地贩运货物的字号，以付货款。此种汉票期多为一个月，每千元售予钱庄，实得992元。钱庄转售于银行，可得993元。老河口各银行，皆以买卖汉票为大宗业务。但买入时对于出票字号，非信用昭著，往来极熟，决不直接买入，必须经由钱庄转手一次。即由钱庄负责担保，以免危险。"① 字号在汉口售油得款后，兑付在老河口所出的汉票，将款调回，或自办货物。

老河口为湖北汉水流域所产桐油的集中市场，在此集中的桐油，最后亦转至汉口。"一般商人估计每年集中老河口之桐油，达二十五万担以上。除陕西所产约十万担以外，余为鄂北各县所产。"②

6. 沙市、宜昌

沙市、宜昌为鄂西一带所产桐油的集中地点，桐油在此集中后，亦转运汉口。沙市位于汉口溯江287里的右岸，由便河通于荆州及汉水流域。湖北西部平原的物产，必先集于此地，再运销各外埠市场。集散在该市场的桐油，多为四川及湖北边境所产，故产地比较分散，远如施南、建始、利川、宣恩等县，近如江陵及沙市附近所产，均来沙市集中。集中在沙市的桐油，每年大概在四万担左右。"宜昌桐油市场，向

---

① 平汉铁路管理局经济调查组编：《老河口支线经济调查》，平汉铁路管理局经济调查组1937年版，第32页。

② 佚名：《非常时期湖北桐油之运销管理》，载《新湖北季刊》1941年第1卷第1期。

为施美洋行和瑞记公司所包办，市价常被垄断。"①

沙市位于湖北省中南部，江汉平原腹地，北由便河可通于荆州及汉水流域。湖北西部的物产，先集于此地，再转运至各外埠市场。集散于该市场的桐油，均为四川及湖北边境所产，如施南、建始、利川、宜恩、江陵及沙市附近所产的桐油，均来此地集中。其运输情形，施南方面，因为地方险峻、山路崎岖，所产桐油，多用挑夫挑运至清江沿岸后，由清江用民船运至宜都转往沙市。但也有直接运往汉口市场，而不来沙市集中的情况。江陵及其附近地方所产的桐油，则因土地平坦，河流极多，均用小火轮或民船运至沙市集中后，报关由民船运至汉口求售，间或有用轮船转运的。因为汉口与沙市两地相距不远，沿途又甚便行舟，因而一般商人常用民船装运，以节省运费。战前，每年集中沙市的桐油，在4万担左右，其转运汉口的数量，每年至少在25000担以上，其余则分销于当地市镇。

宜昌亦为桐油出口市场，需要指出的是，宜昌本地并不大量生产桐油，因接近四川，所有聚集该处的桐油，"一部分为鄂西利川、宜恩、恩施、建始、巴东、秭归、兴山等县所产，一部分则由四川云阳、巫山、奉节等县运来，在此报关转往汉口销售者，其输出数量，在战前每年约计3万担左右"②。

7. 福州

福建所产的桐油，凡闽北产区，如浦城等地所产，均沿闽江运至福州出口。值得指出的是，福建本土产的桐油主要供内销。主要的销路如下："其一，全省各县的油漆业和制造油布、油纸、纸伞等手工业。其二，闽北盛产木材区域，所产松木筒都要先灌入桐油，使增加浮力，俾顺溪水漂流，不致中途沉没，而流至福州时，又易于收集。其三，闽省沿海区域油漆渔具和修造船只，都是销用桐油的大主顾。"③

---

① 张鸿典：《工作通讯：鄂西各县桐油产销调查》，载《农本》1939年第8期。
② 佚名：《非常时期湖北桐油之运销管理》，载《新湖北季刊》1941年第1卷第1期。
③ 董乃正：《闽省桐油产销问题之检讨》，载《贸易月刊》1942年第1卷第8期。

8. 杭州

杭州是京杭大运河的终点，是江南地区繁华都市。因为交通便利，集中在杭州的桐油，不仅限于浙江一省所产。"浙江产的桐油，是先集中于衢州，兰溪二处，然后由民船装运杭州。运费自衢州至杭州每担约3角，自兰溪至杭州者约2角，自杭州至上海约7角。装运则以篓与铁箱两种，每篓装净油箱56斤，合二篓为一砠（一砠担合65.884公斤）。铁箱即火油箱，每箱盛油，就重30斤，以四箱为一砠。价不一，每砠约洋32元。"① 1936年，"上海益盛、恒美、恒祥三号合开振业公司于上海，设分庄于衢州兰溪，就地收货。杭州方面之商场，在城内者计有七家、信昌、天成、万康、升号、裕大、升记、成泰。新设之桐商，则倾向于城外，设肆于闸口者计有三家，恒隆，同吉，同义公。"②

9. 温州

温州于清光绪二十年（1894）开为商埠，滨瓯江南岸，自此而下可通巨轮，中外商船常聚集于此。浙东各地土货，常在此集散，温州市场的桐油每年有5万担左右，桐油产自瓯江、灵江流域内各县，再加上浙西所产的桐油和福建所产桐油的小部分，温州是近代浙江省内最大的桐油集散市场。

10. 铜仁

"铜仁由锦江出湖南沅江而通汉口，有船运之便。是贵州东北部货物集散市场之中心点。集于铜仁之桐油多直运汉口。"③

二 桐油的集散市场

近代以来，全国范围内桐油最大的集散市场包括当时的万县和汉口两处，这也从一个方面反映出四川和湖南、湖北的桐油产量可观，集散市场设立在此处能快速方便地从运输分散的农村各处集中桐油。从另一

---

① 周新华：《浙江桐油生产状况之调查》，载《农声》1931年第141期。
② 吴兴生：《桐油述略》（九），载《津浦铁路月刊》1936年第1663期。
③ 佚名：《译丛：中国产之桐油》，载《交通公报》（附录）1924年11月26日。

方面则可以看出，最大的桐油集散市场当时的万县和汉口皆位于长江沿江，桐油这种商品的运输是以水运为主，通过长江航运桐油，这是其他运输方式所不能取代的。

1. 当时的万县

当时的万县在民国时期被称为"桐油之都"。① 当时的万县既为全川桐油的集中地，故中外商人纷纷设庄在当时的万县购油，或自建油池油驳，炼净油质，直接运往国外，或收买毛油运汉口炼净，转运出口，亦又收买以后，转售于其他商埠。营业之盛，以此为最。

"1925年左右油号仅十余家，1935年则增至桐油号80余家。据油商云，全县各乡镇的油号在150家以上。全县间接直接以桐油为业的人，至少在10万人以上。"② 城中各油号开设地点，分为三段：一段在庐家街，有油号40余家；一段在下沱河坝，有油号十余家；一段在上沱河坝，有油号20余家。其中有忠州帮、开县帮、云阳帮之分。

当时的万县油商有收买进口商运进的桐油而转售于国内外，即所谓出口商。营此业者有施美洋行、生利洋行、聚兴诚贸易部、中华公司、民信昌号等数家，施美、生利为美商，除运销桐油外，兼营牛羊皮、猪鬃及各种山货。聚兴诚以金融机关（有聚兴诚银行）附设贸易部为美商其乐洋行的代理人，出运的桐油多由其乐接受，亦有时代人购办百货。民信昌是英商安利英的代办处，如安利英需要桐油则运汉转销欧美，否则将所收之油，转售于其他出口商，该业商人于1930年合组桐油出口业同业公会，主席为生利洋行经理柯壁光。各行商资本雄厚，均在当时的万县市聚鱼沱一带建造油池，将油储于其中，用火炼之，使成净油，然后运出，其销场大致美国销70%，欧洲20%，内销仅10%。③ 兹将商号情形见表4-20：

---

① 恩慧：《桐油之都四川万县》，载《澈底评论》1949年第4期。
② 佚名：《最近四川之桐油业》，载《农报》1935年第2卷第35期。
③ 佚名：《最近四川之桐油业》，载《农报》1935年第2卷第35期。

表 4-20　　　　　1935 年当时的万县桐油商号情况

牌号	经理人姓名	成立年月	资本总数（万元）	油池驳数及其容量	每年运销数（吨）	
					国内	国外
施美洋行	谢文祥	1928 年 1 月	经纪性质	油池 2 座容量 2200 吨，驳船一艘容量 8 吨	无	6000
生利洋行	柯壁光	1930 年 1 月	5	油驳 2 艘容量 500 吨	无	4000
聚兴诚	王之	1913 年 1 月	20	油渔 1 座容量 600 吨，油柜 4 个容量 100 吨	无	3000
中华公司	胡玉珊	1934 年 12 月	10	油池 2 座容量 800 吨	3000	无
民信昌	卢显廷	1935 年 1 月	5.4	油池 2 座容量 800 吨	3000	无

注：民信昌号油池与中华合用。

资料来源：佚名《最近四川之桐油业》，载《农报》1935 年第 2 卷第 35 期。

当时的万县美商有收买进口桐油而转售于出口行商，一般称为过载行，其实即进口商。该业商人于 1929 年合组桐油进口业同业公会，主席何玉书。内分涪州帮，收买涪陵、酉阳、秀山、黔江、彭水及贵州边境出产。鄨都帮收买鄨都县境出产。云阳帮，收买云阳县出产。忠州帮，收买忠州、石柱等县出产。开县帮，收买开县出产。各县油商均由木船装运来当时的万县出售，称为出载桐油。经营此业者，统计在百家以上，而出载油客商来去无法统计。

表 4-21　　　1917—1935 年当时的万县历年输出桐油统计　单位：担，海关两

年份	数量	价值
1917	31180	314606
1918	64765	582885
1919	55375	581438
1920	45496	439036

续表

年份	数量	价值
1921	63932	707727
1922	230290	3539626
1923	244175	5518355
1924	263638	4745484
1925	274923	4214683
1926	178366	3567321
1927	193472	2940775
1928	324492	5480856
1929	263340	6320168
1930	312555	4688326
1931	230355	3778290
1932	280976	3281331
1933	332263	8415145（元）
1934	128936	4983661（元）
1935	311634	

资料来源：佚名《四川经济：商业：四川之桐油贸易》，载《四川经济月刊》1936年第5卷第6期。

民国时期，从当时的万县输出的桐油数量在几十年内起伏不定，但总体而言输出桐油数量较多。1933年输出桐油最多，共输出桐油332263担。

鸦片战争以后，我国贸易日渐衰落，频年入超损失极重，但是桐油一项逐渐崛起，在1921年以前，全国桐油中心的当时的万县，平年输出，不过6万余担。至1922年，当时的万县桐销突增两倍有余，增为23万余担，价格平均，亦有三分之一增加，此后日趋繁荣。1933年出口33万余担，更打破历年最高纪录。全国各产油区总计年有200万担输出，四川一省，据统计年约70万担，占总输出的三分之一，当时的万县一县，平均约30万余担，占总输出的六分之一，值一千数百万元。当时的万县桐油一项，对于国家经济和地区经济的重要性不言而喻。

第四章 桐油对外贸易的产销网络

当时的万县本地产桐并不见多，而实为各地桐油集散的重要市场，全川出口70万担桐油中，重庆约占10万担，涪陵占四五万担，云阳、巫山、奉节等地，占20余万担，其余30余万担，均为当时的万县输出，计运集当时的万县销售的桐油、水道方面，则有长、涪、忠、丰、两开、云阳等县，陆道则有石柱、彭水、黔江、绥、宣诸处，新桐登市时期，油商往返，络绎不绝，非常繁荣。经营油业者，计分油铺、过载铺、出口行商三种，油铺专事收买各地运来的零油，囤积多量，而以售诸过载商，或经过载商的介绍，以之售于出口行商。据当时的万县桐油进口业公会的记载，该业有153家，每户资本大者，可至10万元，小者3000元，又据营业税局1936年4月的调查，该业则为116家，资本总额30余万元。1935年营业总收入额110余万元，1936年4月一个月的营业总额403余万元，为数已巨。油商往往以多报少以规避纳税，所以登记营业桐油的数量远远低于实际交易数量。过载铺即桐油经纪商，专以介绍或自购桐油，而以售诸出口行商为业务，有德大明、万和祥等20家，据营业税局1936年4月的调查，有23家，资本15万余元。出口行商有施美、生利、中华、同义、聚行贸易部及华通六家，以施美营业数额，较为巨大，其他次之，施美是美资经营，可掌控市场，国人经营此业者，却反居被动地位。①

当时的万县桐油贸易繁荣，吸引了众多外商在此开设分行。油商号比较密集，资金比较雄厚的有施美、聚兴诚、生利、中华、同义各家。②"1930年，美商美川桐油公司总经理瓦林特氏因美国工业需用巨量的四川桐油，特亲自来川规划办理。该行已在上海江南厂造油大小江轮24艘，以备转运之用，并造有最小淡水拖轮4艘，以便在嘉陵江中往来运输。由当时的万县至嘉定、重庆上游各县均设分行。美川桐油公司此次前来有巨款1亿，并在渝宜汉沪四处，建5万吨油池各一处。"③

---

① 冰生：《万县桐油产销之概况》，载《经济杂志》1936年第1卷第4期。
② 冰生：《万县桐油产销之概况》，载《经济杂志》1936年第1卷第4期。
③ 佚名：《工商消息桐油：美商垄断桐油计划》，载《国际贸易导报》1930年第1卷第1期。

表 4-22　　　1944 年当时的万县桐油油池、油驳设置状况　　　　　单位：吨

池、驳名称	所在地	容量（吨）
中植油厂油池	中原码头	1500
美孚油池	巨鱼沱	4975
生利洋行铁驳	徐沱	450
聚兴诚油池	巨鱼沱	700

资料来源：严匡国《四川桐油产销概况》，载《四川经济季刊》1944 年第 1 卷第 2 期。

四川桐油产额极大，品质优良，为世界各国之冠。经营此项出口生意的商人均获厚利，故一般人趋之若鹜，种植桐树风行一时。故汉口商品实业部，特在当时的万县设立桐油出口检验分局，在当地考核桐油的优劣。

民国时，当时的万县经营桐油的商铺特别密集且集中，生意红火。桐油商品属于易燃物品，一旦发生火灾，桐油商铺损失惨重。"1937 年，当时的万县于 4 月 12 日夜间，沙嘴河坝发生大火，延烧三千余户，损失达数百万元，此次损失最巨而最惨者，首推桐油铺。上沱一带，由磨子巷起，至破石缸止，有油铺 22 家，无一幸免。"[①]

2. 汉口

汉口和当时的万县一样，是全国最大的桐油集散市场之一。这是由于汉口有着优越的地理条件。长江水运不发达时，汉口上游的长江地段比较危险，江中浅滩、急流、旋涡、狭峡，及破船的船壳等，均造成航行的障碍。所以民船只能到达汉口集中。汉口从清咸丰八年（1858）依《天津条约》开辟为商埠以后商务十分繁盛，是我国桐油大的集散市场。"各地桐油向多民船装运来汉口。民国时期长江上游航行竞争激烈，以致运费较廉。且如太古、怡和、日清、招商及普济、正兴等轮船公司均有堆栈代运各货。可以储藏两个星期不收取货栈费用。故此后改装轮船为多。而民船袋运来汉口者，已逐渐绝少。且各洋商及华商代洋

---

① 佚名：《万县大火时桐油商损失调查》，载《四川月报》1937 年第 10 卷第 5 期。

商办油各家，于每年三月至九月间，江水大时，概装散舱。由美孚油船及其他轮船由当时的万县等埠直运汉口。每次装量自60吨至300吨之多。以致四川油贩因资本薄弱皆不能与之竞争。此虽被经济侵略，然航权旁落，有以致也。"①

表4-23　　　　　　1927—1932年汉口桐油出口统计　　　　　单位：担,%

年份	全国出口桐油总数量	汉口出口桐油数量	汉口出口桐油与全国出口总量的比例
1927	901294	735030	81.55
1928	1094299	931912	85.16
1929	1096650	910057	85.08
1930	1167255	937707	80.33
1931	864864	606712	70.15
1932	802769	476363	59.34

资料来源：贺闿、刘瑚合编《桐树与桐油》，实业部汉口商品检验局发行1934年版，第67页。

由表4-23可见，汉口集中出口的桐油数量十分多，1927年至1930年之间，由汉口出口的桐油占到全国出口桐油总量的80%以上。此后，汉口出口数量逐渐减少，全国出口桐油数量最多的地点改为上海市。

汉口、当时的万县是全国最大的桐油集散市场。所有桐油行，均分布在汉口、当时的万县及上海三埠。1940年"汉口22家，当时的万县5家，其中以汉口之聚兴诚、义瑞、生利、福申，上海之瑞记，当时的万县之施美、中原、聚兴诚等，较为著名。"②

汉口离周边桐油产区近，水陆交通又极便利，内地桐油产品多运集于此，而后分配于各地。其桐油来源，包括川、湘、鄂、陕、黔、赣等省所产，而由川、湘两省运来的桐油，约占总集中量的70%以上。

---

① 佚名：《汉口桐油之调查》，载《工商半月刊》1929年第1卷第14期。
② 缪钟黎：《中美桐油贸易之检讨》，载《经济汇报》1940年第2卷第12期。

1932年以后，其地位为上海所取代，但仍不失为国内重要桐油市场之一。湖北居处长江中游，汉口不独为湖北桐油市场，四川、湖南、贵州、江西产品亦多来此加工精炼，划一标准，以利出口。"据汉口出口业同业会调查，1930—1936年由此出口桐油1018040—1240000市担。"① 战后大为降低，据江汉关海关册载，1946年为432140市担，1947年为39440市担，1948年（1—8月）为303440市担，1949年（缺5月数据）为755980市担。由上可知汉口历年输出桐油约占全国桐油输出总量的33%，汉口是民国时期中国最为重要的桐油出口市场之一。

汉口本地，并不出产桐油，仅为出口或转口的市场而已。其桐油来源，以四川、湖南两省所产为最多，湖北、安徽两省次之，还有一小部分来自陕西、河南、贵州、江西。汉口实际上是近代以来长江中上游各地桐油的集散市场。沙市、老河口、长沙、津市、常德、重庆等埠，则成为桐油分别集中的产地市场。四川北部所产的桐油，多集中于重庆；川东及川南所产的桐油，则多集中于当时的万县。集中于重庆和当时的万县两地的桐油均运往汉口。四川地区所出产的桐油简称为"川桐"，1929年由四川运往汉口的桐油数量约为30万担。湖南湘中一带地方所产的桐油，大都集中于长沙；湘西北一带地方所产的桐油，则多集中于常德、津市，皆转运至汉口销售。湖南所出产的桐油简称为"南桐"，1929年运销汉口市的数量约36万担。湖北省荆州、沙市所产的桐油，称为"荆沙桐"；汉口下游至武穴一带所出产的称为"边江油"。1929年，荆沙、边江二种桐油运销汉口的约5万担。豫南一带所产的桐油，陕西紫阳、兴安、旬阳、白河诸埠所产的桐油，湖北省西北沿汉水流域所出产的桐油，大都集中于襄阳的老河口，沿汉水运往汉口；鄂西一带所产的桐油，则大半集中于宜昌。宜昌附近出产桐油甚少，不如襄阳集中力之大，集中在襄阳老河口的桐油，称为"襄古桐"，1929年运往汉口的桐油数量约达25万担。此外如湖南洪江所产的洪油，秀山所产的

---

① 严匡国编著：《桐油》，正中书局1944年版，第100页。

秀油，在汉口桐油出口中，皆各占极重要的地位。上述地方的桐油运进汉口后再输出到长江下游及国外。

从表4-24可以看出，1928—1930年重庆、当时的万县、沙市三地总共输出计1294038担，其平均输出量为470880担。重庆输往汉口的桐油数量1928—1930年大幅增加，这与重庆桐油市场的兴旺崛起有关。重庆、当时的万县、沙市的桐油集中运往了汉口。由四川及宜沙一带输出的桐油，1928年、1929年、1930年三年平均输出量虽为431346余担，而运汉复运国内国外的实较此数为少，在40万担左右。由湖南输出的桐油，三年平均虽然也有47万担，运汉复运国内国外的亦较此数为少，当也在40万担左右。"以1928年、1929年以及1930年的统计，总共外省各地及湖北省每年集中到汉口的桐油，约在105万担左右。1931年后情形则大不相同，因为1931年长江流域遭受特大洪水，襄河阻塞，运汉桐油，仅约10万担，其他由四川、宜沙一带，湖南等处输入桐油亦较前三年为少，总共不过60万担。"① 虽然是因为运输不便，但是美国当年需要减少，也是主要原因之一。

表4-24　　1928—1930年由四川及宜沙一带输出桐油数量　　单位：担

输出地	1928年	1929年	1930年
重庆	35906	110907	169816
当时的万县	324492	263340	312555
沙市	29425	19332	28265
共计	389823	393579	510636

资料来源：上海商业储蓄银行调查部编《汉口之桐油与桐油业》，上海商业储蓄银行信托部1932年版，第26页。

民国初期，汉口是全国出口桐油最多的口岸，根据海关统计，1912—1920年汉口桐油出口值占全国出口值比重如表4-25所示。

---

① 上海商业储蓄银行调查部编：《汉口之桐油与桐油业》上海商业储蓄银行信托部1932年版，第25页。

表 4-25　　　　1912—1920 年汉口桐油出口值占全国出口值的比重表

单位：海关两,%

年份	汉口桐油出口值	全国桐油出口值	汉口桐油出口值占全国比重比例
1912	6399657	8446300	75.8
1913	5870796	6855547	85.6
1914	5308839	6448080	82.3
1915	5748490	6278195	91.6
1916	7463178	8736999	85.4
1917	6856979	8496926	80.7
1918	5910770	9906476	59.7
1919	8721593	12364698	70.5
1920	6856570	10612698	64.6

注：笔者根据各该年中国海关册所记载的数据整理。

资料来源：茅家琦、黄胜强、马振犊主编《中国旧海关史料（1859—1948）》，京华出版社2001年版。

由表 4-25 可知，1912—1920 年汉口输出桐油占全国比例在 80% 左右，1915 年汉口输出占全国比例更是达到惊人的 91.6%。运销国外的桐油数量，在一定程度上也可以视为国外对中国桐油的需要数量。至 1929 年，汉口当局征收一种所谓桐油特税，每担桐油收洋 2 元，于 1929 年初实行。于是长江上游各埠产油区域，便将桐油直运上海出口不再来汉口集中。内地油商，则多不愿再运桐油来汉口进行交易。"故是年汉口出口桐油，只有 20 余万担而已。"[①] 30 年代，汉口桐油市场逐渐被上海代替。湖北省的汉口是全国最为重要的桐油出口市场之一，汉口桐油输出值占全国的比例是非常高的。

虽然汉口集中的桐油并不仅是湖北省所出产，但是可以部分反映出桐油在长江中游地区外贸经济中占有重要地位。

1931 年报验商行计有合义、永兴、施美、礼和、聚兴诚、宝隆、

---

① 李昌隆编著：《中国桐油贸易概论》，商务印书馆1935年版，第81页。

怡和、嘉利、美最时、福中、福来德、生利、得庸、三菱、瑞记英、瑞兴、田岛漆店、德成福、岩井、好时、义诚、鼎泰德、立基、瑞记、乔亨、中国植物油料厂、三井等。以施美占第一位，计1008389公担；福中占第二位，计68284公担；瑞记英占第三位，计53261公担；聚兴诚占第四位，计47841公担。1935年汉口共有桐油出口行17家，大部分为洋商。只有义瑞公司及聚兴诚外国贸易部为国人所经营。洋行中以美国的其来洋行为最大，生意也最多。该行一方面自订轮船，派员赴各产地收买桐油，运至汉口，从事精制；另一方面又在汉口收买精油，以便出口，其在美国的总行，制有铁路油车数十辆，装运甚便，每年输出桐油数量，有20余万担。其次如英商的怡和洋行，开办多年，资本充足，在欧美各重要商埠多有分行，而装运桐油又自有轮船，营业颇为发达。"每年输出桐油，有十万担之多。"① 德国恢复其第一次世界大战前在商业上的势力，在汉口专办桐油出口洋行，亦甚发达。其他如日本、法国亦各有数家，专作桐油的采办与输出。

  在商品检验局还没成立之前，汉口的桐油抛盘及交货的手续，采办桐油出口的洋行例，如以一定价值定买有期净货共若干担，双方签字后，可预付定银若干，抛货之油行，即须至期交货，交货之时，先携货样至洋行，认为合格，再起至洋行，过磅一次，名为毛货磅，驳船货，费力，洋行概不过问。货抵洋行，再注入澄验池中如法精制，收其净油，其去除劣质，渣底和油桶均归油行自行处分。洋行计其净油若干，一律以洋例纹结清。然付银之法，于毛货进厂时，即照付八点五成之谱，等货数代标后，依数计值，或因货色不合，并拒绝收受，或减少价值。②

  民国时期，桐油贸易交易量巨大，桐油抛盘及交货的手续，形成了一套标准化的运作程序。采办桐油的出口洋行，向油行定购桐油期

---

① 李昌隆编著：《中国桐油贸易概论》，商务印书馆1935年版，第119页。
② 佚名：《实业消息：省外：汉口之桐油业》，载《实业杂志》1924年第81期。

货若干担，双方订立买卖凭单后，洋行预付定金若干。抛货的油行，即须按买卖凭单上写明的日期到期交货，交货时洋行以汉口商品检验局所出具的化验单为凭证，派人到厂验收货色，并过磅成交。付银的方法是在桐油货物过磅时，即照付八点五成，等货数出齐后，洋行计其净油若干，依数计值，一律以洋例纹银结清。要是因为货色不符，洋行可拒绝收受，或少付货款。至于驳船费、力夫费及应纳关税等，均可包括货物费用内，由卖货的油行承担，洋行概不过问。此种交易方法，就是所谓"舱面交货"（英文称为 F.O.B.）的方式。"桐油运抵洋行后，再注入澄验池中，如法精制，收其净油，其一切杂质、渣底、油桶均归油行自行处理，洋行计其净油若干，一律以洋例纹结清。"①

因此，实际上汉口各油行销售于洋行及出口油商的是精制后的净油。而且，在洋行交易以前，须先将油样装进玻璃瓶，送往检验机关检验。油行将检验合格后的桐油向洋行销售。1929年11月6日工商部在汉口成立商品检验局，出口桐油均由商品检验局检验后方可运出。

集散市场的桐油，其来源十分广泛，如果没有一个统一的标准，非常容易造成鱼龙混杂的现象。桐油检验措施使输出桐油的质量方面发生了质的飞跃，使桐油的交易形成了一套标准化的程序，推动了桐油行业和桐油对外贸易的迅速发展。

华商在桐油的经营方面比起洋商而言向来力量弱小。1928年初，南京国民政府对武汉经济封锁解除，资金陆续回流，汉口工商业及对外贸易相继复苏，加上关税逐步实现自主，厘卡制度废除，在一定程度上减轻了民族工商业发展的压力，为华商对桐油业的经营，创造了较为有利的条件。

战前汉口经营桐油业的华商，人数达数万人，按其业务性质，可分油号、油行、字号、出口行、洪秀油行、坐庄、油脚行等。按其业务种类分别叙述于下。

---

① 即明：《汉口之桐油》，载《银行杂志》1924年第1卷第17号，第4页。

1. 油号

油号是由产区收买桐油卖与油行的机构,亦称进口贩运商,是上一级市场油号驻汉口的客帮,其总处即为当地油行。桐油自产地榨制装桶后,即由小油贩或小油行前往收买集中,再转卖于油号。①

油贩与小油行的交易手续,先看货品,而后论价。如合意者,双方订立买卖凭单。以曹法秤百斤为一担(16 两)。桶油过秤时须除去桶量计数,每个桶由油号贴还桶价四角。篓装者,则篓包 7 斤,计入油内。篓重过七斤者,则须按斤照除。小油行购进毛货,须经炼净手续及负落浑落脚之损失。故向油贩扣佣千分之五(每千两取佣金五两)。②

油号一方面在产地设立总号收买,另一方面在汉口设立分号,以调查汉口桐油行市,传递消息,并接受总号运到的桐油,就近转卖于汉口油行。驻汉油号,时有增减,据 1934 年调查,除时作时歇者外,有 50 余家,堪称正式油号。其余大都时有时无,并不固定。而且,根据总号的所在地分为不同的帮别,见表 4-26。

表 4-26   1932 年汉口市场油号一览

帮别	号别	经理	住址
常德帮	集丰恒	陈衡齐	方正里
	丰记	张卓武	永兴里
	逢发祥	郭勉增	懋成里
	广义隆	郑子本	段家巷
	王源记	王筱源	升小街
	厚余	程秉祁	匹头工会
	黄祥兴	黄道安	小夹街
	谌裕泰	谌华堂	大王庙正街
津市帮	同升公	余子岑	昭武书院
	端记	徐若龙	昭武书院
	同春生	涂子白	小夹街
	舒润记	舒润泉	恒庆里

① 杨乔:《民国时期长江流域的桐油贸易》,载《怀化学院学报》2016 年第 6 期。
② 佚名:《汉口桐油之调查》,载《工商半月刊》1929 年第 1 卷第 14 期。

续表

帮别	号别	经理	住址
川帮	新余裕	李济良	太平会馆巷内
	庆孚	李新如	猪巷惠和里
	福记	周筱峰	永庆里
兴安帮	福胜兴	李仲辉	尚德里
	永发诚	李子厚	吉星公内
	巨源长	田仙洲	吉星公内
	天锡公	王禹高	吉星公内
	天厚生	马泉山	尚德里
	聚顺生	杨长青	尚德里
	义长福	黄子岗	尚德里
	松林老	李仰公	尚德里
白河帮	同顺发	毛鼎卿	庆来里
	谭义兴	谭次锡	沈家庙
	德泰元	胡晓初	德益公内
	天泰正	胡芝屏	德益公内
	益兴久	刘觉生	同安里内
	怡昌庆	周少卿	
	晋丰恒	王醉香	
	同心源	王汉卿	
郧阳帮	益盛兴	杨协候	庆和里内
	大吉祥	王润生	源和盛内
	王福记		黄陂街
河口帮	夏兴祥	徐宏文	中分里内
	李兴发	李云庵	鲍家巷口
	春和祥	姜子章	沈家庙
	德盛生	钟保峰	延安里
河南怀庆	夏盛福		戏子街
襄桐黄帮	积善庆	庆安里	
	怡隆水	张隶三	升平街
	益昌和	庆安里	
	恒升明		升平街
	同口顺	鲍殿臣	回龙寺

资料来源：上海商业储蓄银行调查部编《汉口的桐油与桐油业》，上海商业储蓄银行1932年版，第148页。

从表4-26来看，油号帮别，有常德帮、津市帮、川帮、襄桐帮等之分。襄桐帮又可分为兴安帮、白河帮、郧阳帮、河口帮及襄桐黄帮、河南怀庆等。常德帮有集丰恒等8家；津市帮有同升公等4家；襄桐黄帮有积善庆等5家；郧阳帮有益盛兴等3家；河口帮有复兴祥等4家；兴安帮有福胜兴等8家。各帮之中，以湖南的常德帮、津市帮两帮最占势力，老河口次之。这是和汉口的桐油多来自湖南有关。

油号组织有合资、独资两种，普遍设有经理（即号客）、管账、跑街过秤、管行等。至于油号资本，各家资本大小不一，最大的亦有十余万元或20万元，也有数千元的，独资合资均有。[1] 其资本额是总号和各处分号的汇总，根据其收购数量和规模差别很大。至于利润，则纯视行市为定。有时油号有代号卖油者，其佣金亦为其利润。油号除利用资本外，大都与钱庄往来。"其往来的办法，大都是向钱庄透支。至于与银行往来者极少。"[2]

油号在汉口是客号，一方面接收总处油行运来的桐油，卖给油行，有的油号也代客家卖油，又称代庄，"其佣金大多1%，或按照件数提取佣金"[3]。油号的另一个职责是充当信息中心，随时调查本地行情，将收集到的信息传达给总号。本地油号虽有时于行市看好的时候电催或信催总处油行收买桐油，但是最后买油权仍由总号决定。

总号的桐油是由各贩户收进，或由当地油行买进。大都先银后油，即先付款后交油，至于各地收买桐油时用何种货币和何种油秤，则因产区而别。有用洋元的，也有用银两的，至于油秤亦大小不一。

油号所收的桐油大半卖给油行，是未加澄清的桐油。油号售予油行，向例点头成交，没有契约，多由银油对交，即一方面交银，一方面交货，白日提油，晚间付银，亦有先交油一二日后付款的。其卖出行

---

[1] 实业部国际贸易局编：《桐油》，商务印书馆1941年版，第100页。
[2] 上海商业储蓄银行调查部编：《汉口之桐油与桐油业》，上海商业储蓄银行信托部1932年版，第91页。
[3] 上海商业储蓄银行调查部编：《汉口之桐油与桐油业》，上海商业储蓄银行信托部1932年版，第81页。

市，俗称落盘是此地此时的价格，所有出口洋商各项捐税及杂缴等均不在内。如购期货，则双方必须交换订单。订单上注明桐油种类、件数、价格、交货日期、付银日期，若当时付银若干，亦须注明。期货时间为半个月，或者两三个月，期限的长短，由油行与油号定夺。1926年以前，期货盛行。自此以后，期货较少，大都是现货。

油号卖油的运费、杂缴及人工等加于价内。但有时亦不尽然，如此地行市涨，可加价；行市跌，亦只得低价出售，甚至有低于成本价出售的情况。至于油行大都晚间往油号赶场，探询行情。油号对于油行则于次日上午12时回赶油行之场，打听油行情形。

2. 油行

油行是买进卖出的居间商人，即中间商。油行从油号购进桐油再售予出口行。其利益是赚行市性质，类似投机。汉口油行亦有在产地设庄收买桐油的情况，此种油行，不再与油号交易，其利益亦在赚行市。汉口油行属于专营者较少，兼营者较多，兼营者亦名香油行。

由油号购进未加澄清的桐油卖予出口行、各埠字号及当地油行。油行资本的大小不一，多则五六亿，少亦三四亿，合资独资均有，以合资为较多。1931年大水灾以前，汉口有20余家油行，后因生意吃亏收歇数家，如源昌、洪昌、德茂、春茂德等。油行也可因其业务性质而分类，即专营桐油的，如春源、亦昌、其昌、中央、晋昌、慎昌等。及兼营桐油的，如绍大、泰顺、永元、巨昌等。汉口油行也有在产地设庄直接收购的。汉口油行每年营业额，动辄达其资本额的50倍左右，所以资金的周转全靠金融调剂。"1929年汉口专营的桐油行，共9家，即春源油行、德茂油行、慎昌油行、其昌油行、亦昌油行、晋昌油行、元昌油行、祥昌油行、洪昌油行。"①

汉口专门经营桐油的油行，数目甚多，派别亦极纷繁，分专营和兼营两种，见表4-27所示。

---

① 佚名：《汉口桐油之调查》，载《工商半月刊》1929年1卷14期。

表 4-27　　　　　　　　1935 年汉口市场油行一览

类形	行名	经理	住址
专营桐油者	春源	沈俊卿	坤元里
	其昌	朱有孚	方正里
	亦昌	郭孝先	方正里
	慎昌	胡南垓	方正里
	晋昌	叶教庵	方正里
	中央	徐筱山	纸马巷
兼营桐油者俗称香油行	永元	周晔堂	袜子街口
	巨昌	陈华卿	流通巷
	绍大	余常卿	打口巷河街
	泰顺	夏汉卿	打口巷河街
	大顺	王心齐	打口巷河街
	乾泰	徐立齐	打口巷河街
	大昌	田萱庭	小夹街
	祥茂	李子卿	流通巷正街
	正昌	孟定帮	流通巷正街

资料来源：上海商业储蓄银行编：《桐油》，上海商业储蓄银行 1936 年版。

由表 4-27 可知，1935 年时汉口共有专营行 6 家，即春源油行、其昌油行、亦昌油行、慎昌油行、晋昌油行（张美之巷方正里）、中央油行。兼营桐油的油行比专营桐油的油行数量要多，共计永元等 9 家。

油行普通有管事一人、经手二三人（即跑街）、管账一二人、管钱一人。另外还设有堆栈、过秤、管行数人，正、副管栈各一人。油行资本合资独资均有，可大可小。正式油行资本，至少需要三四万元。在 1926 年前油行规模良莠不齐，每家的固定资金少则三四千元，多则四五万元。自 1926 年后，小资本油行大都淘汰，"1940 年专营桐油的油行，仅有 6 家，资金在 4 万元左右的占多数。油行的资本普遍要大于油号，但仍须银钱业的经济援助，方可开设。其营业状况远在油号之上，所以其每年营业额达 200 万元亦不为奇，故行中经理对外对内，倍觉重要"①。油行买油，一方面可由油号买进，另一方面仍可在产区设庄收买。不过购期货时，须双方交换订单，油行的利润，亦以桐油行市为转移。如出口行需要多，则价可稍高，否则减低。

有的油行在产区（桐油集散地）设庄收买桐油。有的是临时性的，即视行情上涨时派员前往收买。在 1926 年以前，由于桐油贸易繁盛，汉口的油行多在产地设油庄直接收购。1926 年后，内地战乱不断，桐油利薄，各油行多停止设庄收买。1934 年在产区设有庄的，仅春源、其昌、亦昌三家。春源、其昌两油行的油庄设在常德。亦昌则设在老河口。至于其收买桐油的情形，则与油号在产地收买桐油的情形相同。油号是产区收买桐油的主要收购商，油行则是上级市场的经销商，从油号购进桐油，向出口行和各埠字号卖出桐油。"当然亦有自在产区设庄收买不经过油号的汉口油行，1931 年水灾以前，原有十余家，后以营业清淡，亏折不赀，已停业数家。1932 年所存在者，仅有慎昌、亦昌、晋昌、春源、中央、其昌、绍大、祥源等数家，其中专营桐油业者，又不过六家而已。"②

油行的销售对象有出口行，也有供应来自国内各埠的买主。油行与出口商等行商的交易比较正规，有一定的契约约定，无论远期即期，均须随时双方交换订单，注明桐油吨数价格、交情期限、付款方法和产地检验标准等内容。其运费、检验费等费用由卖主自理。

油行还是信息中心，即预测未来市价的涨落，决定其业务方针。如见其上涨，则立即购进大批期货或现货；反之，则立即抛出。他日油价的涨跌，真如所料则获利，否则亏本。出口行大都于每日早 9 时至各油行探问行情。油行则于下午 3 时回赶各出口行之场。如出口行根据油行的行市与国外汇信托购的行市合成银价相等，则当时可讲盘

---

① 实业部国际贸易局编：《桐油》，商务印书馆 1940 年版，第 103 页。
② 实业部国际贸易局编：《武汉之工商业》，实业部国际贸易局 1932 年版，第 114—115 页。

子，生意即可成交。

油行卖给出口行的油是净油，即除去油脚的油。故由油号买进毛盘，要精制为净油卖给出口行。油行将各地客商汇集汉口的桐油，炼成净油，而后转销洋商，所以油行从某个角度来看还是加工商。即油行购进毛货，先取少许桐油到洋行寻求买主，买主认可后，根据货色双方订立买卖凭单，然后就是净炼和重新包装，各种佣金和费用多由卖方承担。有的规模较小的油行，由于资金少，没有储存能力，并不直接卖予洋行，而是转卖给较大的油行，从中赚取佣金。

油行卖给出口行的油，普通虽可加入各项费用，但有时行市不好，作价不能不稍低，或则亏本求售，或则暗中吃亏。如遇行市（即美国的行市）上涨，亦有大获其利的情况。所以油行卖予出口行的油，其价格虽为油行所定，但是从根本上是视市面情形为转移。

油行的油，除如前述，大部分卖予出口行运销国外。汉口的油行也负责国内的桐油销售，即将一部分桐油卖给外埠字号或经营当地消费的油行。运销国内各埠，因运销地点而异。如运销镇江、芜湖、天津等处。无论卖予何地字号，其卖法均为 F. O. B.（即各项税包括在总费用之内，并将货物负责运上船）。如运销上海，大部分由沪上三大油号——恒盛、恒美、恒源——承购。或现货，或期货，均由各该行出具上海迟期归元汇票交给本地油行，或卖给本地钱庄，交付现款。

3. 字号

字号即镇江、芜湖、天津等地油行在汉口所设之号，专收买桐油。字号均为外地商号在汉口负责购运桐油到各埠的坐商，有专营桐油的，有兼营其他植物油等其他业务的。资本来自外地，有合资者，有独资者。"各帮之中，当推汾帮（即天津帮之一部）中的升大、东如升。这两号成立历史十分悠久，资金最为雄厚，各有资本 10 万两。"[①]

---

① 实业部国际贸易局编：《桐油》，商务印书馆 1941 年版，第 107 页。

表 4-28　　　　　　　　　1932 年汉口桐油字号一览

帮号	号名	经理	住址
镇江帮	万隆	王远平	方玉里
	袁复记	袁复堂	裕德里
	义通	王香谷	坤元里
	福兴	张伯杰	辑西里
	德记	刘季安	半边街
	聚兴隆	管远平	里仁美巷
		合记	江苏会馆
芜湖帮	同发		小夹街
	长有		小夹街
	信诚	胡伯英	流通巷
	汪石记	汪履平	春龙街
天津帮	隆昌	李兴隆	回龙寺
	华昌	赵仲山	里仁美巷
	万有		
	源顺祥	王云章	鲍家巷
汾帮	东如升	宋益勤	黄陂街
	如升大	宋御臣	黄陂街
车路	广合源	新乡驻汉字号	
	二合公	道口驻汉字号	
	维彰	顺德驻汉字号	
	公益昌	顺德驻汉字号	
	祥泰珍	石家庄驻汉字号	
	大庆德	保定驻汉字号	

注：根据上海商业储蓄银行调查部编《汉口之桐油与桐油业》，上海商业储蓄银行信托部 1932 年版，第 159 页，车路六家住址常有变动，号客常有更换。

资料来源：实业部国际贸易局编《桐油》，商务印书馆 1941 年版，第 107 页。

由表 4-28 可知，1932 年汉口桐油字号中分为镇江帮、芜湖帮、天津帮、汾帮四帮。此外，还有车路六家，为石家庄、顺德、新乡、道口①、保定的驻汉字号。字号资本,仍以总号资本为转移。本地字号,大都与钱庄往来。至运输方面,尤赖其负责处理。而于本地油行油市,更需熟悉。洋庄坐庄,是国籍上的区别。实则与字号无异。只是洋庄和外商银行之间的关系比字号更为紧密一些。

  4. 桐油出口行

  出口行,即以经营桐油出口贸易为主要业务,可分为专营和兼营桐油出口两种。按照国籍区分,出口行多是洋商,也有少部分华商。聚兴诚、义瑞、得庸为本国籍,福中公司,则为中英合股。出口行组织,如属华行,则有一经理、管账、报关、跑街。经理总理一行重要事务,管账职务至为繁杂,跑街则向油行及市面探听桐油行市。战前华商桐油出口行营业与规模最大的是聚兴诚国外贸易部,业务以运销国外为主,桐油除销往美国外,兼办销往欧洲及销往澳洲。

  出口行的主要业务就是经营桐油出口贸易。各出口行的桐油,以运往美国的数量最多,只有怡和、福来德、永兴、美最时等数家专门办理运销欧洲桐油业务。聚兴诚国外贸易部,除运销美国外,兼营运销欧洲业务。三菱洋行则除销美外兼销日本。出口行业务最大的是施美出口行,其每年出口桐油数量占汉口市场总量的三分之一,该行每日与纽约交换行情,估定当天市价,各桐油行均以施美挂牌价作为交易标准。②

  洋商在当时的万县、汉口、上海经营桐油业者众多,在桐油业中的实力远远超过华商。桐油行业华商和洋商的各自经营和竞争同样促进了桐油行业的发展。近代以来,传统桐油业发生了巨大改变,桐油的用途大大增加,桐油的品质得到明显改善。

  1864 年,桐油贸易首次出现在汉口海关贸易报告中,可以说从开埠开始,桐油贸易就是汉口对外贸易的组成部分,只是当时桐油贸易占的比例比较小。1875 年法国人科鲁兹发现了作为工业油漆的原料的桐

---

① 道口指河南省滑县道口镇。
② 严匡国编著:《桐油》,正中书局 1944 年版,第 102 页。

油有着强烈的干燥性,完全可以替代亚麻仁油的应用功能,并且比亚麻仁油价格低。此后中国桐油作为一种新型的工业原料出口。随着研究人员发现的桐油用途越来越广,中国桐油贸易也逐渐兴起。洋商在汉口所投资经营的近代工厂中,最早开办的是一批以出口为主要目标的农产品加工工厂。"1900 年以前,仅有砖茶、蛋粉、炼金和制冰 4 种,以后增加了豆油、纸烟、发电、冷冻、炼锑和玻璃 6 种。1911 年,总计包括制茶、肉禽蛋加工、冷藏、精炼桐油、榨油、面粉、皮革、棉麻打包在内的加工工业,占全部外资工厂的 83%,其他工业仅占 17%。最早的榨油厂是 1905 年 9 月日信洋行在汉阳开办的第一油厂,创办资金 53 万元,安装有压榨机 50 台。1906 年 5 月,日信洋行在汉口日租界开办了第二油厂,有榨油机 100 台。"① 由于当时桐油不是主要出口商品,所以外商的油行和榨油厂发展十分缓慢。

随着桐油业对外贸易的激增,外商在汉口经营的出口油行数量也增多了,这些出口油行的经营很大程度地推动了桐油出口贸易的发展。汉口桐油市场的外国商人享有不平等条约的优惠条件和领事裁判权的庇护,形成桐油贸易方面先天的优势。

早期桐油出口行以洋商为主,有英、美、德、法、日等国参与其中,经营桐油贸易的出口行中有美国的生利、其来;英国的安利英、绍和、怡和、宝隆、老沙逊,德国的嘉利、嘉柏、美最时、礼和、福来德、美记、天成;日本的三井、三菱、永兴。"出口行分为专营与兼营两种,专营桐油出口业有美国的生利、中英合资的福中,兼营桐油出口业有英国的安利英行、绍和、老沙逊、德国的礼和、嘉利、天成、美最时等洋行。"②

1927 年以前出口行多是从汉口的油行买进桐油,但 1927 年以后出口行大部分桐油是自行在桐油集散地设分行购买的,见表 4-29。出口行分行在各集散市场所收买的桐油,大都是 C.I.F 方式(即货物成本、保险及运费,各项杂缴均包括在内的付款方式)。"出口行之间,有彼

---

① 《海关贸易十年报告》,1902—1911 年,汉口,第 358 页。
② 佚名:《武汉桐油与纱厂之现状》,载《中国经济评论》1929 年第 1 卷第 4 期。

此兜售的，也有卖给油行的，如义瑞、生利两家，要视当时行市为定。因此又有一经纪人，即彭松洋行，每日将各处洋行买进卖出及行市向各出口行报告。彼于买卖之间，取得相当佣金。"①

表4-29　　　　　1929年汉口市场桐油出口行一览

国别	出口行名
中国	义瑞
中国	聚兴诚
中国	德庸
中英合资	福中
美国	生利
英国	安利英
英国	绍和
英国	宝隆
英国	老河逊
英国	怡和
德国	嘉利
德国	嘉柏
德国	美最时
德国	礼和
德国	福来德
德国	美记
日本	三井
日本	三菱
法国	永兴

资料来源：佚名《武汉桐油与纱厂之现状》，载《中国经济评论》1929年第1卷第4期。

1931年汉口除上述洋商所经营的出口行，另外还有华商的义瑞、

---

①　上海商业储蓄银行调查部编：《汉口之桐油与桐油业》，上海商业储蓄银行信托部1932年版，第88页。

聚兴诚、得庸，还有中英合资的福中是专业的出口行，它们的一部分业务是代办桐油出口。从表4-30所载的桐油外商情况来看，汉口市场一共有17家在经营桐油出口业务。从这一点也可看出桐油行业对外商的依赖程度很深。

表4-30　　　　　1931年汉口市场桐油外商一览

出口行名	国籍	经理或买办
生利	美国	vongher
安利英	英国	Peacock
绍和	英国	Boteho
福中	中英合办	徐文毅
嘉利	德国	O. Klein
其来	美国	R. V. Leahy
三井	日本	Kato
三菱	日本	Fukushima
嘉柏	德国	F. Buttner
老沙逊	英国	A. V. rose
宝隆	英国	A. Bosselman
美最时	德国	O. Trefurt
礼和	德国	G. Tolle. J. S.
天成	德国	J. H. W. Lotz
福来德	德国	F. W. Titus
美记	德国	E. Bunge
怡和	英国	W. S. Dupree

注：其来改为专营汽车业，天成洋行1932年已歇业。

资料来源：上海商业储蓄银行调查部编《汉口之桐油与桐油业》，上海商业储蓄银行信托部1932年版，第42页。

由表4-31可知，上述汉口桐油出口行的主要运销地点是美国和欧洲。其中聚兴诚、义瑞、生利、三井、三菱几家主要经营对美运销业务，其余各家均经营运销欧洲的桐油业务。

表 4-31　1928—1931 年汉口市场桐油出口各行出口欧美桐油数量统计

单位：公担

出口行名	1928 年 美国	1929 年 美国	1929 年 欧洲地区	1930 年 美国	1930 年 欧洲地区	1931 年 美国	1931 年 欧洲地区
义瑞	216601	311468	189	338.565	0	146805	1428
聚兴诚	165590	223800	28409	198090	15523	118260	2436
生利	140988	107700	507	102735	1081	99330	672
安利英	21714	22905	26461	56430	19800	51180	48059
绍和	0	0	0	0	0	51180	48059
福中	34826	55900	1514	60510	0	56960	0
嘉利	9000	4500	24236	10695	47900	22680	31768
其来	0	42615	0	50025	0	5040	0
三菱	8356	0	0	30435	172	4560	0
三井	40480	4200	2001	7800	1008	4350	758
其乐	0	0	0	0	3000	0	0
沙逊	2632	0	13703	0	15670	0	15859
宝隆	0	0	0	0	0	0	5213
美最时	0	0	590	0	2105	0	4298
礼和	0	0	2796	0	6110	0	3409
天成	0	0	0	0	3591	0	3271
美记	2879	0	1554	0	569	0	498
永兴	0	0	0	0	0	0	106
怡和	0	0	14115	0	84096	0	26633
得庸	0	0	0	0	1683	0	1428
正广和	10008	4500	0	0	0	0	0
日华	4956	0	0	0	0	0	0
老其来	152325	0	84	0	0	0	0
业施	0	0	2459	0	0	0	0

续表

出口行名	1928年 美国	1929年 美国	1929年 欧洲地区	1930年 美国	1930年 欧洲地区	1931年 美国	1931年 欧洲地区
宝林	0	0	740	0	0	0	0
天祥	0	0	189	0	0	0	0
立兴	0	0	844	0	0	0	0
中央	0	0	338	0	418	0	0
文菊记	0	0	168	0	0	0	0
Mow	0	0	83	0	0	0	0
合计	810335	777588	132908	858285	169906	536310	180858

注：各行出口欧美桐油包括四川、湖南购买直接出口的桐油，这一部分因已受检验无须由本地商品检验局再行检验，各年出口数量还未包括运往日本及澳洲等处的桐油。

资料来源：上海商业储蓄银行调查部编《汉口之桐油与桐油业》，上海商业储蓄银行信托部1932年版，第88—89页。

5. 洪秀油行

桐油可分为有色与无色两种。以上所述油商，皆主营无色桐油。有色桐油一项包括四川的秀油和湖南的洪油两种。有色桐油集中汉口后另有专门的洪秀油行来经营。"1934年汉口经营有色桐油的油行，仅有五家，以常德帮居多。"① "一为祥泰源，在小夹街；二为元春祥，在富春里；三为谌裕泰，在大王庙正街；四为朱幼记，在方正里；五为吉泰福，在小夹街。有货到汉，或油行需货，彼此互相接洽。"②

汉口的专业洪秀油行不多的原因是有色桐油并不以汉口为集中地点，而是以镇江为主要集中地，仅由水道运往汉口转口而已。因此，1936年，"财政部令江汉关监督，洪秀油多系零星贩运销内地，并不输出外洋，应免检验，惟凭汉口商品检验局所发洪秀油证明书放行"③。

有色桐油的销售地点主要有芜湖、南京、镇江、上海及黄河流域各

---

① 李昌隆编著：《中国桐油贸易概论》，商务印书馆1935年版，第115页。
② 章乃焕：《世界桐油业概况》（续），载《中国新农业》1937年第1卷第3期。
③ 佚名：《洪秀油准免检放行》，载《新闻报》1934年8月19日第2版。

地，是长江、黄河流域帆船的必需品，航行在黄河的船，每隔几日即须油漆有色桐油一次，以避免附着物粘贴船身，所以有色桐油销路亦甚大。"洪秀油行销各国作为油船、制伞、油纸和制涂料等之用，其中以消耗于黄河、长江及珠江一带之船只为大宗，因行船通常少则一年油漆两次，多则每月一次，而尤以黄河中船只涂漆特多。他如湖南、浙江之纸伞、油纸，消耗也颇不少。"① 应指出的是，30 年代由于轮船运输业的发展，帆船逐渐减少，有色桐油的销路亦随之有逐渐下降的趋势。

民国时期，国内市场的油漆行业发展迅速，而油漆行业以桐油为主要原料进行生产加工，每年油漆行业消耗的桐油数量颇多。"上海市因桐油价格高涨，而漆以桐油为原料，故桐油之涨价势必影响漆价。漆商为不愿涨价起见，希望上海社会局对桐油价格加以管制，社会局请漆商提供管制办法，定日内召集桐油业谈话，商定管制办法。"②

6. 坐庄

坐庄是外国商行在汉口设立的庄，收买桐油出口的坐庄有两家。一是其乐，总行设在美国纽约巴弗罗市，并不直接收购桐油，而是委托聚兴诚国外贸易部代购。一是施美，是美国克利夫兰市施美的驻汉代办庄，专门收购桐油输往美国。

外商在汉口所设的坐庄，是委托中国油商代收桐油运出口业务，1936 年外商设在汉口的坐庄仅两家，即其乐行和施美行。其乐行总行在美国纽约巴弗兰市，并非直接收买桐油而是委托聚兴诚收买；美国的施美行的代办庄，专收桐油输美，同样采取委托方式，委托义瑞行收进桐油。生和行，其组织较大，则可称为出口行。

7. 油脚行

油脚行是专门收购经销沉淀于桶底或篓底的油脚的行业，汉口精炼后的油脚皆出售予油脚行。油脚行将此制成色油及榨油两种销给内地船户，作油漆船身之用。再余下的油渣，则作为肥料售予农民。"战前汉

---

① 章乃焕：《世界桐油业概况》（续），《中国新农业》1937 年第 1 卷第 3 期。
② 琪：《水涨船高桐油涨价影响漆业，社会局召集漆业商管制办法》，载《大众夜报》1946 年 11 月 23 日第 4 版。

口经营油脚的计有十余家，集中于汉阳老街。有徐样顺、冯兴和、李胜昌、刘福顺、赵万顺等，营业较大。其在油脚中提出的精油，则仍售于洋商或国内，销于洋商的为上等货，均囤积于油柜内以待出售。销于国内各埠的为次等货，装木桶或竹篓内，其桶装的曰桶白。其篓装者有东方及本支之别。"① 汉口内销货多销于芜湖、南京、镇江、上海及黄河流域各地。

其他桐油集散市场，如湖北省的老河口、沙市，湖南省的常德、洪江等地均有经营油脚行的华商，其制作方法和销售对象，大致和汉口油脚行相仿。

三 桐油的出口市场

上海是全国桐油贸易的最大集散市场，是桐油的出口市场。从全国各地汇集的桐油集中到上海，办理出口业务，运销海外市场。上海长江各埠出口货物必经之地，无论在汉口成交运输的桐油，或是洋商在内地产区直接购买的桐油，均在上海转装海轮运出海外。上海出口的桐油原本不多，但是在1923年开始逐渐增加，并慢慢取代了汉口桐油市场的地位。

上海有着优越的地理位置，是长江的出海口。而且上海商业发达，金融业集中，洋行林立，上海桐油市场的繁荣居全国首位。

上海桐油的来源共分四种：一种是汉口的白油；二是镇江的洪油；三是浙江的浙桐；四是徽州的徽桐。上述白油、浙桐、徽桐都销售国外，只有洪油供应国内市场。

表4-32所载的数量仅仅是由上海报关转运输出的数字，在上海转运出口的桐油统计则在年100万担左右。在上海市场每年报关出口的桐油，在中国桐油对外贸易方面极为重要。原本在汉口集中的桐油源源不断地直接运往上海集中。1923年以后，上海桐油市场桐油数量涨幅明显。

---

① 严匡国编著：《桐油》，正中书局1944年版，第105页。

表 4-32　　　　　1913—1932 年上海出口桐油统计　　　　　单位：担，两

年份	数量	价值
1913	55	472
1914	548	4652
1915	14	112
1916	69	721
1917	74	559
1918	123	1561
1919	18	237
1920	29	290
1921	158	2133
1922	134	2078
1923	1630	32600
1924	3427	47184
1925	265	4260
1926	8309	189152
1927	13665	321128
1928	29430	647460
1929	25305	569363
1930	26081	521620
1931	28533	741858
1932	316076	6054356

资料来源：杨德惠《中国桐油业现状及其前途》（下），载《商业月刊》1935 年第 15 卷第 10 号。

1934 年至 1936 年，上海的桐油出口额，常占我国桐油出口总额的 80% 以上，见表 4-33。

上海市场桐油出口量在 1936 年达到 78 万公担，占全国桐油总出口数量的 90.22%，见表 4-33。

表 4-33　　　1934—1936 年上海全年出口桐油数值　　　　单位：公担，%，圆*

年份	类别	数量	数据比	价值	价值比
1934	全国出口	652836	100	26216683	100
	上海出口	532451	81.56	21353823	81.44
1935	上海出口	625715	84.68	35895726	86.32
	上海出口	625715	84.68	35895726	86.32
1936	全国出口	867383	100	73378654	100
	上海出口	782617	90.22	67796907	92.39

注：圆*指法币。

资料来源：沈衍《八一三事变后我国桐油输出概况》，载《税则委员会季刊》1939 年第 1 期。

在上海市场从事桐油业务的商号有桐油经营行，负责接洽各地运来上海的桐油事宜。还有专营出口业务的桐油出口行。

1. 上海桐油经营行

上海桐油业颇具悠久历史。清道光年间，莘庄胡氏即于南市外郎家桥创办胡悦来桐油号，可称本埠桐油业的鼻祖。而后该号几经改组易名，但胡悦来桐油仍脍炙人口。胡悦来旧址且改称悦来街。上海桐油业，按其帮派系统而言，可分为无锡帮、宁波帮两种，无锡帮势力大于宁波帮。沈元来、勇成元及恒祥三号其发展虽较宁帮为迟，但营业额之巨，则可执同业之牛耳。但就一般而言，该业因平时经营稳健，各行尚称安定。本埠经营是业者，除沈元来、勇成元为沈氏独资经营，南源来、北源来为胡氏独资经营，恒祥锦为徐氏独资经营外，其余均为合伙经营，资本自 1 万元至 5 万元不等。南源来号开设于 1876 年，专营内地交易。恒盛号亦设于 1895 年，为宁帮之中坚。元裕成号开设于 1908 年。①

1923 年，卢氏创办东方油公司，经营洋庄交易，开始采办浙江桐

---

① 中国征信所编：《国内外贸易消息：上海之桐油业》，载《国际贸易导报》1936 年第 8 卷第 3 期。

油，当以运输便捷，利润优厚，同业相继效尤，于是汉桐在沪之销路，竟被浙桐侵夺，上海之桐油业渐已能离汉口而独立。①

从表 4-34 可以看出，随着桐油业的繁荣，1935 年，在上海的桐油行有 19 家之多，经营基本上属于盈利状态，这是因为 30 年代是桐油贸易最为兴盛的年代。

表 4-34 　　　　　　1936 年上海经营桐油行一览　　　　　　单位：元

店名	地址	1935 年盈余状况
沈元来	东马路 221 号	盈 50000
勇成元	东马路 192 号	盈 15000
亦来仁	洪升码头	盈 20000
南源来	高豫街	未详
北源来	悦来街	未详
恒盛	洞庭山街	未详
恒祥锦	老白渡	盈 120000
恒美承	东马路同盛里	盈 3000
同盛	永盛码头	平
元裕成	东马路 246 号	平
德和	竹行码头	盈 3000
大隆盈	东码头 302 号	盈 3000
恒丰	东码头新码路	平
谦盛	南市棉阳里	未详
源大	东马路恒兴里	盈 1000
德大	东马路恒兴里	平
何元升	董家渡里街 864 号	盈 1000
源盛	东马路棉阳里	平
同春裕	公义码头	平

资料来源：中国征信所编《国内外贸易消息：上海之桐油业》，载《国际贸易导报》1936 年第 8 卷第 3 期。

---

① 中国征信所编：《国内外贸易消息：上海之桐油业》，载《国际贸易导报》1936 年第 8 卷第 3 期。

上海市桐油苎麻经营贩卖业务已有数十年至百年的历史。抗战前可以详查的约有22户，小户少，大户多。其中势均力敌的商户占50%，即使小户也有适应其业务的一定资金。开设地点，集中于南市十六铺沿江一带，有恒美、恒盛、恒来承、元裕、公和、益盛、恒祥、正丰源、亦来仁、协盛承、同盛、北源来、南源来、恒和、涌成、元来、元裕、承记、源聚等。便利做生意，因船帮是本业主要的雇主。抗战后迁至黄浦区和苏州河沿岸，再逐渐分布至近郊区，如恒隆、同吉、同义公等。① 贩卖的商品，以桐油苎麻为主，大的商户业务大多是国际贸易，销至欧美市场。

此外，上海还有专门经营内销桐油之行家，凡16家，分为三帮：（1）华北帮：凡烟台、青岛、天津、营口所销之油均属之。（2）内地帮：凡苏州、杭州、无锡、常州，及太湖区域等地所销之桐油均属之。（3）崇沙帮：凡崇明、川沙各地所销之桐油均属之。每一油号，开始经营桐油贸易时，即选择一帮帮主，以推销其购入桐油。②

值得指出的是，国内销售的桐油数量远远比不上远销国外的桐油数量。1936年1月至10月上海商品检验局发布的由上海内销输出桐油数量可以明显看出来，见表4—35。

表4—35　　1936年1—10月上海内销桐油输出数量埠别统计　　单位：公担

埠别	输出数量
青岛	8117.65
烟台	1596.48
大连	308.70
营口	236.28
威海	176.99
汕头	249.12

---

① 佚名：《上海市桐油苎麻业经营历史情况》，1956年6月2日，上海档案馆藏，目录号：S227-3-1-5
② 章乃焕：《世界桐油业概况》（续），载《中国新农业》1937年第1卷第3期。

续表

天津	437.96
上海	2437.61
其他各埠	308.87
总计	13869.66

资料来源：章乃焕《世界桐油业概况》（续），载《中国新农业》1937年第1卷第3期。

上海市各油行，因为桐油为出口贸易的主要工商品，1935年开办了振业、东方油厂、正广、振记、益盛油号等数家机器榨油公司。在浙江各县就地收买桐籽，运到上海用机器榨油。

桐油出口贸易方面，我国桐油商人并没能与国外进口商直接交易的机会，桐油出口贸易必须依靠桐油出口行从中交易，一切输出贸易多由外商行号代为经营。外商从中操纵桐油价格，国人自无能为力。生产者与消费者不能接触的间接贸易实为商业发展一大阻碍。在桐油贸易中增加了交易环节，导致了桐油成本增加。

因为桐油出口贸易的兴盛，带动了上海本埠桐油行业的兴盛。

2. 上海桐油出口行

桐油出口行为经营桐油直接出口的行家。我国桐油出口商主要集中在上海和汉口。这种出口行家，一方面购进桐油，另一方面又输出桐油于海外。其买入方法或向本地油行购进，或由出口行自在桐油汇集地设立分行收买。大抵出口行大部分桐油均是由分行或坐庄自行收买。其收买习惯，例须先付定价一成或二成，大抵油行卖出桐油多为F.O.B,（即各项税包括在总费用之内，并将货物负责运上船），出口行家自在汇集地所收买之桐油则为C.I.F,（即货物成本、保险及运费，各项杂缴均包括在内的付款方式）。

由表4-36可知，1936年在上海桐油市场上开设的桐油出口行有34家，势力远远大于中国商人所开设的桐油经营行。这一点可以从上海市植物油输出业公会的成员构成得以反映。

表 4-36　　　　　　　1936 年上海外销桐油商号一览

行名	地址
岩井洋行	汉口路 13 号
立基洋行	四川路 22 号
嘉利洋行	四川路 294 号
礼和洋行	四川路 670 号
三井洋行	四川路 185 号
怡和洋行	外滩 27 号
三义洋行	外滩 12 号
怡泰洋行	外滩 28 号
丰裕洋行	外滩 18 号二楼
日本邮船会社	外滩五马路
老沙逊洋行	江西路 259 号
小林洋行	江西路 115 号
好时洋行	江西路 320 号
亨茂洋行	江西路 120 号
瀛华洋行	江西路 115 号
美最时洋行	九江路 19 号
业余贸易公司	九江路 210 号
安利洋行	南京路 1 号
合义洋行	南京路沙逊大厦 219 号
吉田洋行	泗泾路 24 号
福来德洋行	博物院路 66 号
永兴洋行	博物院路 95 号
坂本洋行	四川路 21 号
大阪洋行	广东路 20 号
文汇洋行	四川路 320 路
植口洋行	南浔路 36 号
大来洋行	五马路 51 号
与基公司	天津路 100 号

续表

行名	地址
李朝记	仁记路 81 号
协和行	天津路 195 弄 30 号
增幸洋行	福州路 3 号
国际运输会社	广东路 86 号
今村回漕店	闵行路 5 号
亚细亚商运公司	广东路 64 号

资料来源：李梦林《我国桐油出口手续》，《青岛工商季刊》1936 年第 4 卷第 1 期。

四　桐油各级市场的商人

我国的桐油贸易，传统时期是国内消费居多，直至 1876 年开始出口，桐油才有国外市场。民国初期桐油出口渐增，桐油国内贸易和国际贸易并举，桐油市场渐次扩大，在利益驱动和生存压力下，众多商人涉足桐油业。

桐油商人在桐油集散市场组织了同业公会。以浙江省杭州市为例，"杭州市的油行号，组有桐油业公会，办理该业公益事项，及逐日公义市价，以资一律。油行交易货物于货物售脱之后，所得货款，实收 97%，以 3% 作行用"①。

当时的万县桐油业者仅油铺、行栈、出口行有同业公会的组织。油铺的同业公会组织，开始于民国初年的"川东桐油业公会"，1929 年改组，更名为当时的万县桐油进口业同业公会。抗战爆发以后，又改名为"当时的万县进口油业公会"。1941 年维持营业的油铺，只有数十家左右，且多以经营香油、菜籽油为主，而桐油反居次要地位。行栈的同业组织，始于清光绪二十二年（1896）的大载帮，当时以经营米粮为主，桐油为副业。民国初年易名为过载帮。米粮、桐油并重。1927 年以后，以桐油业务日盛，改为桐油公栈替代。1930 年，当时的万县桐油出口

---

① 佚名：《贸易：商品贸易要闻：杭州桐油业贸易情形》，载《中行月刊》1935 年第 10 卷第 4 期。

商曾组织当时的万县桐油出口业同业公会,协商解决行业矛盾。抗战爆发后,自政府实施桐油统销后自行解体。①

"当时的万县为全川桐油总汇之地,每年出口之数在千万元以上,营业人数颇多。桐油公会为发展桐油营业起见,决定组织一桐油业银行,该会函知各市商会转知油帮选派代表赴当时的万县参加,待代表抵达当时的万县,即可正式成立。"②

除了同业公会,各类桐油商人还有商帮,如常德帮、宁波帮等。"渝市油帮,所有交易,向由经纪人自由兜揽。近营业税局,以营业税,不便稽考,特令该帮组织油业交易处合并统筹管理。闻该帮自奉令后,正登记油经纪,并酌定经济保证金额中,积极筹备交易处进行事宜云。"③

桐油商人热心于公益事业。"1905年,旌德人之旅居镇江者以桐油业为多,建一会馆于小码头附近。所收经费有赢无绌,经帮中首事者议以所余之款添设旅学一所。学生、教员均以同乡人充之,不收学费,但贴膳金,十月初开办。"④

民国时期由汉口出口运销国外的桐油数量惊人,汉口桐油贸易十分兴旺。有时人形容:"桐油商大发洋财,各业无与伦比,汉口公馆利如方正、申城、永康等里,桐油号写字间鳞次栉比。汉口仅有的繁荣维系于桐油业,今日之汉口桐油商,有如当年扬州盐商。挥金如土,阔绰无比。"⑤

民国时期活跃于桐油市场的商人可谓形形色色。在利益驱动和生存压力下,引发了桐油商之间的竞争,其中包括中外商人之间的竞争、外商之间的竞争、华商之间的竞争、汉口本地商人与外地商人之间的竞争、大商家与小商贩之间的竞争等,错综复杂,异常激烈。

---

① 严匡国编著:《桐油》,正中书局1944年版,第89—90页。
② 佚名:《当时的万县桐油商筹组桐油殖业银行》,载《四川月报》1937年第10卷第5期。
③ 佚名:《四川经济·产业·桐油业近讯 奉节桐油业整顿帮规》,载《四川经济月刊》1937年第7卷第5—6期。
④ 佚名:《拟设旌德旅学》,载《申报》1905年11月3日第9版。
⑤ 佛心:《汉口仅有的繁荣维系于桐油业》,载《社会日报》1936年5月4日第2版。

1924年6月，出现了川江船帮殴伤西商致其死亡的严重冲突。"安利英行当时的万县经理哈乌莱氏，于6月17日被川江船帮所殴伤，三日后以伤重气绝。据称驳船夫行凶时，哈氏正监视轮船装载桐油。其原因大约是驳船帮仇视轮船之结果。"①

桐油贸易红火，经营此业利润丰厚，各商号之间的竞争和摩擦不断。

从四川各县运送桐油来当时的万县的小贩，稀疏不定，而各商家，则见油抢货，时而发生争执，于是施美、中原两大公司，各皆多派职员，在河下抢收桐油。1934年6月，双方争执，由口角而发生剧烈冲突。"起因是这两公司，大相龃龉，均有两不相下之势，两公司各派河下职员，争买桐油，发生斗殴，虽当经同帮劝息，然而各不相让，中原施美各集二十余夫役，并各携带手枪十余支齐往河下，双方麇集，大有如临大敌、势将发射之状，幸此间市商会知悉，切恐互相闹出严重事端影响全市，前往河下负责调解，将此次风波平息。"②

由于桐油绝大部分是出口到国外，在华商与洋商之间的竞争表现得尤为显著。华洋商人之间的竞争主要体现在出口商这个层次，1935年汉口的桐油出口商共有23家，其中外商数量是华商的4倍多，桐油的输出量上华商所占比重很小。1936年上海的桐油出口商共有34家，全部由外商开设。

在民国早期，外商享有优惠条件，拥有先天的优势，但因为不熟悉产地的地理、文化等，大多数的洋行的活动范围仅限汉口，采取向华商订货或委派买办去产区采购桐油的方式，即在很大程度上必须依靠华商。因此，民国初期洋商和华商之间联系较为紧密，洋商和华商之间相互依赖。但是这种情形在20年代发生了变化。

20世纪二三十年代，国内政治局面复杂，北伐战争、迁都之争，1928年到1931年上半年相继发生的蒋桂战争、蒋冯战争、中原大战，

---

① 佚名：《川江船帮殴伤西商致毙讯》，载《申报》1924年6月20日第14版。
② 佚名：《桐油界消息：万县桐油价涨各商抢购》，载《四川农业》1934年第1卷第2期。

内战连年，造成市面上的混乱局面，以致购买桐油极为不便，于是洋行采取了亲自去桐油产地市场购买桐油的策略。在 1920 年以前，中国桐油之经营大都操于英美德法等外国人之手，在华设立洋行，从油商或买办手中收买桐油此等油商及买办大都自己设立行号并派由代理人常驻于产油区域就近办理收买转运等事。1923 年至 1925 年外国需要桐油之量大增，于是外人在长江上游纷纷自设分行就近直接收买桐油运至汉口提净然后出口。① "美国的义瑞、生利洋行率先赴重庆、当时的万县和湖南的常德等集散市场采购桐油"②，因为周转快，利润大，吸引外商趋之若鹜。为避免桐油的多次中转，减少装卸倒运量，洋行在桐油集散地还兴建了机器榨油厂。洋行进入内地市场直接收购和加工桐实，使原本掌控各级市场的华商感到莫大压力，这意味着利益的丧失。

加上受到 1929 年至 1933 年席卷全球的经济危机的影响及 1931 年长江大洪水所造成的严重破坏，农产品的交换和城乡贸易、轮船航运的货源受到直接影响，桐油贸易益趋萎缩。各类华商桐油营业额下降。1934 年世界经济形势好转，华商渐渐恢复了元气，也有新的出口行出现。但是洋行直接到集散市场收购桐油的情况并没有改变。

为了使自身经营的桐油业发展有良好的环境，商人必须关心政治，尽可能参与政治。在汉口和其他桐油重要集散市场，桐油商人不仅在同业间成立同业公会和油业团体，而且在各地成立的总商会和油业同业公会中占有重要位置。桐油贸易兴旺局面使得桐油商人的社会地位有所上升，随着桐油商人实力的壮大，他们的社会责任意识也有所增强。从 1931 年 2 月 22 日成立的汉口市商会委员名单组成来看，"汉口市商会共有会员 1245 名，选出执行委员 15 人，怡利油号经理贺衡夫占一席，并在 2 月 26 日复选中当选为汉口市商会主席"③。中国植物油料厂是抗战时期桐油行业最具影响力的企业。从 1942 年中国植物油料厂董监会组成情况来看，"商股董事有贺衡夫（汉口著名油商）、陶伏生（长沙

---

① 佚名：《中国桐油与美国工业关系》，载《实业公报》1933 年第 113、114 期合刊。
② 佚名：《工商调查·油业》，载《汉口商业月刊》1935 年第 2 卷第 7 期。
③ 佚名：《汉口市商会改选经过》，载《新汉口》1931 年第 2 卷第 9 期。

著名油商)、杨典章（重庆著名油商）、车穆声（汉口著名油商）等人，商股代表有陈湘如（常德著名油商）等人"①。从这一侧面也可反映出当时各地桐油业的兴旺。桐油商人通过各种途径尽最大可能维护自己的利益，为了维护行业利益团结一致采取统一的行动。②

在一些社会活动和政府征收税款等方面，桐油商人群体为维护自身的利益，纷纷发出自己的声音。

1929年4月6日，"汉口油业商会，暨湖北、湖南、四川、陕西、贵州五省油商代表，会呈蒋主席，请将抽收湖北出口桐油特税令撤销"③。"以四川而论，仅桐油一项，每遇一次交易须征营业税一次，而万市营桐油业者，均感负担过重。桐油出口业已具呈财政部、实业部及省政府请予豁免营业税"④。"川省桐油商以桐油营业，关系国际贸易，呈请财政部转咨四川省政府，免征该业之营业税，以利发展。财政部以所呈不无理由，已准予转请核办。"⑤"汉地桐油特税每50斤油税1元。虽经油商几度奏请取消，但无效果。汉口油商再次联合湖北、湖南、四川、陕西、贵州各省油商，再向国民政府做大规模请愿。"⑥"油业商会呈宋财长，要求取消桐油特税，经宋批准取消。"⑦

1931年5月28日，"自新出口税则公布后，桐油税率由四钱五分增至一两六钱，以致上海市及汉口、镇江、杭州等处业桐油者人心惶惶，均向财政当局电呈呼吁请求减轻税率，维护外国贸易。能否变更税则当局未有表示"⑧。

6月2日，上海油麻业同业公会发函至上海市商会请其致电南京国

---

① 《中国植物油料厂常务董事会、股东会、董监联席会会议记录》，中国植物油料厂档案：上海档案馆藏，目录号：Q398-7-359。
② 杨乔：《民国时期政府对于两湖桐油产业的参与》，载《兰台世界》2013年第7期。
③ 佚名：《汉商界请取消苛税，桐油商帮向蒋签恳呈文》，载《大公报》1929年4月14日第4版。
④ 佚名：《四川经济：商业：万县桐油业请免营业税》，载《四川经济月刊》1936年第6卷第3期。
⑤ 佚名：《川桐油商请免营业税》，载《中央日报》1936年8月1日。
⑥ 佚名：《鄂湘川陕贵油商吁请取消桐油特税》，载《新闻报》1929年4月16日。
⑦ 佚名：《工商消息：鄂省桐油特税取消》，载《工商半刊》1929年第1卷第9期。
⑧ 佚名：《油市桐油出口激增》，载《申报》1931年5月28日第12版。

民政府行政院，谓以财政部公布新出口税则列有桐油一项税率加起 2.56 倍之巨。当即电请重行估计纳税从轻修正并函请贵会附呈电稿转呈请求减税。上海油麻业同时呼吁当局，"设法救济桐油出口事业不致蹈丝茶之覆辙"①。

在各级桐油市场的经营活动中，桐油行业与银行业、金融业来往密切。1931 年湖北水灾给工农业生产造成重大损失，汉口市面金融紧缩，城市商业贸易陷入停顿。银行业向经营桐油贸易的华商主动伸出了援手，使其尽量摆脱困境。"鉴于这种情况，湖北省银行会同汉口中央银行、中国银行、交通银行、中国农民银行等金融机构，集款 100 万元，适时贷放于汉口市金融调剂委员会转放各业。嗣又由湖北省银行与汉口各银行合组工商抵押借贷团，再次集款 100 万元，直接贷放于工商各业，帮助华商转危为安。"②

在自身的努力和银行业的金融方面的帮助下，在华商与洋商激烈的竞争当中，通过优胜劣汰，重新夺回了桐油业的部分市场份额。从 1935 年汉口市各油行外销数量来观察，华商也有相当的实力，上述应对措施取得了一定的效果。"义瑞当年出口 96496.69 公担，聚兴诚当年出口 37701.89 公担，约占 1935 年汉口油行桐油外销总数 352796.38 公担的 38.0%。"③ 汉口有了这两个华商油行，所以出口贸易上能争取部分市场份额。

1927 年以前，华商和洋商之间的合作比较紧密，民国初期洋商在很大程度上必须依靠中国商人深入产地采办桐油，而华商则需要在运输、储油、检验、定价的方方面面依赖洋商，汉口桐油业完全由洋商掌控出口。1927 年以后，由于国内政治、军事等因素的影响，洋商直接至产区采办桐油，减少了对中国买办的倚重，而华商方面取得了政府和银行资金的支持，提高桐油检验标准、购进设备自行提炼存储桐油，改

---

① 佚名：《上海市商会请减桐油卷烟出口税》，载《申报》1931 年 6 月 4 日第 14 版。
② 徐鹏航主编：《湖北工业史》，湖北长江出版集团、湖北人民出版社 2008 年版，第 169 页。
③ 数据根据朱美予编著《中国桐油业》，中华书局 1941 年版，第 83 页，《1935 年汉口市各油行外销桐油数量表》所计算。

善运输条件，逐渐改变了市场完全由外商垄断的局面，争取了部分市场份额。

抗日战争爆发后，客观形势发生变化，政府对桐油实行统购统销政策，外国洋行无力继续控制中国的桐油贸易，华商能进行桐油贸易的空间同样很小。这一时期，桐油商人和各地政府联系紧密。"中日战事发生，江面封锁，桐油不能出口，销路顿减，市价惨落。湘省桐油，变更出口路线，又由粤汉铁路运出。长沙油业同业公会代表陶伏生，呈请省政府转承粤汉、广九两路联运桐油出口。"①

抗战胜利后，国内的桐油恢复对外出口，洋商卷土重来，如"美国太平洋植物油公司与凭借其官方背景与中国植物油料厂结合，发展成为中国油业垄断组织，控制了全国桐油出口的70%"②。华商尚未能在战后立即恢复元气，旋即在经济溃败的大环境下经营陷入停顿状态。

从上海市植物油输出业公会的成员组成也可以看出，战后资金雄厚的代表大多有洋行的背景。

上海市植物油输出业公会在1947年12月由生利洋行的罗伯昭、宏丰公司王农欧、德泰公司谢文祥、桐华公司周济华四家领衔发起组织。当时参加者计由19家均专营桐油出口业务。1948年5月开始筹备，9月1日正式成立。参加者23家中国植物油料厂亦在内。理事长是生利洋行罗伯昭先生，各负责人简况：罗伯昭，生利洋行股东，兼经理专营桐油对美输出，每月约有1000吨。在四川采购桐油，设备很完全，自有驳子船。夏钦忠，义生公司股东兼经理，在香港有办事处，上海公司资金足，产区收购很有经验。谢文祥，德泰公司股东兼经理，为同业服务很是热心，经营力强，遇事仔细谨慎，在港曾设办事处，资力约有300吨。胡孔荣，义瑞行上海分行经理，经营桐油出口是老资格，资力雄厚。席文先，和鑫

---

① 佚名：《长市油商呈请粤汉广九两路联运桐油出口》，载《湖南农讯》1937年第50期。
② 朱汉国、杨群主编：《中华民国史》第三册经济卷，四川出版集团、四川人民出版社2006年版，第41页。

公司经理，经营桐油历史很短。张华联，四川畜产公司上海分公司经理，专营猪鬃出口兼营桐油，数量很小，张钧范，大米桐油苎麻有限公司股东兼经理，经营力很强，桐油出口历史不长，数量倒不少，对城乡交流很有贡献。①

---

① 佚名：《上海市植物油输出业公会成立经过及成员名单》，1947年12月5日，上海档案馆藏，目录号：S189-3-1。

第五章

桐油贸易的流程、价格、资金周转

桐油的贸易流程包括桐油的包装和运输，桐油的交易程序，桐油的成本、价格与资金周转等几个方面的内容。

第一节　桐油的包装和运输

桐油的包装和运输在近代以来有所进步。桐油的包装除了篓装和桶装外，还出现了听装、散装和铁桶装三种。桐油的运输在明清时期只能采取水运的方法，大多采用运输能力低的帆船载货。近代以后，桐油的运输出现了水运、公路、铁路并存的运输方法。值得指出的是，水运仍然是桐油运输的主要方式。1922年以后，长江流域中配有专业存储设备的轮船占据了水路运输工具的主要地位。

一　桐油的包装方式的改进

民国以前，桐油因为仅供内销，包装方法仅有篓装和桶装两种。民国时期销往国内的桐油包装、存储方法几乎没什么变化，一直采用篓装和桶装的方法。桐油的装运，用篓用桶亦不一定。襄古桐包装用篓，每篓重180—200斤。川桐用桶亦用篓，每件各250斤。南桐桶重百斤、篓重90余斤。

桐油外销最初是用篾篓装运，这种材质的包装方法不管怎样细致均会出现一定的渗漏,桐油的运输损耗巨大,而且油渍会严重影响其他货物。桐油出口贸易的激增直接刺激了桐油的包装和运输技术的改进,为适应出口贸易的需要又出现了听装、散装、铁桶装三种包装方法。各地桐油商人由于利益的驱动主动运用先进技术,改变传统方法来适应国际市场需要。出口桐油的包装、储存方法有明显进步,更为轻便,更能防渗漏,容量也得到增加,包装和储存的变化十分有助于桐油外销数量的增加。改进后铁桶和木桶在出口桐油的包装中占据了主要地位。此外,轮船运输为桐油的装运提供了极大的便利条件,带有储油设备的油轮发挥了巨大作用。

改进后桐油的装运可分储藏、包装、运输、精炼、检验五个步骤。

1. 储藏

桐油榨出后,必须妥善储藏,普通均以竹篓、大木桶、木仓存储,其容量自数百斤至数千斤不等。

2. 包装

桐油的包装分为篓装、桶装、听装、散装、铁桶装五种。五种当中以散装为最优,而以篓装及桶装最普遍。

(1) 篓装

竹篓有方形、圆形两种,湖南、四川、贵州多用圆篓;湖北、陕西襄河流域多用方篓。竹篓制法,先以竹篾编织成形,内贴桑皮纸数层,糊以猪牛血、豆腐、豆灰等之混合物,干后即可盛油。篓口以粗布及桑皮纸数张封扎,然后覆以木盖,以粗绳捆牢,储存待运。竹篓各地大小不一;最小者仅盛桐油一百斤左右,最大者可盛二三百斤。竹篓包装较为轻便,唯搬运撞击易致损坏,漏油甚巨,无形增加运输成本,长途运输无法利用。故仅用于内地桐油之转运。外销桐油之包装,普遍使用木桶及铁桶。[①]

篓装的篓形"圆而口略小,内衬油纸三至四层以防渗漏,容积大小不一,大者约装 100 斤,中等者约装 75 斤,小者约装 50 斤,小者特称

---

① 黄仁勋:《桐油》,载《贸易月刊》1942 年第 4—10 期。

支篓"①。装油后以粗布封扎篓口,再糊以三张桑皮纸,用木板盖上,以粗绳捆好,篓外写明净重及粘贴牌号。篾篓有方篓、圆篓两种,普通篾篓约值洋 1 元,还有一种称为"京方"的,普通约装 160 斤,以运往北方为多。最大的方篓,装油重量可达 210 斤;最小的,装油重量亦有 170 斤。最大的圆篓,可装油 280 斤;最小的,可装油 100 斤,俗称友篓。用篾篓装油的省份有湖北、贵州、湖南等省,四川有部分地方使用。如属洋庄收油,则用篾篓极少,襄河一带多用方篓,湖南、四川多用圆篓。若论其轻重,则湖北襄河一带多用最大的方篓装油,重约 210 斤,用小方篓可装油 170 斤。襄河一带之所以如此装油,是因为地理环境造成的,此地运输不便,洋庄无法进来购买,所以只好用此法包装贩运。在湖南、贵州,则多用最小的圆篓装油,重约百斤。所谓友篓,即湖南用最小圆篓所装的桐油。

中国桐油商人出于节约运输成本的考虑,运销国内其他各埠供国内各船户使用的桐油多使用篓装装运。因为四川、湖北、湖南、贵州等省多属于山地丘陵地带,山上多有天生的竹林,用竹子编成篾篓包装桐油并不需要成本,人力成本微乎其微,商家可更多地赚取利润。

(2) 桶装

所用的木桶呈圆形,多用杂木制成。桶板厚约 2 厘米,桶外箍以篾圈或铁圈,内糊以油纸,盛入桐油后,加上圆木盖,以油纸严密加封。四川、湖南出口桐油,均使用木桶装油。容量大小不等,普通盛油二三百斤。木桶虽坚固,漏耗亦在所难免,唯竹篓为佳,但是搬运则稍显笨重。木桶两面皆平,容油 60—105 斤不等。若出洋木桶,多用橡树木制成。普通木桶约值洋 2 元。四川和湖南多用木桶装油。因为四川、湖南大都由洋庄负责运输桐油,用桶装方便装运,更可减少渗漏,一般四川多用最大的木桶,湖南多用最小的木桶。

但是,用木桶储运桐油,同样有其弊端。湖南省"普通贮集用器,

---

① 曾仲刚编述、邱人镐、周维梁主编:《湖南之桐茶油》,湖南省银行经济研究室 1943 年版,第 121 页。

皆为木制之油桶，容量自 1000 斤乃至 10000 斤左右。冬季温度降至华氏 40 度时，多有冻结之虞。须及时将冻结层设法吸出，和入煮过之白油百余斤，再用绵纸固封其面，以防寒风侵袭。如是措施，翌春解冻，凝结层，或可减至极少量。否则，任其自然放置，一度严冬，次年之冻结部分，则达 30%至 70%，损失殊为惊人"①。而到了夏天，"当酷热之季，每有桶板胀裂，桶箍松落之危险。在储运时，桶受挤压，又常发生桶散油倾之损失"②。有人总结木桶装运桐油有以下弊端："其一，木桶容量大小不一。其二，取材于未晒干之木料，以致日晒后干裂。其三，各板间合缝不紧。其四，篾箍道数太少，桶糊后未将篾箍搋紧。其五，桶内糊裱太薄，容易破裂。"③

火油箱最初仅用于浙江，然后流行于汉口、上海两埠。之后川黔等省亦用之装桐油。火油箱系由已经装卸火油的旧铁箱回收，其价值并不昂贵。每箱可盛油 30 斤，包皮轻便，搬运容易，唯因装量太轻，行车震动易受颠簸而致损坏。

（3）听装

铁桶听装系由使用后回收的洋油听改装而成，每听装油 30 斤，多为运销北方时所用，因为铁桶听装比篓装更加坚固耐碰撞，便于火车运输。如运销北方保定、新乡、卫辉、顺德④、彰德、道口、石家庄等处多使用铁桶听装。此外，国内各埠海运也多采用铁桶听装装油，如从上海海运运输桐油至汕头、烟台等处多使用此办法。

（4）散装

装油于船舱内，洋商运往美国的桐油多用此方法。桐油商行鉴于件油转运时之漏耗，以及包装、搬运费用为数之巨，主张利用油池储存，散装运输。"由铁管中输入船舱，可以免去渗漏及一切耗费。"⑤ "届隆

---

① 唐宪斌：《湖南的油桐与桐油业》，载《现代农民》1946 年第 9 卷第 8—9 期。
② 严匡国：《四川桐油产销概况》，载《四川经济季刊》1944 年第 1 卷第 2 期。
③ 严匡国：《四川桐油产销概况》，载《四川经济季刊》1944 年第 1 卷第 2 期。
④ 指直隶顺德府，今河北省邢台市。
⑤ 曾仲刚编述、邱人镐、周维梁主编：《湖南之桐茶油》，湖南省银行经济研究室 1943 年版，第 122 页。

冬时，则通蒸汽，保持适当温度，翌春拣茶，可谓毫无损失，一如原状。"① 如重庆、当时的万县二地均有油池设备，尤以在汉口油池甚多。出口国外的，有很大一部分是散装，运往美国则全用散舱装运桐油。散装桐油是装运桐油最好的办法，最为经济节省。这种装油方法得益于轮船船舱的设备改善，20 年代后期美国至中国航线的轮船多配有电力、水泵等设施，可通过铁管很方便地吸入吸出桐油，这种运输方法洁净、省时省力，既可免除漏耗又可节省包装费及皮重运费。

（5）铁桶装

洋庄收买桐油后遇江水退落时使用，铁桶为圆形，普通约装油 330 斤。以铁桶包装方便长途运输，更可减少皮耗。"据有经验的油商商谈，每担桐油用铁桶装运，可比篾篓装运省 1% 的装运费。"② 洋商运销欧洲的桐油多用此种方法，由内地运到沪汉后不必另行改装。

以上几种包装，以铁桶与木桶最适宜于外运。铁桶坚固，漏油最少，包装成本则较重；木桶漏油较多，成本则远较铁桶为轻。且铁桶为外货，收买不易；木桶可就地取材，就地制造，来源无虞。如木桶制作能再加改良，漏耗减少，似更较铁桶为宜。国民政府贸易委员会鉴于桐油包装不良，沿途漏耗甚巨，指定由当时的万县制桶厂规定木桶制造方法，以谋改进。

当时的万县制桶厂所用木料为最干的杉木。唯因杉木稀少，桶盖桶底暂用干松木。"桶高 80 公分，桶口直径 61 公分，桶底直径 55 公分。桶板及盖底均厚 2 公分。制成木桶约重 20 公斤，装净油 140 公斤，6 桶计重 1 公吨。桶身各板合缝处须先铲平，上下各钉竹钉一粒，箍成后使其紧密接合，不使有丝毫缝隙。至桶盖桶底各板间亦紧密接合，桶盖外面须钉横木二根，内面穿鸳鸯式插销二根；桶底外面中间穿插销一根，两旁再钉横木二根。桐油包装未改善以前，由重庆至昆明沿途漏耗

---

① 唐宪斌：《湖南的油桐与桐油业》，载《现代农民》1946 年第 9 卷第 8—9 期。
② 两湖桐油产地调查队编：《两湖桐油产销调查报告》，1950 年，第 5 页，湖北省档案馆馆藏，目录号：SZ68-1-8。

约有 20%，至用改良木桶后，漏耗减少，尚不及 1%，效果显著。包装费用及皮重运费亦均较旧式木桶节省许多。"①

表 5-1　　　　1934 年各种桐篓的容量及价格　　　　单位：斤，银元

装运器具	容量	价值
大竹篓	155	0.40
小竹篓	84	0.30
木箱装二个	54（每听 27 斤）	0.80
铁箱	300	4.50
新木桶	280	8.00
旧木桶	280	6.80

资料来源：贺闿、刘瑚合编《桐树与桐油》，实业部汉口商品检验局发行 1934 年版，第 68 页。

总之，如果是洋商在产地购买桐油，则水大时大都散舱装运，水小时，或装木桶，或装铁桶，由于洋商拥有先进的轮船运输设备，因此桐油在产地市场就可以包装好而不必到汉口后再改装。如果是华商在产地购买桐油后在产地市场运往上级集散市场时普遍采用传统的篓装包装方法。桐油包装方法的变化主要体现在出口市场这一层次。桐油运到汉口市场后，桐油经销商再根据销售地点的不同而采用不同的包装方法。用于铁路运输时多采用铁桶听装的方法；在销往国外时依据情形的不同采用木桶或铁桶的方法；运销国外属于长途远洋运输时多采用散装的方法。其中用铁桶的包装费用最高，用木桶的包装费用稍低。据 1934 年湖南经济调查所的调查，1934 年桐油商人从湖南省常德市运输桐油去往湖南省邵阳市，每市担桐油用木桶装需要包装费用 4 元，用铁桶装则需要包装费用 15.45 元。铁桶听装的费用也很低，因为是使用后回收的洋油箱改装；用篓篓包装费用最低，几乎不需要成本；散装的费用同样十分低廉，但对设备的要求很高。

---

① 黄仁勋：《商品知识：桐油（续）》，载《贸易月刊》1942 年第 3 卷第 11 期。

二　桐油的运输途程与运费

桐树多生长在山区，所以桐油产区的所在地，大部分山路崎岖、地形险峻，只能由挑夫挑运至江边装船，等待运送至产地市场。此段多为小河小溪，故运输桐油到桐油产地市场，多用帆船。从桐油产地市场运输桐油到集散市场，则采用小汽船和民船运输。以兴安（今安康市）运输桐油到汉口集散市场为例："兴安民船的装运桐油，计有压梢、柏子、鹅儿、老鸨等名目，船身的大小不等，如压梢与柏子，则大号船载重6万斤，中号船载重5万斤，小号船载重4万斤。鹅儿的大号船载重4万斤，中号3万斤，小号2万斤。老鸨的船身，则更较鹅儿更小。船户习惯承揽装货之前，向当地的船厂订制。兴安在30年代有船厂4家，每家月可造船30艘，船造成后，即收集客货装入船中，满载后始行开驶，兴安至汉口，计水路程2480里，顺流20天即可到达汉口。由水路运输，需先停泊于岸边，或待桐油成交时，即在船中交货，或请油行雇用力夫，将货卸下，存入油行栈房中，待价而沽。抵达汉口卸货以后，船户如揽到回货，则装货回兴安，否则将船半价出售。故兴安桐油及其他山货运往汉口，船户多先将船只、人工伙食费等项计入成本，然后与客家议定运费，按篓计算，每篓重约200斤，中途盘滩（水浅处卸一部分货物，用人力挑运，至浅滩过后，再行装船）运费较贵。桐油商人装运货物，须预付运费，并另付款一部分，交管事收执作为沿途一切特别花费，如关卡的索要、土匪的截货、军队的护运等。"桐油运到汉口以后，再转大轮船继续下一段航程。

我国桐油产量以四川为最多，年计50余万担，湖南次之，亦在50万担左右。此外浙江、湖北各计20万、30万担，广西十余万担，其他如贵州、山西、福建、安徽、江西各省，则共不过二三万担而已，大抵我国桐油外销第一步，即由产地集中于集散市场。然后再由集散市场又集中于出口市场，转运出口。

当时的万县是四川南部及贵州东北部桐油集中市场，桐油由当时的万县再转至汉口出口。

重庆是嘉陵江、綦江及其支流流域所产桐油汇集之点，由重庆亦转至汉口出口。

岳州是湖南桐油之集散市场，湘省西部及中部所产桐油，多从津市、辰州、常德及长沙而汇于岳州以达汉口。

老河口是湖北汉水流域所产桐油集中市场，亦转达至汉口。

宜昌是鄂西一带所产桐油集中地点，亦转达汉口。

汉口是上述各桐油市场的总集会。此外陕西、江西所产桐油一部分亦集于汉口出口。

上海是浙江、安徽、福建所产桐油的集中市场，由此直接出口。

香港是广西及一部分贵州桐油的出口市场，多自梧州汇集而来此地出口。

四川全省东至奉节，西至屏山，南至江津，北至阆中，均为产桐油区域。除重庆外，以上各地所产之油，均集合于泸州、江津、合川等处，然后由重庆装运出口外，其余沿江各县（如奉节、云阳、忠州、鄷都、涪陵、长寿等处）所产，均由水路装由木船运入当时的万县。腹地各县，如开江、开县、梁山、宣汉等处，以及湖北之施南、利川所产，均由陆路肩挑运入当时的万县。至当时的万县转出，则利用大江轮船运出。但川江之水，涨落有时，秋冬水枯时，大都以小轮运往宜昌，再由宜昌改装大船，转运沪汉。春后水涨时，大船可以进入当时的万县，多直接运至沪汉，亦有在宜昌改装铁驳，直运吴淞口外，再由海轮运往国外。

桐油运至沿长江各城市后，多就其地换载较大的夹板船，以运至桐油集中地。"所以必须换船原因，乃因长江上游一点，水性甚急，大滩尤多，小帆船常有覆没之虞。但如原儎油之帆船甚大时，则亦有不换他船者。至其不用轮船运输之故，系因帆船运输费究较轮船为低。此等油商所装运之油均不甚多，以装轮船接洽上甚麻烦。装提上又多周折，一般旧式商人眼光甚短，用轮船转运虽较平安，时间较快，但以民船在浅水时间可保平安，至时间则稍迟数日，亦属无妨。当时的万县在轮船未通行以前，均赖帆船装运。每船最小者可装桐油八九十篓，大者则可装数百余篓至二百篓不等。然以川河下游，水势湍急，危险殊甚。帆船行走甚为不便，故运输桐油至汉口，水路运输的费用异常昂贵。尤其在帆船过三峡时，常遭危险。1919年、1920年时，外商乃用小汽船运输。"①

20世纪30年代，轮船公司鉴于川油出口之多，多数船只都装油舱的设备，以便装油之用。

表5-2　　　　　1934年四川装油船名及油舱容量　　　　单位：个，吨

船名	舱数	容量
美平	9	720
宜昌	2	310
宜安	2	350
民主	2	210
永丰	2	150
其平	2	220
民宪	2	105
宜平	1	105
富阳	2	240
美沪	7	330
民享	1	120
福同	1	120
民康	1	150
富华	2	180
江泳	2	220
永康	2	220
民权	1	90

资料来源：李秀然《最近四川的桐油业》，载《国际贸易导报》1935年第7卷第9期。

各轮船运价的高低，以江水的涨落为标准，江水低落，大船不能进入时，每担桐油约需运宜昌运费1元5角，运汉口运费2元5角，运上海运费3元8角。江水增涨，船只较多，每担桐油约需运宜昌运费9

---

① 佚名：《调查：四川桐油生产贸易概况》，载《工商半月刊》1930年第2卷第8期。

角，运汉口运费1元5角，运上海运费2元2角，殊无一定价额，此川油运输之大概情形。①

据联合征信所的报道，川省桐油产量占全国第一位，每年约产900000市担，占全国总量三分之一，全国为300万市担，其运输之路线，多为水路。因水路较陆路便宜。"有两路可运：由各产区运至沿长江各埠，集中当时的万县装舱运沪。由各产区将桐油集中秀山及龙潭等处，由沅水下行至汉装舱运沪。"②

就各地桐油行业的运输费用而言，包括运费、装卸费、人力费等。

桐油的包装有篾篓、木桶、铁桶的区别，而运输方式有帆船、火车、汽车几种，比1920年以前仅能用水运帆船的方式来运输桐油而言，20年代以后桐油运输的方式更加多样化，更加方便快捷，一次性运送桐油的容量也大为增加。但从运输费用方面来考虑，用帆船走水路运销桐油无疑是费用最为低廉的。"如1934年从湖南道县运输桐油至广西桂林市，每市担桐油用帆船运输需要2元，用火车运输需要3.6元；再如从湖南省怀化市安江镇运输桐油至湖南省邵阳市，每市担桐油用帆船运输需要4元，用汽车运输每市担桐油则需花费16元。"③ 实际上长江流域的水系支流是非常密集的，河湖密布、水网纵横的水系支流，为桐油的运输和销售提供了良好的便利条件。在不赶时间的情况下，桐油完全可以走水路来运输。

抗日战争时期，"在各地常受空袭威胁之际，人力及畜力实比较安全，且可节省汽油。桐油业者正在昆明筹划以人力及畜力代替汽车及火车，以运输桐油。希望能于短期内扩充此种运输方法"④。

运输费用，取决于交通的便利与否。季节不同，运费同样不同。在夏季江河水涨，运费较低；冬日水浅，则运费较高。在近代，政局多变，中国社会动荡不安，经常性的爆发战乱，导致运费在特定时间增

---

① 李秀然：《最近四川的桐油业》，载《国际贸易导报》1935年第7卷第9期。
② 佚名：《川省桐油产量占全国第一位》，载《征信新闻》（重庆）1946年第407期。
③ 参见曾仲刚编述、邱人镐、周维梁主编《湖南之桐茶油》，湖南省银行经济研究室1943年版，第172页。
④ 佚名：《桐油业拟改变运输工具》，载《大公报》（香港）1940年2月5日。

多。内地各省，就地征税，路捐杂缴，名目繁多。1931年长江大水，一些长江沿岸省份又加水灾附捐，每担桐油须纳洋2角5分。以汉口为主要出口，分运达、输出两点，分述如下。

1. 自产地运往汉口的桐油沿途费用

除出口税及水灾附捐不计外，产区来汉口桐油，需要纳地方捐税、保险费、运费、杂缴等。

（1）自四川产地运来汉口的桐油以当时的万县、重庆为主要集散地

集中到重庆的桐油，主要来自江北的合川、泸州，江南的江津。其经合川而至重庆者有三路。第一路：如东乡、绥定、三汇、渠县、广安，沿渠江而下，入嘉陵江，再经合川经过长江水运至重庆。第二路：如广元、阆中、南部、西充，沿嘉陵江经合川至重庆。第三路：如江油、彰明、盐亭、逢溪，沿涪江经合川至重庆。木洞在重庆下游70里，其桐油亦运重庆。其经江津而至重庆的也有二路。第一路：如綦江、东溪，沿綦江而至江津。第二路如白沙、合江，沿大江下而至江津。其经泸州而抵重庆的可分为数路。分别沿沱江、岷江和长江上游至泸州，也有经陆路转水道入江抵泸州的。所有经过江津、泸州的桐油，均运重庆。

集中到当时的万县的桐油，多来自涪陵。凡黔江、彭水、酉阳、秀山、南川所产的桐油，均沿黔江而至涪陵，再下驶抵当时的万县。其他如巫山、夔州、云阳、开县、开江、梁山、忠县、酆都、垫江、长寿，或由陆路，或沿大江，而抵当时的万县。在当时的万县集散的桐油要多于重庆。其原因之一是由泸州运桐油至重庆尚属有限，设庄亦少。1932年四川爆发"二刘之战"，因此东乡一带出产的桐油，反多绕渠江上游由陆路挑运当时的万县。

桐油运输从桐油产地开始漫长旅程，几乎每走一段就要缴纳一定的捐税。不同地区所要缴纳的捐税不尽相同，名目繁多，花样百出，不利于桐油贸易的发展。

除了各种捐税以外，桐油出口贸易需收出口税。"我国于1858年开始征收桐油出口税，每担需纳海关银3钱，直到1929年开始又增加二五附税，每担加征海关银1钱5分。从1931年6月1日起，每担桐油，

增收关税海关银1两1钱5分,共计每担桐油需纳出口税海关银1两6钱,合洋约2元5角。"①

在四川,1935年省政府成立以前,所有捐税以军队防区而定。因是时四川为防区制,每一防区内,驻军可任意设卡征税。商货每过一区,须纳一区之税;又或同在一区之内,要重纳三四次。从涪陵运油来当时的万县,每担所应纳之税如下:榨捐洋4角,贩卖税洋3角,出境税洋3角,商会经费洋1角,每县过道捐洋1元左右。

以上所举仅就产地而言,然由一产地运至集中地的当时的万县,再由当时的万县转运出口时,则上述各项捐税外,更有层出不穷的各种名目。省政府成立之后,捐税名目,表面上虽觉减少,其实在所征之数较省政府未成立之前,每担增加7分2厘。不仅名不副实,反而变本加厉。

1935年四川省政府成立后,每百斤桐油须纳关税杂捐及检验费等有18种之多,计洋4元1角6分4厘6毫。"此尚系按照当时的万县习用旧担,如以公担折合计算,每一公担须完纳税6元8角8分6厘。至于上述在产地内所纳之各项尚不在内,如此庞杂苛捐,是桐油业发展的障碍。"② 见表5-3、表5-4。

表5-3　　　　1935年四川省政府成立前桐油税捐情况　　　　单位:旧担

名称	数目	备注
关税	2.4848	
关税附加	0.2485	
二五附加	0.2340	
统捐	0.2000	
马路附加	0.0400	
商埠附加	0.0800	
乐捐	0.917	市政附加并列在内

① 贺闿、刘瑚合编:《桐树与桐油》,实业部汉口商品检验局发行1934年版,第68页。
② 李秀然:《最近四川的桐油业》,载《国际贸易导报》1935年第7卷第9期。

续表

名称	数目	备注
护商	0.2177	梁路附加、女学捐、学捐、市政税四项附加捐并列在内
奉大巫各县团捐	0.0190	
印花	0.0130	
"剿赤"捐	0.0642	
进口检验费	0.3000	
出口检验费	0.1000	
总计	4.9182	

资料来源：李秀然《最近四川的桐油业》，载《国际贸易导报》1935年第7卷第9期。

表5-4　　1935年四川省政府成立后桐油税捐情况　　　　单位：旧担

税别	税捐数目
关税	2.4848
海关附加	0.2485
地方税	0.9348
"剿赤"附加	0.0935
进口检验费	0.3000
出口检验费	0.1000
总计	4.1646

资料来源：李秀然《最近四川的桐油业》，载《国际贸易导报》1935年第7卷第9期。

四川地处全国西部，境内多山，古人有"蜀道难，难于上青天"之叹，其交通不便，可以想见。幸好四川河流极多，长江既贯穿全境，两岸支流又错综杂出。虽河道浅狭，而在夏秋水涨时期则可行驶大帆船。春冬水落亦可行驶较小之帆船。以是各地桐油皆借以运至长江沿岸各城市。"其水脚以路途之远近为断，远者大约每千里每百斤需运费一元余至二元，近者至少亦五六角不等，其不通帆船之处，则由力夫挑运。惟路远则每人只能挑百斤内外，路近者至多亦不过挑一百二十斤而已。其脚力（挑运费）乃以里数及斤数之多寡为断，大略每里一百斤约需银洋一角。"①

重庆、当时的万县的桐油皆通过长江运往汉口。重庆到汉口,计程3030余里,其运费、捐税、厘金、保险费和杂缴等,视长江水势大小而有所不同。"1932年的各项费用总计约为每担8元7角7分3厘,以7钱1分串洋例银6两1钱9;加上1931年12月1日公布施行的水灾附捐,关两1钱6分,合洋例银1钱9分,连上用费共需洋例银6两3钱8分。当时的万县到汉口,计程2220里。1932年的各项费用总计约为8元1角8分2厘,以7钱1分串(合)洋例银5两7钱9分5,再加1931年12月公布的水灾附捐,每担关两1钱6分合洋例银1钱9分,连上用费共需洋例银5两9钱8分。"②

关于上述自重庆、当时的万县运油来汉口运费,时有加减,水大时可减少,水小时增加。其中杂缴包括下力驳力等也有可能随时更改。新增关税,与水灾附捐,属于桐油出口外洋完纳的;如不出外洋专销国内,则不纳。但出口外洋,亦可于运汉口复出口时完纳。若桐油由产地运往集散市场的运费杂缴,及各种捐税等,则因水陆路程的远近及当地运输情形,各有不同,大约亦需数两。

(2) 自湖南运来汉口的桐油,多来自津市、常德、长沙,以及岳州澧县、石门、慈利、大庸、桑植等地的桐油集中于津市;桃源、辰州、五村、永顺、龙山、洪江、靖州、慈利、大庸等地的桐油集中于常德;祁阳、宁远、耒阳、衡州、宝庆等地的桐油集中于长沙;益阳的桐油则经过岳州直接运往汉口。集中于津市、常德、长沙的桐油当中仍以集中常德的数量最多,津市次之,长沙又次之。湖南省桐油产地均在偏僻的地方,崇山峻岭,交通不便。其运油方法,首先用脚夫挑至近水市场,再改装民船或轮船,运往常德、长沙等市场集中,然后转运汉口。桐油在集散市场集中以后转运汉口是用何种运输工具,如轮运、帆运或火车等,则依当时情况为转移,如运费的多少、河水的深浅、汉口市场

---

① 佚名:《调查:四川桐油生产贸易概况》,载《工商半月刊》1930年第2卷第8期。
② 上海商业储蓄银行调查部编:《汉口之桐油与桐油业》,上海商业储蓄银行信托部1932年版,第60页。

的需要等皆为决定因素。大抵 1920 年之前帆运为多，后以轮运为多，水小则用帆运为多，水大则用轮运为多。轮运均进行报关及过磅手续，报关地点，长沙在本埠，常德、津市、益阳等均在岳阳。桐油由油栈或油行抬至船上时，均进行过磅，散装则于舱中量尺后封仓。抗战全面爆发后，省内各地桐油均集中衡阳，由铁路及公路输出，故报关点也改在衡阳。

表 5-5　　　　　　1932 年常德每担桐油应缴税费统计

费用名称	原缴本位（每担计）	合洋例银
出口半税	海关银 3 钱	0.326
二五附税	海关银 1 钱 5	0.163
新增关税	海关银 1 两 1 钱 5	1.250
堤工捐	海关银 6 分	0.0652
码头捐	海关银 6 分	0.0652
杂缴及保险费		1.139
运费		0.720
合计		3.7284

资料来源：上海商业储蓄银行调查部编《汉口之桐油与桐油业》，上海商业储蓄银行信托部 1932 年版，第 65 页。

常德每担桐油运往汉口总费用约洋例银 3 两 7 钱 3 分，再加上水灾附捐每担洋例银 1 钱 9 分，共需洋例银 3 两 9 钱 2 分。但如果桐油由常德运往汉口专行销国内，则新增关税及水灾附捐不完纳。如出口外洋，亦可由汉口出口时完纳之。

表 5-6　　　　1949 年湖南鄂西桐油主要市场水运运销费用比较

起止地点	泸溪至沅陵	常德至长沙	慈利至津市	泸溪至常德	巴东至宜昌	五峰渔关至宜都	长阳资邱至宜都
距离（里）	60	255	320	400	360	115	240
装运费用	1.75	3.90	6.50	4.98	6.40	6.60	5.90

续表

起止地点	泸溪至沅陵	常德至长沙	慈利至津市	泸溪至常德	巴东至宜昌	五峰渔关至宜都	长阳资邱至宜都
总运销费用	8.55	10.70	14.80	12.28	12.20	11.90	11.20
平均每里所负担费用	0.1425	0.04196	0.04625	0.0307	0.0339	0.1035	0.046

注：（1）用木桶装运包装损失较大，用铁桶装运损耗以1%计算。
（2）常德代庄业取1.5%手续费加上2%行佣金，较其他地区高。
（3）数字得自私商的水运计算的运销费用，较公营为高。
（4）数字的计算是按每市担计算，并非按总运销的平均费用计算，故可能按实际需要为高。
（5）所谓装运费用是指下力水脚装运手续费、过档费、划子费、皮绳包装费及损失（木桶半价损失及铁桶回空等）等项而言。
（6）平均每里所负担的费用是运销费用的关键。
（7）列数字代表各项费用所折合的桐油斤数。

资料来源：数据参见两湖桐油产地调查队编《两湖桐油产销调查报告》，1950年，第42页，湖北省档案馆馆藏，目录号：SZ68-1-8。

由表5-5、表5-6可以看出，湖南的装运费用较鄂西低，但交易费用较鄂西高。在湘西各产地的桐油，有"靠天运"的说法，因为原产地多在溪河沿岸，平时水小或无水时不能运走，必须等到每年的春夏间河水上涨时才能用船运输至市场销售。在鄂西农民挑运桐油至产地市场出售时，有"山轻脚力贵"的感叹，因为桐油属山货，成本不高，运力却贵，可见运输艰难。湖北长阳县县境内可以走的山路本来就不多，所谓"地无三里平"，其肩挑比湘西地区要困难些。湖南的桐油运输情况较鄂西方便，又可以看出越近原产地市场的桐油运装费用也越高，"如由湖北五峰运1担桐油至湖北宜都，虽仅是115华里的距离，但竟超过1担桐油由宜昌运汉口的装运费用，五峰运1担桐油要6.6斤装运费，由宜都运汉口1担桐油是6.2斤油的装运费。可见产地桐油运销的困难"①。司马迁在《史记·货殖列传》中记载"百里不贩樵，千里不

---

① 两湖桐油产地调查队编：《两湖桐油产销调查报告》，1950年，第131页，湖北省档案馆馆藏，目录号：SZ68-1-8。

贩籴",说的就是交通运输条件对商品流通的影响。按照西方经济学中的成本—收益分析法,运输成本和所得收益是成反比的。显然两湖地区桐油的运输成本占到了其总成本的大部分,在桐油销售价格不由种植桐树、生产桐油的农民自行决定的情况下,运输成本过高必然减少了其利润所得,进而影响了农民种植桐树、生产桐油的积极性。

（3）自陕西及襄河上游一带而来,陕西各地及湖北郧阳一带所产的桐油,均沿襄河集散于老河口再运往汉口

至其运费等则更无一定标准。

表5-7　　　　1934年各地桐油运达汉口运输费用统计　　　单位：里，银元

起运地点	至汉口运程	每担用费
重庆	3030	5.85
当时的万县	2220	5.25
宜昌	1440	0.85
老河口	1425	2.50
常德	1040	2.65

注：上述费用未包含保险费。

资料来源：贺闿、刘瑚合编《桐树与桐油》，实业部汉口商品检验局发行1934年版，第69页。

2. 从汉口运销国内各埠的桐油沿途费用

从汉口运销国内各埠的桐油,如从四川、湖南等地方运来的,属于转运复出口时,不必再纳各项捐税。如属本地出口桐油,则须缴纳出口半税、二五附税和堤工捐,总共每担应纳税海关银5钱1分,约合洋例银5钱5厘。从汉口市场运往国内各埠又可分为三路。一路是通过长江水运运往长江各埠,其中最多的是运往上海,1932年每担桐油的各项费用约为洋例银3.795两。一路是运往北方商埠或内地其他地方的,如胶州、烟台、天津等处,其运输方法,颇不一致,费用差别很大；如再从上海海运至天津,其费用仅需加上由上海至天津的海运费,约洋例银2.63两（即每担洋例银2两3钱,并照例按原来运费加上20%再减除

5%约洋例银 2 两 6 钱 2 分 2 厘余)即可。从汉口通过火车运往北方各内地的桐油,其火车运费以各地的远近而各有不同。火车运费分 6 等级专价,桐油运费等级为第三等。"1932 年,从汉口运往郑州,则每 20 吨整车(上力在内)运费需 625.6 元,外加运价等折合成每吨运费约为 43.8 元。从汉口运往新乡、顺德、石家庄、保定每吨运价分别为 34.55 元、38.27 元、46.66 元、50.42 元。"① 上列运费,是铁路局的规定,实际上桐油大都由转运公司承办,故其桐油运输费用当较上述所列费用为高。1932 年以后从汉口经火车转运桐油至北方各地的业务,统由大同、永昌、华盛三公司办理。还有一路是运往南方商埠,桐油数量十分有限。因为广西出产的桐油,运往此处,更为便利,其运费大致与运往天津相等。

3. 从汉口运往国外的桐油沿途费用

从汉口运往国外的桐油,无论运销美国、欧洲各国,还是日本、印度、澳洲等处,均可免出口税。如属本地出口,则仍需缴纳各项出口税。

运销美国的桐油,一概由轮船散舱装运。20 年代前期运往美国的桐油,由太平洋西岸起岸者颇多,但因铁路运费较高,纽约陆续建有油池,桐油可由洋轮直接入池,手续简便,故 20 世纪 20 年代后期运往美国的桐油,大都运往纽约。"1932 年从汉口起航到纽约,需缴纳检验费、保险费、海洋运费、测量费、化验费、驳费等,每担费用为 1 钱另 5 分。"② 运往纽约的桐油,均经巴拿马运河以抵纽约。运往欧洲的桐油,大都以木桶和铁桶装运,"根据国别在伦敦、汉堡、鹿特丹起岸。其费根据海运路程有所不同,大约是每吨 7.600 磅"③。

我国各地桐油运至海外所需要的情况,各地不同。大抵可分由产地

---

① 数据参见上海商业储蓄银行调查部编《汉口之桐油与桐油业》,上海商业储蓄银行信托部 1932 年版,第 39 页。

② 上海商业储蓄银行调查部编:《汉口之桐油与桐油业》,上海商业储蓄银行信托部 1932 年版,第 69 页。

③ 上海商业储蓄银行调查部编:《汉口之桐油与桐油业》,上海商业储蓄银行信托部 1932 年版,第 70 页。

运至出口市场及由出口市场运至海外消费市场两种。据汉口商品检验局调查，我国各产地桐油运至汉口及上海所需费用及由汉口运至欧美所需费用，列表如下（出口数水灾捐不计在内单位每担所需银元如下：由重庆运至汉口 5.85，由当时的万县运至汉口 5.25，由宜昌运至汉口 0.85，由老河口运至汉口 2.50，由常德运至汉口 2.65，由杭州运至上海 1.50，由温州运至上海 1.55，由汉口运至上海 1.70，由汉口运至欧洲 4.50，由汉口运至纽约 2.80）。

国内运程如果是运到上海，每担运费如下：自当时的万县至汉口 2.1 元（连捐税在内），自汉口至上海 1.45 元，自杭州至上海 0.56 元。

国外运程每担运费如下：自上海至美国 2.8 元，自上海至欧洲 4.5 元。

桐油运费常有变动，而且自上海运至美国的纽约和运至美国的旧金山，运至欧洲的英国、德国和运至欧洲的意大利、法国的运价，亦不尽相同。①"上海植物油输出业公会，因国内桐油价格太高，外销亏本，至上海及四川、汉口等地桐油销路呆滞，曾向轮船业请求改低桐油运价。经轮船业等商讨结果，决定不论散装、桶装，均由第四类运价作第三类运价。该公会甚望轮船业公会劝告施行，以利出口，争取外汇。"②

我国桐油运至英国，多在太平洋西岸起卸。是以此路费较高。又因纽约有油池设备，桐油可由轮船直接从油管输入油池，手续便利，所以多运至纽约。"运往欧洲的桐油，如运往英国，多由伦敦或利物浦起岸，运往欧洲大陆，多由德国汉堡、荷兰鹿特丹、法国哈佛勒、比利时安特威特等地起岸。"③

我国桐油出口，1858 年每担只收出口税海关二三钱，直至 1929 年又加二五附加，每担加征海关两 1.5 钱。嗣自 1931 年 6 月始每担桐油增收关税海关两 1.15 两，共计每担桐油出口须纳出口税海关两 1.6 两，

---

① 杨青田：《我国桐油的生产与运销》，载《中华月报》1936 年第 4 卷第 7 期。
② 佚名：《外销桐油，运价减低》，载《经济通讯》1948 年第 694 期。
③ 佚名：《本路鼓励出口贸易，优先运输出口桐油》，载《运务周报摘要》1947 年第 10 期。

合国币 2.5 元。①

　　由产区运至出口市场时商人对所担负的运费非常高。如当时的万县与汉口，二者都是位于长江流域，而据1935年时之调查："每担桐油，由当时的万县运汉口，其运费及捐税达8元2角，至于由汉口至欧洲口岸，其运费则为每担4元5角，若运至沿太平洋各口岸则仅2元8角。"② 内地运费竟高于海洋的运费，十分不合理。将国内运费与国外相比较，可知国内消费过于昂贵。不但运费之低昂两者相较悬殊，即所需之时间内地方面亦觉太久。出口商人以内地运输如此困难，每当遇国外骤有大宗需要时，并不能立即供应海外市场的需要。"重庆到上海直接来回的轮船只数很少。大部分货物，都从宜昌及汉口转运，转折既多，费用亦多。从重庆到上海的运输代价，竟比上海运往美国或欧洲口岸的水脚，要贵上好多倍。不但如此，一年之中，长江水位有若干月低落，宜昌以上，须用帆船驳运。有时数千吨的桐油，在路上搁住几星期或几个月，竟见常事。即使有了拖驳及油槽船，而没有热气设备，结果在冬季长江流域零度的气温下，桐油便冻结起来，以致当装入外洋轮船时，很难倾倒出来。"③ 桐油之运美洲者大都散装，运欧洲者则装木桶或铁桶。

　　由以上观，由于包装、路程、市场销量等原因，桐油运往美国费用特别低廉，并且桐油输出美国还有一个重要的优势，即"美国政府对于他项植物油的输入多课以重税，只有来自中国的桐油施行免税政策"④。"桐油为重要工业原料，而各国出产又甚少，成为我国之独占商品，故各国对中国桐油进口，多采取免税或减税政策。例如消费桐油最多之美国，对于桐油进口，即系免税。德国、加拿大对桐油进口，亦为免税。澳洲每加仑抽从量税8便士，荷属东印度桐油进口抽从价税6%，印度桐油进口抽从价税35%，日本桐油进口每百公斤抽从量税235日

---

① 李梦林：《我国桐油出口手续》，载《青岛工商季刊》1936年第4卷第1期。
② 佚名：《调查中国桐油之产销》，载《实业季报》1940年第6卷第1期。
③ 康沙：《我国桐油出口贸易的分析》，载《钱业月报》1948年第19卷第5期。
④ 张正成：《中国产之桐油》，载《农商公报》1924年第119期。

元。国内鼓励出口贸易，特规定凡报运出口桐油，得比照外销箱茶例，优先转运，已通饬各段站准照。"① 这种低费用十分有利于桐油出口贸易的扩大。

第二节　桐油的交易程序

桐油生产的分散性，使桐油的异地流动极其复杂，桐油的交易程序较多，交易程序繁杂。桐油从农户手里售出到运销至海外市场，包括桐油产地市场的交易流程、桐油集散市场的运输手续和桐油出口市场的贸易手续三大交易程序。

一　桐油的基层交易流程

桐油的基层交易流程，指桐油在产地市场交易所需要的一些流程，桐油在产地市场交易流程结束后，运输至上级集散市场。

桐油从产区农户生产到桐果收集到运往产地市场，有相对一致的流程，参与者有农民、油籽贩、榨油坊、挑贩或油客、油庄、油行、油盐号、出口行八个环节。各种桐油中介应运而生，桐油基层交易流程中的各个组织也日趋完备。

1. 农民

农民分布于产区各、县，从事桐树培植，桐油为一种天然的副业，农民没有像耕种粮食那样的专心致志，故多任其自然生长，不加管理，导致桐油品质未能得到改善。农民每年收得的油籽，须以一部分缴纳地主，其缴纳的多寡，按租地时的租约而定，其余售卖。农民在家中自行榨制桐油的，需要集中一定的数量，趁冬季农闲用船自运至各城镇出售。农民选择将桐籽交乡镇榨油坊代榨的，需向榨油坊支付榨油费，其油及油粕都归农民所有。农民将榨好的桐油再出售给油籽贩、挑贩或榨

---

① 佚名：《本路鼓励出口贸易，优先运输出口桐油》，载《运务周报撮要》1947年第10期。

油坊，因为数量有限，其售价一般较当地市价略低。由于各户农民的产品数量有限，还需要与榨油坊打交道，又不熟悉市场行情，所以各产区的桐油很少有农民直接拿到上级市场出售的情况。个体农民的桐油销售范围，至多不过方圆百里，否则就面临运输成本过高的问题。农民将自家收集的桐油交给油籽贩、挑贩或榨油坊，完成最基层的交易环节。桐农售卖桐籽的方式，通常有下列几种。

①预售。于桐花初开或桐实初生时即行出售，开花时售价极为廉价，约为上年市价的五折或六折，不过结实时的售价稍高，有时可得上年价的七成。②现售。资金稍微充裕，产量较大的桐农多采用现售的方式，多能避免预售的损失，而每逢赶场将桐籽挑市分售，或约桐籽贩来家里将桐籽全部销售，其代价普遍以油价为标准，有时因油价看涨，而获利丰厚。若油价看跌，则桐农只能忍痛贱卖桐籽。③售油。桐农收获较多桐籽时，往往将桐籽交榨油坊代榨。

中国南方大部分地区皆有桐树种植，各地的农民自行收获桐籽。各家各户所产的桐籽有限，多不愿意运至市场上销售，就近卖给往来四乡收购桐籽的油籽贩或榨油坊。此举给桐农以不少便利，但在交易过程中容易被压低收价、抽取佣金及使用大秤等，亦使农民正当利益备受损失。

2. 油籽贩

油籽贩即在各产区向桐农收买零星桐油的挑贩。油籽贩一般是本地方产生，往来于农户和桐油产地市场。油籽贩将收购的桐油，贩卖至桐油产区较繁荣市镇的油铺。

油籽贩是随着桐油贸易增加而形成的群体，在农村和产地市场之间十分活跃。他们多为各地的富农及小地主等，往来于四乡之间，直接到农民家中收买桐籽的预货及现货，或桐油的预货及现货等。桐籽的预货是在桐花始开或桐实生时进行，约照上年普通市价的六折。现货是在桐实采摘后进行，价格按照常年行市，先付少许定钱，等到剥取桐籽后交货付款，同样有"预货"的意味。油籽贩向榨坊或其他同业订购桐油预货的情况是桐油行市奇俏时才会出现，价格依照市场行情而定，预货期至多三个月。现货是向榨油坊、同业、农民等购买,价格依照市场行情而定。油籽贩出售货物,多属现货,桐籽则售于榨油坊榨油,或自行运往集中地,桐油则售予乡间挑贩或各县的小油铺,数量多时亦有自行运往各大行号出售者。"油籽贩因在乡间较有资金实力,一般资金在一万元左右,当向农民收购时,常故意降低价格,其利润常在五分左右。"①

3. 榨油坊

各县乡镇的小榨油坊,则于每逢市集之日,收买农民的零星桐油,银油两现。油价有一定行市,由榨油坊自订,农民照价售油。榨油坊集油多时即运至城市出售,有时城市的油铺、油庄等,亦常到各乡镇收买。

榨油坊主要业务是将油籽榨制成桐油,有时也收购桐油。经营者多为乡间富农或小地主,因迷信木榨有白虎星寄托,又有"榨打十里穷"之语,民国以前农民颇多忌讳。民国以后随着桐油贸易的兴旺,设置地点遍于各桐油产区各县乡镇市场,数量不一,视当地产量多少而定。榨油坊不仅榨制桐油或茶油,凡各种植物油籽(如菜籽、花生籽、芝麻籽、木油籽,甚至罂粟籽等)均可榨制。每年榨制桐油时期为11月、12月及次年1月、2月、3月。榨制其他植物油为5月至8月,因为各地常常早摘桐油籽,故榨油坊常于10月即行开工。榨油坊榨油有自榨与代榨的区别。自榨油籽,是向农民收买桐油籽雇用工人自行榨制,但需要有一定的资金购买桐油籽。以每日榨油150斤计算,每月至少亦需有流动资金1000元始可周转,故纯全自榨的榨油坊颇少,多属代榨性质。代人榨油,可以收取榨费,故无须多筹资本,榨油加工费的多少及计算方法,各地极不一致,有以每榨计算,有的以重量计算。榨余的油饼,每百斤桐油可得200余斤,有时为榨油坊所得,有时为农民所得,皆视当地习惯及双方约束而定。有时榨油坊不取榨费,而改用"抽油"

---

① 曾仲刚编述,邱人镐、周维梁主编:《湖南之桐茶油》,湖南省银行经济研究室1943年版,第145页。

的办法,即抽取若干桐油作为榨费。榨油坊亦兼营买卖桐油业务,或向当地榨油坊或油贩收购,或向农民收购,即照市价收购农民在此榨成的桐油。"榨油坊属于当地的手工业,要缴纳一定的捐税,即油榨税,该税属于包税性质,由榨油坊业主向县府承包后,转向各榨油坊征收,除包额外,有余则属利润所得。此外,尚有牌照费一种,每年分四季征收。"①

4. 挑贩或油客

挑贩或油客,均为桐油的运输者。挑贩又名油驳子,往来于产区的乡镇及城市之间,购入乡镇榨油坊或农民桐油,挑至桐油集散市场售与油庄、油行或油盐号。每次购油数量至多不过数挑,每挑约百斤,买卖多是现银现货,以资金为限,从事此业者均为精于油业的小商人,即所谓短资掮客。每当油籽成熟时,带着不多的现金,赴产地收油,或直接收籽,租车装载榨油,运至城中出售。油客亦称庄客,是集散市场的油行、油庄委托在原产地收购桐油的人。油庄多为行商,交易期过后即返回上一级市场,很少有终年常驻产地的。油客购油是向挑贩或榨坊等处零星收买,交易地点多在茶馆,一般分早、中、晚三次,俗称赶场,交易完成后多是口头为凭,有时亦交以少数定金,卖方接收后,如遇市价高涨,不得反悔,否则将失去信誉。这种情况仅限于交易金额不大且交易双方彼此熟悉的情况下才能进行,毕竟这种全靠道德约束的交易模式并不让人放心。随着桐油贸易的迅速增长,20年代开始,桐油行业从汉口市场至产地市场逐渐普及了标准格式的交单(俗称扎单)。

5. 油庄

油庄亦称代庄,是外省出口行和桐油出口市场油行在集散市场甚至产地市场所设的庄号,专事购买桐油,有的也受产区榨油坊或油商的委托,向上级市场的油行推销桐油。在四川地区,"油庄多分布于宜宾、

---

① 曾仲刚编述,邱人镐、周维梁主编:《湖南之桐茶油》,湖南省银行经济研究室1943年版,第146页。

江津、泸县、合川、南充、达县、中太和镇、三汇等地,有租赁店铺终年开设者,有仅在每年一定时间,在各地设立数月者,多于各地之商号栈房内,派赴各地之人,称为客庄,人数至少二人,多至十人不等"①。除桐油外,尚兼收其他山货、药材等物,盖以上各地亦为山货、药材的集中地。其所需资金,由上级本宗号汇往。

代庄性质是代油行或出口行购买基层产区的桐油,同时为产地市场代办棉纱、布匹、南货等物,交原船运回各地,故代庄以兼营其他业务者为多,很少是专营商。"自无资金,中介于农民、榨油坊、挑贩、油行、出口行等油商之间,其领有牙帖者为油牙,其私营者为掮客,亦有自设铺面,类似一小油行,代庄交易手续至为简单,所受报酬颇不一致,普通则均提油价1%或2%作为代办手续费用。"② 其自有资金雄厚的,亦有时囤油,每当油市较旺之时,雇用挑贩、油客四处收油,或先期贷款于农民及榨油坊,以低价购进桐油,但兼营者多,并非专业。

6. 油行

油行又称油铺,设于各产区繁荣市镇,每处少者四五家,多者二三十家。视地方商务之兴旺而定。各县油铺购入之油,多经乡贩挑运至城。其交易情形,由买卖两方看货定价始成交易,地址无定,或由乡贩至油铺交涉,或在当地油帮茶馆,亦有街头巷尾,彼此立谈者。油铺购油,大部分是钱货两现,但是有时候行情上涨,亦尝试选择可靠的乡贩,先期放款定油。

油行的主要业务是从挑贩及油庄等购进桐油,或径运汉口,或出售给当地出口行或油盐号。各级市场都有油行,"但其经营规模不一,资本各异,最多者达数万元,少亦数千元。各行大都设有经理(老板)一人,司账一人,司秤二人至三人,跑街二三人不等"③。其所收的桐油均为毛货,售于出口行的是去脚的净货,油行要将汇集的桐油炼成净油然后再出售,所以油行从某种角度来看还是加工商。

---

① 佚名:《川产五种外销物品概述·桐油》,载《财政评论》1946年第15卷第3期。
② 李昌隆编著:《中国桐油贸易概论》,商务印书馆1935年版,第83页。
③ 实业部国际贸易局编:《桐油》,商务印书馆1941年版,第103页。

以浙江省杭州市为例，"杭州为江浙桐油销路的总枢纽，其来自产地者为多为纯油，后经当地油商改换牌号，分别标价出售。如货主望涨，不愿于此时售出，可将货存入油行。如需要款项，可向油行透支，将来脱售货期，由货主自定。货物售脱后，归还油行欠款，酌收利息，自六厘至二分，视市面钱价而定。如油行看跌，可不经货主同意将货脱售，借资渔利，再听货主指定售货日期，按照市价交款抵补。另外还有私相成交的情况，此限于杭州城外一带，顾客于卖主早已认识，私自成交，亦不一定按照行价，视双方情愿以为涨落，如是则可免油行操纵油市之弊。如果行价抬高，即不向油行购进。此外有少数内地油车，为便于推销期间，派客设庄号，规模较小者，数家合设一庄，其佣金之抽取，由双方规定。设庄于杭州的油行，多属兰溪徽港及西港等地"①。

7. 油盐号

油盐号是零售桐油于当地消费者的商店，各级市场均有，遍布大小城镇各个角落，与消费者息息相关。大都以杂货店兼营，资本殊不一致。普通以其兼售油盐两种物品，故称油盐号，此外尚经营菜籽油、麻油、豆油等，均是与当地消费者直接交易，供给居民日常需用，一般有固定铺面。其油类来源，多购自挑贩、油客或油行等商人，零星收买，视出售情形而定，从中赚取批零差价，油盐号数量众多，多为独资经营。

8. 出口行

出口行亦称洋庄，以经营桐油出口为业务，1927年以后四川、湖南、湖北等地区的出口行皆是汉口总行派驻各地市场的收购商，所谓出口，并非直接输出外洋，实际上指从汉口、上海或其他口岸的海关运出。出口行因国内检验及炼油设备缺乏，多有自设油厂提炼净油，或备置折光指数计，检查合格标准，在1929年汉口成立商品检验局后，检定油质的程序改由商品检验局承担。

---

① 佚名：《贸易：商品贸易要闻：杭州桐油业贸易情形》，载《中行月刊》1935年第10卷第4期。

桐油出口行是桐油贸易流程的最后一个环节，出口行购进桐油后，将桐油直接运输至汉口或上海销售。

在桐油流通和贸易交往过程中，形成了从事商业贸易活动的各种层次的组织。它们在商业贸易中所起的作用不一样，得到的商业利润也不一样，但它们都是商业贸易活动中重要的组成部分。各个层次交易环节的不断完善对促进桐油生产扩大和贸易发展起到了重要的作用。

二 桐油的运输手续

桐油的运输手续，共有检验、报关、堆栈及出口过磅四层手续。这里指的运输手续是指桐油经过产地市场汇集到集散市场，运至出口市场时要办理的相关手续。

1. 检验

1929年11月以后，桐油检验是陆续由国民政府设在上海、汉口、当时的万县、重庆等商品检验局负责。凡由汉口、上海出口至国外的桐油无论件货（装入竹篓、铁箱、木桶等）、散油（装入轮船或铁驳等）均应在未封固前，请求依法检验。经检验局认为合格，给予证书，方得报关出口。运货商号及商人请求检验时，须先将请求检验者姓名或牌号、商人住所或商号地址、货物种类及种类、商品记号及数目、出口日期、载运船名、运往地点、收货者姓名或牌号等，填写检验请求单，连同检验费报告单到检验局，由检验局制证，派工作人员采样候验。检验局接收请求单，须即日派工作人员采样，发给收样凭单，检验完竣，不得迟于采样三日后。桐油品质审定后，由主任签字，呈请局长填发证书。①

具体检验程序如下：油行先填写检验请求呈检验局，检验局接到请求单后即派员采样检验，其合格的标准分运销国外标准和运销国内标准两种，国外标准要高于国内标准。桐油检验合格后由检验局通知报验人

---

① 佚名：《琐闻：出口桐油三月开始检验，工商部公布桐油检验细则》，载《工学月刊》1930年第2期。

持采样凭单换领证书或凭单，并由局将装油器总钳口处，逐加标识。甲局检验合格的桐油至乙局所在地应查明原证书及标识，分别转运出口，或内地市场买卖，换给证书，如查有不符，仍照章检验。桐油合格证书以六个月为限，六个月后仍得请求复检。

2. 报关

在汉口江汉关，桐油出口报关大都由各桐油出口公司自行办理，这样可以节省报关费用。进口是指各地集散市场运来汉口的桐油，要有油行填写进口报单、小验单、提单等一并运往江汉关审核。海关派关员前往码头或货栈查验货物复核后将提单盖验关印发还。桐油出口除了上述填写出口报单和检验外，还要有轮船公司的下货单。当然，进出口都是在交纳各项捐税后报关，报关也要交纳一定的手续费，如果需要改装还要填写改装单，并由海关复核。

如果汉口桐油运至上海后即须转运天津，是谓转口。报转口时，另有专门的转口税单，在一定期限内不必缴纳本地关税。总之，在30年代汉口桐油市场有专人负责报关，报关形成了一整套固定的流程。

在上海江海关，19世纪50年代后，海关大权掌握外国人手中，不仅国外进出口货物必须报关，国内流通各货进出转口也须报关。租界之外，称为内地。

报关水脚及大批货物都有回佣，有的照所办货资的2%扣算，有的由店家自由赠送。除客帮性质报关栈外，上海尚有众多的专职报关行，并与客帮性质的报关栈一起成立了报关同业公会。1932年2月1日，《海关管理报关行暂行章程》通行，截至6月1日，来江海关注册者计有上海转运报关同业公会会员177家，日商报关公会会员16家，个人或行号公司之报关行华商21家、洋商16家，南市报关行（系专代报往来内地之货）26家。此外所有各行号（非报关行）按章到海关注册者，共计华商277家，洋商542家。① 1947年，经江海关核准等级的报关行有725家（其中外商报关行86家），自理报关业务的中外行商有

---

① 夏攀：《民国时期上海地区报关行研究》，上海师范大学，硕士学位论文，2011年。

825 家。翌年，报关行减为 600 家，而自理报关的行商增至 1200 多家。中华人民共和国成立前夕，在江海关注册的中外商行（自理业务）和报关行共计 2760 家，其中报关行 910 家；自理业务的华商 997 家、洋商 885 家。1949 年 12 月 24 日，重新拟定的《海关管理报关行暂行办法》开始施行。到 1950 年 1 月底，向江海关登记的报关行共有 329 家。其中 321 家为报关行同业公会会员，8 家为非会员；7 家为公营，322 家为私营；319 家华商，10 家外商。1951 年，在海关登记的报关行曾达 360 家。[①]

3. 堆栈

随着桐油对外贸易的发展和桐油生产与流通规模的扩大，桐油贸易的分工日趋细化，在当时的万县、汉口、上海等桐油集中地点出现了专售桐油的货栈，亦称堆栈业。堆栈商以接收货主短期寄存桐油，收取租金为业，一般在货物起卸码头，交易市场设有仓棚，方便客商存取货物。民国时期以货栈业为代表中介贸易行业和传统的商业贸易方式相比较已有了较大的改变，它是城市商品交易市场组织的重要组成部分。

（1）堆栈的划分

油商可分为桐油油栈和堆存桐油堆栈两类。油栈的组织，大都有管秤、管行、管栈等。在汉口油行桐油堆栈业，有中央桐油公司堆栈、春源油行堆栈、亦昌堆栈、其昌堆栈、慎昌堆栈。出口行桐油堆栈，有聚兴诚油栈、福中油栈。还有一般堆栈，可堆存杂粮各货的堆栈，即无论为桐油、秀油、洪油、麻油、皮油、木油等均可堆存，其中有自己的，也有租用的，如汉口市的夏德昌油栈、汉阳的公义油栈。

上海的油栈较大的有瑞记商行油栈。在浦东陆家嘴，原名安利油栈，后以安利洋行将桐油部分划归瑞记商行专营改名。该栈临黄浦江，铁驳可直达栈前，有码头设备，栈内澄油设备计有毛油漕、毛油脚池、净油池、滤油车各一座，澄油车两座。

---

① 《上海海关志》编纂委员会编：《上海海关志》，上海社会科学院出版社 1997 年版，第 206、207 页。

当时，各轮船公司和大的出口商均在汉口设置自己的码头，如招商局、太古公司，轮船公司的堆栈有：普通堆栈、油栈和桐油专门堆栈，如招商局的4号堆栈，太古的7号堆栈，普济轮船栈房，三北之B2、戴生昌轮船栈A栈，都建有专门的桐油油栈，大都有油池、油路。

按堆栈所有权而论之，有自建堆栈，如中央桐油公司的中央堆栈、聚兴诚贸易部的聚兴诚油栈、福中公司的福中油栈。还有油行租用其他油行和出口洋行的堆栈，如春源租用其来油栈、亦昌租用立兴堆栈、其昌租用怡和堆栈、慎昌租用美最时堆栈，义瑞之租沙逊堆栈则是出口行租用出口行的堆栈。

油行之所以租用出口行的堆栈，其主要原因是1924年以前油行卖与出口行的桐油均是毛盘，由出口行代做净油出口，油脚仍退还油行。所以出口行自建堆栈，以便将买入桐油，改作净桐。1924年以后，出口行认为这样成本过高，所从油行买入的油，均是净油。故出口行对于改做净油，无须自理。而且出口行收买桐油，大都即行运往各国，更无堆栈的必要，不如租与油行。油行亦以资本有限，一时不能建筑大规模的油栈，所以向出口行栈租用。1924年以后，出口行当中仍保留油栈的，大都为囤油，或出口，或转卖其他出口行或油行。

自建堆栈，或租用堆栈，其办理手续大同小异，大都在订货时买卖双方商定，一般情况上栈由买家自理，下栈力由卖主支付。若是轮船公司堆栈上栈力由公司自理，下栈力由买家支付。"轮船公司栈租，向例货到两星期内，栈租可免。两个星期后每月栈租，每大桶为2钱，篓及小桶为1钱，听装6分。普通堆栈上栈出栈手续，与一般货物上出栈相同。方篓桐油每月每篓1钱；桶装桐油每月每桶4分5厘；支篓桐油，每月每篓银5分。如汉口2栈按月每大桶8分、每小桶5分。"①

（2）桐油出入栈手续

普通堆栈所堆的桐油都是装篓或装桶，其上栈、出栈手续，与一般货物的上栈、出栈相同。至于栈租，以银两计算，方篓每篓每月1钱，

---

① 上海商业储蓄银行调查部编：《汉口之桐油与桐油业》，上海商业储蓄银行信托部1932年版，第67页。

桶装桐油每桶每月付 4.5 分，支篓桐油每篓每月约 5 分。

轮船公司油栈，向例货到两星期内，栈租可免，以后则收栈租，其租金以月计，每大桶为 2 钱，篓与小桶为 1 钱，听装桐油 6 分。至于上栈力，例为轮船公司堆栈自理，下栈力，由客户支付。

油商炼储油栈分自有栈与租用栈两种，自有栈是洋商出口行自建，租用栈是油行向洋行缴纳租金，常年租借，各储油栈内都备有炼油及其及油池，毛油炼成净油时，储于油池内。如装运出口利用散舱的，则油池内用管送入船上油舱中。若是装桶运出的，则现在栈内装桶，由劳力抬至船上。是种下力，大都于订货时规定的普通下栈力由卖主支付。①

随着桐油贸易的兴旺，堆栈业分类更为专业，也更能适应桐油商品流通的需要。

4. 出口过磅

出口桐油经检验合格后，即可报运出口。先由出口商将货物种类、价格经过上述报关、检验、堆栈三层手续后，分批出口过磅，以完成最后的检验手续。运销出口的桐油所有手续都完成后，若是桶装，则由人力抬至船上，其费用由卖主自理；如果是装池，则由油池用输油管道抽送船上，遇到江水退落的情况，可直接由输油管道输至船内。

凡汉口采办桐油出口洋行净油后，即择定装船出口日期，通知油行于是日卸货。于卸货时由出口行请三义工程所经手过磅。若是桶装，则桐油由油栈抬至装船地点，使用磅秤过磅，同时买卖主及记磅者各自记录重量。如油栈由油池用管将油直接注入轮船油舱者，则记磅者用散油磅秤计重，核算无误，开始封舱，公证的费用，由出口行负担，同时三义工程所发给凭单，证明桐油之品质及其数量的无误。②

由此可见，1929 年商品检验局成立后，当时的万县、汉口、上海等大型拥有集散销售市场的桐油行业已经形成了检验、报关、堆栈、出口过磅、装载等一套比较完整成熟的程序。桐油行业催生出大量相

---

① 张元明主编：《民国国际贸易史料汇编》，凤凰出版社 2014 年版，第 205—207 页。
② 张元明主编：《民国国际贸易史料汇编》，凤凰出版社 2014 年版，第 199 页。

关从事检验、报关、堆栈、搬运等专业人员，从这一角度也可看出桐油行业的壮大。

二 桐油的出口贸易手续

桐油的出口贸易手续指的是在集中在出口市场的桐油出口海外的手续，包括海外桐油进口商签发订货单、轮船运载桐油以及如何支付货款等手续。

第一，桐油输出的第一步手续，即由海外桐油进口商签发订货单，寄给出口商，出口商接到此项订单以后，如对于订单内容并无问题，即可向进口商声明购办。于是买卖双方契约，即可成立。大概此项订单所包括内容有货色（Article）、数目（Quantity）、价目（Price）、交货日期（Delivery）、付款方法（Payments）、度数（Index No.）等几个方面。此外关于包装，订单中必须有注明。

第二，出口商接受订单以后，将桐油收集完毕，装成件油（装入竹篓，铁桶或木桶）或散油（装入轮船，或驳船）运出。但在未封固出口前，须向商品检验局请求检验。由检验局提样检验。如合于一定标准，发给桐油运销国外证书，并由局将装油总钳口处逐加标识。合格证书以6个月为有效期限。合格证书内载明检验商品的商标重量、船名、出口日期、运往地点、收货人姓名。合格证书一面记载该货的检验结果，如色状、水分、比重、酸价、卤化价、折光指数、碘价、杂质、热试验等项结果。

第三，出口桐油经检验以后，即托轮船运载出口。其手续先由出口商将货物种类、价值、包装、数量、重量、容积等项，告知轮船公司，由轮船公司计算运费。出口商满意的货物，即先安妥舱位，预备装载。同时向轮船公司领得下货单一纸；此种下货单，时常为三联式，一联即为轮船公司准运货物的证明，出口商持有至海关报关时用，一联即为船主收据，货主可持此收据至轮船公司换取正式提单；根联则留备参考。

第四，出口桐油经上述手续以后，即可着手报关，由出口商根据下货单，填好出口报单，与商品检验局证书及下货单一并送至海关。海关根据各种单据派员至码头验阅，如检验无误，即批出付税单，由货主依附税单付清关税，并至海关领取下货单，由关盖印发出，事主领得下货单后，即至码头将货装载船上，由船上账房发出收单，货主再将收单送至轮船公司，换取正式提单。

第五，出口商将货物装船输出后，即须将出口发票、提单、保险单等项文书，寄予进口商，以便提取货物。又我国桐油以输往美国为最多，运往该国的桐油，并须有领事签证单，连同各种单据，由出口商寄一份与购主备用。

第六，桐油输出的最后一种手续，即出口商如何向进口商收取贷款。通常办法为利用银行信用状，其手续如下："（1）桐油进口商某甲向桐油出口商某乙订立契约，规定以信用证书为交款方法。（2）进口商请求其素有往来的银行，发出信用证书。（3）银行承认以后，即发出信用证书，通知出口商某乙。（4）出口商将信用证书及各种单据，交与所在地银行请其贴现，银行查封无误，即可予某乙以现款。（5）贴现出口商汇票的银行，将信用证书、汇票等一切单据，寄给进口商所在地的支行或代理所。（6）代理所将单据送交发出信用证书的银行，或由出书银行即行付款或承兑，所有单据转交进口商，进口商即可持单据，将货物取出。（7）信用证书到期后，进口商付款于出书银行，同时代理行即向出书银行兑得现款。"①

中国各地农村出产的桐油汇集到上海，经过多道程序，至此完成了国内的流程。大量桐油随着轮船的运输运往了国外市场。

第三节　桐油的成本、价格与资金周转

桐油的成本包括桐农的种植成本和榨油坊的加工成本两部分。加工成本包括购买桐籽、加工桐油、运输桐油的成本。桐油的价格部分主要分析汉口市场的桐油涨落。桐油的资金周转是指桐油行业购销桐油的金融方式。

---

① 李梦林：《我国桐油出口手续》，载《青岛工商季刊》1936年第4卷第1期。

一 桐油的种植成本

桐树的种植成本按每亩植桐百株计算,这是假设状态。实际上各地的农户植桐有可能是在田间空隙、家庭周围随意植桐,并不成林。每亩植桐的株数也不一定是一百株,只能是估算。农户零散的桐树种植无法估计成本。

以每亩植桐百株为单位,列成本预算,如表5-8所示:

表5-8　　　　　1930年种植桐树每亩种百株成本预算　　　　　单位:元

项目	应需数目	备注
垦殖人工	25000	每人工需1元
种子	800	
肥料	8000	
平时中耕人工	16000	每人工1元年需4次,每次4工
总计	51800	

B. 垦殖油桐每亩种百株第二年支出预算

地租	2000
肥料	8000
平时中耕人工	16000
总计	26000

C. 垦殖油桐每亩种百株第三年支出预算

摘工	2000	每人工1元以2人工计
炼工	500	
榨工	1100	
总计	3600	

D. 垦殖油桐每亩种百株第三年收入预算

桐蓬	500000斤	第4年以后产量增加 第7年以后产量减少
蓬折乌	125000斤	以25%计算
乌折白	50000斤	以40%计算
白折油	27500斤	以50%计算
油值	13.750元	以50元油价计算

续表

项目	应需数目	备注
D. 垦殖油桐每亩种百株第三年收入预算		
饼值	1.575 元	可榨桐饼 22 斤半 以每市担 7 元计算
总计	15.325 元	

资料来源：王文蔚《桐油成本统计》，载《浙江特产》1930 年第 2 期。

以预算（一）51800 元，与预算（二）26000 元，在三年内总和为 103800 元，除以预算（四）15.325 元之收入，与预算（三）3600 元的支出相抵，所得为 11725 元。换言之，则以 103800 元的成本，而得 11725 元之一份以上的利润，但预算（一）51800 元，两年内不计利息，预算（二）26000 元，一年内不计利息。

假定油桐寿命为 20 年，总计所得 117250 元，加以每年正利 1172 元总和之 11720 元，合计为 128970 元，除三年成本数 103800 元外，实际所得不过 25170 元。但同时种植杉木，经过 5 年或 10 年，可得同样数量的杉木，其价值每株以 5000 元计，尚得 500000 元。①

再来观察政府组织经营的林场桐油收入情况。桐树生长最旺盛的时期是第十五年、第十六年，此后桐树逐渐衰老。又以江西省庐山林场每亩栽植桐树的收支计算，如表 5-9 所示：

表 5-9　　　1937 年江西省庐山林场桐油收入预算　　　单位：株，升，元

结实年度	每亩地的株数	每株子仁的收入量	每亩地桐油收入	备注
第六年	66	10	2.64	桐实 5 担可得桐仁 1 担
第七年	66	20	5.18	
第八年	66	50	13.20	
第九年	66	100	26.40	
第十年	66	150	39.60	

---

① 王文蔚：《桐油成本统计》，载《浙江特产》1930 年第 2 期。

续表

结实年度	每亩地的株数	每株子仁的收入量	每亩地桐油收入	备注
第十一年	66	200	52.80	
第十二年	66	250	66.00	
第十三年	66	250	66.00	
第十四年	66	250	66.00	
第十五年	66	200	52.80	
第十六年	66	150	39.60	桐树至此年度渐渐枯损，应行砍去

资料来源：朱峙雄《油桐之栽培及桐油》，载《农声》1937年第205—206期。

由表5-9所见，桐树的生长周期较长，家庭穷困的农户种植桐树并不能立即获得收益。因此桐油价格波动极大影响了桐树的种植。当桐油价格下降时，时常会发生农户砍伐桐树的情况。

二 桐油的加工成本

所谓成本，指购进原料、加工成油及运输制成品至各市场成本，或就抗战爆发后各产地桐油榨油坊自行运往政府收购机关所在地销售所需的一切费用而言，实为产销成本。战前桐油运销工作的一部分甚或全部分，多由桐油经销商担负。战时因生意惨淡，无利可图，油商多纷纷改业，运销工作遂不得不由榨油坊自理，所以同样将运销费用计入榨油成本。由于各地区各年份，特别是抗日战争爆发的战争原因，桐油的生产成本均不同，因此我们选取了战前湖南省新宁县和战时贵州省的桐油生产加工成本加以对比和说明。

1. 1934年湖南省新宁县桐油加工成本

榨油成本明细由原料费、加工人力费用、燃料费、物料费、房租、设备折旧及修理费、运输费用、捐税及桐饼价值九项构成。各项成本的内容缕述如下。

（1）原料费

原料费由桐油籽生产成本和相当于成本加10%的利润所构成。一般情况下除去水分的干桐籽，含油量为36%，因加工技术和桐籽品质有高低，出油率随之而异。一般情况下，每百市斤桐籽用土法木榨可得桐油25市斤，故榨成桐油每市担需要桐籽4市担。假定每市担桐籽的生产成本为20元，则当时每市担桐油所需的原料费（以x代表）应为88元，算式如下：

$$x = 20\,(1+10\%) \times 4 = 88$$

（2）加工人力费用

民国时期，遍布各地农村的榨油坊，其桐油榨制普遍采用以人力为主、畜力为辅的方法，极少数榨油坊采用了水碾的方法。至于1927年以后在桐油集散市场出现的由外商经营的机器榨油方法在长江流域广大农村地区并没有得到推广应用。

一般桐油榨油坊，每天开榨两次，其榨制每市担桐油所需人工数量估计为四个。此外，还有采用水碾的榨油坊，但水车仅能配备于有水力可利用的地方，并且其购买设备的费用及折旧费用都比较高昂，规模小的榨油坊无力承担，所以水碾榨油坊不是普遍现象。

民国时期，四川、湖南等地农村在人力资源十分富余的情况下，人力费用非常低廉，这一点可以从榨油坊给出的人工工资中得到反映，"每个工的费用相当于2市升中等糙米的价值，当时每市升糙米行市值2元5角"①，每个人工的费用应为5元，则榨制每市担的加工动力费用应为20元。在榨油坊劳作的工人，其劳动所得的工资仅够个人解决温饱而已。

（3）燃料费

榨油所需的燃料有煤炭与木炭两种，此外也多用木柴，取决于获取的便利程度和价格的便宜与否。实际上，民国时期农村小规模榨油坊尤其是农民在自己家中榨制桐油的时候通常以木柴为燃料。因为中西部地区多山，山上树木繁多，获取木柴时并不需要付出费用，仅需

---

① 参见曾仲刚编述，邱人镐、周维梁主编《湖南之桐茶油》，湖南省银行经济研究室1943年版，第166页。

要人工上山去砍柴而已。直至今日，四川、贵州、湖南等地偏僻山区农民使用木柴作为燃料生火做饭的情况并不少见。况且人工费用极其低廉，多数时候是家中亲戚和家中不能从事重力劳动的老弱妇孺去山上砍柴，甚至根本不需要支付这部分工资，仅需要提供伙食而已。在农村烧制木炭也简单易行，只需把树木截成段，在炭窑中点燃，烧到一定程度，封闭炭窑空气进入，余热继续加热木材干馏，一段时间后木材便碳化成为木炭。农民在各自家中榨制桐油的时候，在木柴获取非常便利的情况下，似并不需要再去挖炭窑来获取木炭。只有在集镇上规模较大的专业榨油坊使用煤炭为燃料，榨制每市担桐油，通常约需煤 1.2 市担。若假定当时每市担煤价是 7 元，则榨制每市担桐油的煤耗费成本为 8.4 元。

此外还有利用日光晒籽法的榨油坊，榨制桐油 1 市担，需煤仅半担。但此法仅能在日光强烈的夏季进行，须有晒场的设备，所以并非普遍现象，榨油所需煤量不能据此决定。

（4）物料费

榨制每市担桐油，约需包饼的稻草 15 市斤。在农民家中榨制桐油，此费用可以忽略不计。长江流域各省农村普遍以种植水稻为主，所以农民在收割粮食后，将剩下的稻草晒干后捆扎好码放整齐，可供来年随时取用，并不需要任何费用。在集镇上的专业榨油坊需从农民手中收购稻草，此项收购价同样很便宜，每市斤若以 2 角计，共费 3 元。

（5）房租

农民就在自己家中榨制桐油，此项费用可忽略不计。各地榨油坊多利用旧空屋为工作场所，每年房租甚有限，分摊在每市担桐油榨制成本中，估计约为总成本的千分之五。

（6）设备折旧及修理费

乡镇上专业榨油坊每市担桐油所负担的设备折旧及修理费，约相当于其总成本 1%。由于农民多在收获桐籽后临时在家中设坊榨油，时过即歇，而且乡镇上的专业榨油坊也不能保证全年开工，故属于季节性停用的计提折旧。

(7) 运输费用

运缴是运进桐籽及运出桐油两项运输费用的总称。农民家与榨油坊的距离，平均约为20里，寻常往回半日即可，一般情况下都是农民自行挑运至榨油坊出售桐籽或者是在自己家中将桐油榨制好以后自行挑运至乡镇集市上贩卖，并不需要雇用人工，故不需要支付运费。乡镇的榨油坊榨制好桐油后，自有挑贩或油客上门收购桐油，同样不需要考虑运输费用的问题。但抗战爆发后，榨油坊需要自行将桐油运往政府收购机关所在地，榨油坊需要负担这一部分的运费。榨油坊与政府收购机关所在地的距离，假定为30里，寻常往回大半天即可，如果榨油坊距离市场甚远则必然存在某种优势，如原料的便利、物价的低廉等，足以补偿运缴上的损失而有余。从榨油坊运输每市担桐油至政府收购地点，榨油坊需要雇用3个人工。若每个人工的工资相当于2市升中等糙米的价值，而假定当时每市升糙米的市场价格为2元5角，则每市担桐油的运输费用应为15元。运输费用的计算是假定状态，实际上受战事的影响，在一些桐油产区政府并没有设立桐油收购机关，各地情况复杂多变，桐油的运输非常困难。

(8) 捐税

通常油类捐税约有产销税、营业税和海关或杂捐三种。30年代，桐油产销税法定为3%，事实上各地情形不尽相同，无法得知精确数额；营业税法定为3%，在桐油运送至各集散地市场后须缴入税局；海关或杂捐，此项因运销地点不同而各有不同的捐税。1933年，"湖北省财政厅呈请转饬汉口商品检局对于在汉出口桐油、茶叶、牛羊皮各商未纳营业税其不给运输证，并饬沙市检验分处照此办法办理"①。

如战时政府在衡阳设立了复兴湖南分公司，"海关征税桐油运往衡阳者所必抽，至其他杂捐如保甲、农产、学捐等不能概括，兹故假定为

---

① 佚名:《税捐：训令汉口沙市营业税局转知奉准对出口桐油、茶叶、牛羊皮未纳营业税不给运输证》，载《湖北财政季刊》1933年第1—3期。

值千抽八,以资推算。以上三项合计为千分之六十八,若假定桐油法定128元的牌价,代表1公担桐油的价值,则每市担油应负担捐税共4元3角5分"①。

(9) 桐饼价值

木榨每榨油100市斤,通常可得桐饼220市斤,若以每市斤售价2角计,共值44元。需指出的是,实际上农村桐饼极少买卖,多将其碾碎作为肥料使用,并没有桐饼交易行市,榨油时所剩下的桐饼并不一定能销售出去从而获取利润。

以上成本的计算均是参考当时物价水平的假定状态下的计算,与实际情况可能有出入。若照假定的花费而估计榨制每市担桐油的产销成本(以Y为代表)应为96元1角9分,其算式如下:

$y = 88+20+8.4+3+0.005y+0.01y+15+4.35-44$

$\quad = 94.75+0.015y$

$y = 96.19$(元)

应指出的是,在抗日战争爆发之前榨油坊并不需要支付15元的运输费用,自有挑贩或油客上门收购桐油,所以在战前的每市担桐油的成本中应减去运输费用,即 $96.19-15=81.19$ 元。

以上公式是指乡镇的专业榨油坊所花费的产销成本,在农民家自家榨油坊榨制桐油的产销成本应比此数小,因为在农民自己家中榨油时可节省一部分人工费、燃料费、物料费、房租及设备折旧及修理费等成本。并且无论是抗战前还是战时,农民都是在自己家中榨制好桐油后自行挑运至乡镇或政府收购机关所在地出售,并不需要雇用人工,不需要承担运输费用。其算式如下:

$Y = 88+20+4.35-44$

$\quad = 68.35$(元)

表5-10为1934年湖南省新宁县各乡镇榨油坊的桐油生产成本。

---

① 曾仲刚编述,邱人镐、周维梁主编:《湖南之桐茶油》,湖南省银行经济研究室1943年版,第169页。

表 5-10　　1934 年湖南新宁县各乡镇榨油坊桐油生产成本估计

单位：每市担

产区	品类	成本总额	人工	原料	其他费用	调查时间
新宁	桐油	64 元	甑工半个 2 元 榨工一个 5 元 杂工半个 2 元	桐籽 5 担 50 元， 煤炭 2 担 3 元	捐税 2 元	1934 年 11 月

注：新宁桐油生产成本，是榨油坊购进桐籽自榨后挑至县城的一切费用。

资料来源：曾仲刚编述，邱人镐、周维梁主编《湖南之桐茶油》，湖南省银行经济研究室 1943 年版，第 171 页。

从表 5-10 来看，桐油生产成本还算合理，人工费用仅占成本总额的 14.1%、燃料费及捐税费用大约为整体成本的 7.8%，原料本身的费用占到了成本总额的 78.1%。由此可看出人力成本较为便宜，这是由于榨油坊大多全家大小一起从事此项工作，成本低廉，而房租、设备折旧及投资利息等，未能详细列举。况且榨油后所剩下的桐饼及剥籽时所剩渣屑等，可作肥料及燃料，未从中估计扣除，所以上述各项成本明细只是估算，并不是十分精确的数字。

2. 1942 年贵州省桐油生产加工成本

桐油的生产加工成本，各地区各年份均不相同。以下以 1942 年贵州省的桐油行业为例，对桐油加工成本的估计。油商的加工成本分价格、运费、折耗、榨油费、利息、营业税、工饷等。

（1）桐籽收购价

据估计桐农生产成本所得每市担桐籽价值需要 27.313 元。换言之，亦即商人每市担桐籽收价应为 27.313 元。

（2）运输费用

商人所收桐籽，均零星散布于乡间，须使之集中。其分散地与集中地距离远近不等，平均以 50 里计，其往返运费每市担约 4 元，而事实上运输不便之处，商人会将收价降低，是项运输费用，仍附加于桐农身上，假定为商人负担，每市担桐籽运费在内为 31.213 元。

（3）折耗损失

商人所购的桐籽，因干湿不等，常有损耗。折耗最多的可达10%（俗称九折），普通在5%左右（俗称九五折）。即每市担桐籽仅有95市斤。即以95%除以每市担收购价27.313元得28.75元。潮湿的桐籽，商人出价较低，较大的损失，仍归桐农负担，故每市担纯干桐籽运费及折耗损失在内共需32.75元。

（4）榨油成色

桐籽品质优劣不等，榨油量有很大的差异。优良桐籽，每市担桐籽可榨油52市斤至53市斤；不佳桐籽，仅能榨油47市斤至48市斤。以每市担榨油50市斤计算，亦即2市担桐籽可榨油1市担。据前三项结果32.75元乘以2倍，每市担桐油的成本为65.5元。

（5）利息计算

商人于12月间收购桐籽后，需预堆置仓中，陆续榨油。堆存期间作为三个月计算，按月以1分计，由前四项结果每市担桐油价值65.50元乘以0.03元得三个月利息为1.96元。故65.50元加1.96元得每市担桐油价值为67.46元。

（6）榨油费用

以委托油坊代榨费用试估，普通榨1市担油，油坊收手续费约6元。或不收现金，即以桐饼代替手续费（苛刻油坊，除桐饼外，尚须扣油一二斤）。换言之，即每市担桐油须用人工伙食、牛用饲料、榨具折旧、房屋租金等加工费用为6元，由前五项得结果67.46元加6元得73.46元。

（7）稻草费用

一般稻草市价，每市担约需0.05元，榨制每市担桐油，需稻草20市斤，需1元。由前六项结果73.46元加1元得74.46元。

（8）营业税费

政府规定营业税0.8%。假设桐油每市担为74.46元，以0.008元乘以74.46元得0.595元，由前七项结果74.46元加0.595元得75.055元。

（9）杂项开支

经营油坊，除备用人工外，尚有记账、收货员、仓储工及仓库租金等杂项开支，估计之，每市担桐油约3元左右。由前八项结果75.055元加上3元得78.055元。

（10）盛器折旧

贵州省油商装运桐油多以木桶为盛器，装1市担桐油的木桶，约需5元，以用5年计，则每年折旧费为1元。由前9项结果78.055元加上1元得79.055元。

（11）桐饼收入

据上面计算，2市担桐籽可得桐油1市担，所剩余的为桐饼1市担，加稻草20市斤，共1.2市担。桐饼售价每市担约5元乘以1.2为6元，由前项结果79.055元减去6元得73.055元（值得注意的是，桐饼含油约10%，有毒，不能用作饲料）。

（12）正当利润

依上计算桐油成本需73.055元，商人所要求正当利润为10%，则桐油每市担的市价为73.055元加上7.30元的80.355元。

由上计算，桐油商加工成本可用下列公式表示：

每市担桐油成本价值=2×（桐籽收价+桐籽折耗+运费）+（堆货利息）+（榨油费）+（稻草费用）+（营业税费）+（杂项开支）+（盛器折旧）－（油饼收入）+（正当利润）

=2×（27.313+4+1.437）+1.96+6+0.595+3+1－6+7.3

=79.355（元）。

上述估计，每市担桐油加工成本为80.555元的价格。这只是假定情况，实际上有可能重复高估或有未周到计算之处。根据上述估计与分析，可得出结论：在贵州东部各地生活费用较低的地方，可按照估计成本价格略为低廉。在贵阳附近生活较高的地方，需按照估计成本价格略为高昂，则桐农到达生产成本及收益，商人的正常利润，均高于此计算结果。①

2. 桐油的销售成本

来看桐油在集散市场的销售成本，以1925年当时的万县桐油业

---

① 张家驹：《贵州省桐油生产成本之估计》，载《浙大农业经济学报》1942年第2期。

为例。

(1) 雇用苦力搬运所需费用

出儎油（即船运之货）：每篓工钱320文，艇费40文，即每担工银7分4厘。

坡油（即陆运之货）：每篓工钱347文，即每担工银7分1厘。

上沱油（即由高地运落之货）：每篓工钱320文，即每担工银6分6厘。

注：每钱千文合银3钱7分计算。

(2) 尚需支出下列诸费

油篓：每具计银2钱，即每担计银1钱1分。

经纪佣金：每篓计银1钱，即每担计银5分5厘。

油引：每篓计银2分（937扣），即每担计银1分。

警察费：每篓计银1分（937扣），即每担计银5厘。

共计：每篓支银3钱3分，即每担支银1钱8分。

验油师：每篓计钱20文。

缝口：每篓计钱6文。

共计26文。

由上观之，可见油行桐油买入时所需各费用。连搬装每担需费银2钱6分，但寻常油篓沽出，可得回其篓费之一半（即5分5厘）。①

算定净成本价之公式——桐油买入时，例由过儎铺给开折扣银每两位6分3厘。并给火耗每油价银万两为钱40吊。概算作为银15两计算，即火耗为0.15%。油的重量以18安士为1斤，但购买时交收每担，概以每斤16安士112.5斤计作为足数。按112.5斤与关平1.05担相当。故净赚之重量为3.5%，即112.5斤，即1.05关平担，最少耗损率1%，油之耗失0.5%，实得1.35关平担。油之耗失约为1%，但其中之半已经入算。故净算之结果为折扣（即每两实银9钱3分7厘计）6.3%，应得火耗0.05%，重量3.5%，共9.95。假如当时的万县行情

---

① 季海：《四川万县之桐油业》，载《农事月刊》1925年第4卷第4期。

单所列之买入价目为 10 两,则净成本价即为 9 两 05 分。若其价目为 9 两,则净成本价为 8 两 1 钱,以此类推。①

(3) 桐油的装运成本

以当时的万县的桐油装运成本来看,雇用苦力由油坊运至驳货艇每桶需费钱 320 文。驳货艇运至轮船的艇费每桶费钱 120 文。落货于轮船每人 1100 文,每百桶需人 8 名,即每桶需费钱 88 文。共计钱 528 文。以每钱 1000 文合银 3 钱 7 分算,每桶需钱 528 文。即每担需银 7 分 3 厘。装 50 桶的驳货艇,因装卸不及而担延,每日须补给费用钱 2000 文。

税饷各费:

临时军费:每桶银元计 1 角算。

统捐:每桶银元计 4 角算。

共:每桶银元计 5 角算。

以每元合 7 钱 1 分计,即银 3 钱 5 分 5 厘,即每担费银 2 钱 3 分 1 厘。此项费用,无论其油为轮船运或渡船运,皆须支付。

(4) 澄油的成本

油槽每个容量为 250 油篓的种类,即 150 木桶的重量。

澄油的手续如下:

第一,装满 250 油篓的油每槽通常须 5 日至 7 日,或须更久。要看劳力能否充足及他项之情形而异。严冬之时,桐油在篓内凝结,则需时日比平日更多。

第二,滤清工作,在冬季借加热设备助力,须 7 日完成。但夏季则只须 5 日。

第三,将槽内的油转装入桶。(每槽 150 桶)须 2 日,第一日约转装 130 桶,第二日约转装 20 桶。因第二日的油通过管口较慢,故装得较少。

---

① 季海:《四川万县之桐油业》,载《农事月刊》1925 年第 4 卷第 4 期。

第四，除去槽底的油垢，并清洁其油槽，须半日。

如此则澄油的全部过程，约需要20日。此系指设备油槽二个而言，每年可澄油800吨。

(5) 制桶的费用

第一，桶板2元6角（每元7钱1分算），银1两8钱4分6厘。

第二，箍铁14磅（每百磅价银9两3钱7分算）。

第三，硅酸钠（每罐价银83两5钱7分，可供制桶250个之用），银3钱3分4厘。

第四，窝钉（每重7磅可供制桶15个之用，每箱重120磅，价银8两6钱可供制桶240个），银3分6厘。

第五，钉40枚（每钉10磅可供制桶160个之用，价银1两2钱），银8厘。

第六，尖头短钉（每10包重3磅3，每重15.5磅可供制桶160之用又每箱价银8两6钱，凡600包共重198磅可供制桶2000个），银4厘。

第七，黄色涂料（每罐重28磅价银2两7钱，可供制桶100个之用），银2分7厘。

第八，红粉（每包重46磅价银1两2钱可供制桶160个之用），银5厘。

第九，灯芯草（每桶100磅价银4两4钱5分，可供制桶300个之用），银1分5厘。

第十，油漆匠，银5分。

第十一，熟桐油（每重80斤可供制桶160个之用，价银8两），银5分。

第十二，利息（9个月期每两1钱算），银4钱6分。

第十三，人工（每制桶一个用人工一工半算），银3钱6分。

共计银4两5钱零5厘。[1]

---

[1] 海：《四川万县之桐油业》，载《农事月刊》1925年第4卷第4期。

三 桐油的价格

近代以来,中国桐油价格变迁甚大,通常物价之变更取决于产量的多少、销路的广狭,而中国政局不定及内战蔓延,尤其直接影响于桐油的出产及运输。

1. 桐油的国内市场价格

我国桐油出口数量起伏不定,一般而言,以每年4—8月为出口畅旺时期。因为这一时期江河水涨,便于桐油运输出口。

中国的桐油价格,一般以桐油集散市场的汉口和上海为基准。以桐油产地市场重庆涪陵的收购价格来观察:"清光绪年间,桐油每担约值国币 10 元左右,农民对于植桐不甚注意。1912 年至 1917 年,桐油价格为 16 元至 18 元。1918、1919 年间,油价高至 40 余元,于是植桐之风大盛。1926 年、1927 年间,桐油价格又低落至 20—33 元。1931 年至 1934 年间,又高涨至 40 余元。1935 年则又突涨至 70 余元,可谓是桐油的黄金时代。1936 年桐油价格仍在 40—50 元之间。1937 年上半年则仍有 47—48 元的价格。自抗战军兴,桐油销路被阻,油商裹足,于是油价大跌,每担约值 20 元左右。此后每况愈下,市价在 18 元左右。"①

汉口地处汉水汇合长江之口,距长江出海口 1800 余里(约 600 英里),在长江轮船航运未普及以前,汉口是外洋轮船航行至桐油产区的终点,汉口以西的水域,江河水浅,一年之中,除夏季外,常不便于巨轮航行。所以产区桐油,多以帆船,或小轮,运至汉口,储入堆栈,或储藏净油池,使其澄清,以待运销。汉口市场如此重要,因此各地桐油的价格以汉口市场为基准。随着川江航道的不断疏浚,轮运越来越占据长江运输的主导地位。"自 1929 年起,长江上游的桐油突然改变汉口成交的旧例,而改为直接运到上海,不复运往汉口。"② 此后,中国桐油

---

① 吕则民:《涪陵之桐油》,载《农放月报》1939 年第 1 卷第 2 期。
② 即明:《汉口之桐油》,载《银行杂志》1934 年第 1 卷第 17 期。

最大的出口市场由汉口转移到上海，因此各地的桐油价格变成了以上海市场的涨落为基准。

因为是属于典型的外向型农产品，桐油价格的决定权随着国外销售市场的需要、出口的旺衰而发生转移。

因汉口市桐油市价的涨落，与美国工业有紧密关系的缘故，1925年美商部准油漆工厂联合会之请，由美国驻汉口总领事设立桐油贸易通讯处，按月报送中国桐油时价，于商部内外贸易局详述桐油的时价及市场趋势、出口量并计入栈租、出口税、船载运费等，均有详细统计，画成图表，报告其本国政府，并在报刊杂志上发表，以便相关人士参考与观察。在桐油价格大涨大落时，则说明其原因，使桐油业者更易知其涨落原因所在。因此美国进口商借以明了中国桐油情形，而慎重决定其贸易方针。自实行以来，每年减少许多无谓之损失。① 此种报告，先是由海底电线发出的，后来改由邮政发，因为需要的急迫，又复经海底电线或由无线电报拍发。

汉口桐油市价，一向有"外盘""客盘""内盘"的区别。所谓外盘即汉口油行与洋行间成立买卖时的价格，客盘是他埠油商向汉口油行预定货物时的价格，内盘是汉口油行之间互相买卖货物时的价格。内盘是汉口油行之间互相买卖货物时的价格。就价格而言，以外盘价格为最高，客盘次之，内盘价格为最低。油行卖货给洋行，须加上净炼手续，及负担驳船、人力、出口关税等费用，成本较大，故价格因以较高。

汉口市桐油市价的决定，实与多方面均有关系。汉口的桐油市价受到产量的多少、政局的稳定与否、洋商的操纵、外销的增减、外汇的涨落五个方面的影响。中国桐油，大多销往欧美各国，桐油产品的输出与定价大多控制在国际垄断资本手中，往往面临着国际市场需求波动的风险，国内桐油生产者与国际市场隔绝，对市场需求的反应迟缓，这对于分散经营的农民的冲击往往是致命的。如遇欧美各国需要桐油量增加，则汉口洋商大量收买，于是桐油供少于求，价格即上涨；反之，如遇欧

---

① 佚名：《中国桐油与美国工业关系》，载《实业公报》1933年第113、114期合刊。

美各国需要桐油量减少，汉口洋行势必停止收买，则供多于求，价格即因此下落。桐油价格还根据金银比价的变化发生变化。我国为一用银之国，世界各国均为用金之国。我国银价常受金价的影响，涨落波动较大。汉口市桐油市价同样因金价的涨跌而随之发生涨跌。在金价大涨时期，外商以银汇兑价低廉，多大量买进，于是桐油的需要增加，价格上涨。"1930年及1931年金价之高，是前所未见的。桐油市价，本应上涨，而反呈现下跌现象，是因为世界各国普遍不景气，经济衰落，购买力减少，遂致桐油需要锐减所致，并非有悖于上述金价上涨而桐油价格因亦上涨的原理。"① 1935年国民政府进行币值改革，放弃银本位后情况有所好转，但好景不长，1937年抗日战争全面爆发后，战时经济通货膨胀，一直到民国结束时通货膨胀问题都未能得到解决，严重影响各地物价。

总之，汉口市桐油外销占绝大部分，市价变动的主动权掌握在洋行手中。因汉口市桐油市价的涨落，与美国工业有紧密关系的缘故，1925年美国商部准油漆工厂联合会之请，由美国驻汉口总领事设立桐油贸易通讯处，按月报中国桐油时价于商部内外贸易局详述桐油之时价及市场趋势、出口量并计入栈租金、出口税、船载运费等，均有详细统计，画成图表，报告其本国政府，并在报纸杂志上发表，以便相关人士参考与观察。在桐油价格大涨大落时，则说明其原因，使桐油业者更易知其涨落原因所在。因此美国进口商借以明了中国桐油情形，而慎重决定其贸易方针。自实行以来每年减少许多无谓之损失。② 此种报告，先是由海底电线发出的，后来改由邮政发，因为需要的急迫，又复经海底电线或由无线电报拍发。

出口行购买桐油需密切关注金价的涨跌情况，"如美商订货，其表示桐油价格是以金价为单位。故运销外洋桐油，极需要注意金价，如在此处多具眼光，亦可于汇兑上占相当之利益"③。至于国内桐油需求量

---

① 李昌隆编著：《中国桐油贸易概论》，商务印书馆1935年版，第122页。
② 佚名：《中国桐油与美国工业关系》，载《实业公报》1933年第113、114期合刊。
③ 上海商业储蓄银行调查部编：《汉口之桐油与桐油业》，上海商业储蓄银行信托部1932年版，第94页。

的增减，实不足以引起其价格的升降。因为桐油既以外销为主，内销再旺，也不影响全局，对于市价涨落，并无太大关系。

汉口桐油市价，在1923年4月和1927年夏季，都曾涨至每担价值38两，而通常市场疲软时，则每担仅值十六七两左右。所以一般中国商人常常以桐油作投机事业，买空卖空，操纵居奇，以便从中取利，洋商方面，则因桐油价格涨落不定，收购上颇感困难。

表5-11　　　　　　1917—1929年汉口桐油价涨落情况　　　　　　单位：两

年度	每担最高价格	每担最低价格	差额	每担平均价格
1917	16.00	10.20	5.80	12.75
1918	17.60	11.30	6.30	12.53
1919	16.70	10.20	6.50	12.89
1920	17.00	13.00	4.00	16.45
1921	18.00	11.00	7.00	13.13
1922	19.00	12.00	7.00	14.30
1923	38.00	20.00	18.00	23.97
1924	32.00	16.60	15.40	20.46
1925	20.40	17.00	3.40	18.55
1926	33.00	15.40	16.60	22.15
1927	38.00	21.80	16.20	26.54
1928	31.00	21.80	9.20	23.55
1929	30.00	19.50	10.54	24.04

资料来源：李昌隆编著《中国桐油贸易概论》，商务印书馆1935年版，第121页。

由表5-11可知，1917—1922年汉口市桐油价格涨落情况是比较平稳的。据桐油商称，自1922年起，由重庆至宜昌间的运输情形渐佳，此时采用轮船散舱装油的装运方法，渐次增加。因国内需要桐油甚多，国外供不应求，因此桐油价格逐渐上涨。1925年为桐油价格最平和之年，因为该年度桐油产量丰富，但输出不及上年之多，导致桐油价格平稳。1926年桐油价格因运来汉口的桐油数量较少而逐渐上涨。1927年初，桐油新货上市，价格回落，4月间宁汉分裂，武汉对外交通断绝，受政治局势紧张的影响，武汉当局将现金集中，桐油价格陡涨至38两，后即渐次跌落。1928年初，桐油新货一时缺少而价格上涨，后又跌，至下半年桐油输出增加，价格变动较小，直至1929年上半年，桐油价格依然如常，涨落有限。1931年为欧美各国经济不景气的一年，美国更甚，因此购买力薄弱，输出锐减，适逢1931年长江流域大水灾给工农业生产造成重大损失，桐实收成减少，桐油价格疲软。1934年川湘鄂各省，因为天气干旱，桐实收成异常稀少，为历年所仅有，所有桐油存货销售一空，产地虽有少数存货，又都未达到出口标准，以致未出口。因此1934年汉口桐油到货存货十分缺乏，而洋行需求畅旺，所以汉口市场油价步步趋涨。1935年桐油外销颇见起色，川鄂湘浙皖各省产桐区域，桐实产量均见丰收，含油量也比往年良好。"1935年汉口桐油总计输出738865担，值41582879元，为出口货物的最高值，较1934年多15366196元。"① 1935年桐油国内产量虽然上升，但国外需求同样上升，以致存货告罄，供不应求，而造成高昂的价格。

我国的桐油贸易，在战前是由中外商人自由贸易的。自抗战发生后，桐油一时无法出口，价格曾暴跌。到1939年春，便归政府统制，由贸易委员会复兴商业公司负责购运销。此后，桐油的出口即作为偿还贷款之用。但自敌人深入内地及封锁海口后，运输发生问题，桐油的外销便日感困难。这是出口量减低的客观原因。同时还有主观上的原因，即由于输出量日减遂使国外的价格日增。于是用较少量的外汇便可获得桐油，而使桐油的输出量更加减少，1941年中仅输出了9000公吨。这就使国内桐油的生产量日益过剩，而使产量逐年减低。在价格方面，统制价格在开始时相当高，例如统制第一个月（1939年4月）当时的万县的涨价为每公担44.50元，而实施统制的前一个月仅36.76元。但到后来，统制价格的提高，总赶不上物价的上涨。例如1941年12月份当时的万县的牌价为每公担160元，而同月份茶油的价格已涨到700元

---

① 朱美予编著：《中国桐油业》，中华书局1941年版，第72页。

以上。

在抗战期间，受战事影响，桐油的外销断绝，价格降低，农民无利可图，其种植热情大减。在这种情况下，桐农非但无利可图，而见亏累不堪。于是先则收藏桐籽不榨制桐油，继则砍伐桐树以作燃料，造成了桐油生产的大危机。自太平洋战争发生后，桐油的输出完全断绝。但这时桐油已有新的用途——制炼汽油。政府便放宽桐油的统制，由于各炼油厂竞相争购，市上的桐油价格立见飞涨。1942年5月份的重庆市价，比之1941年12月份的牌价，应高涨至三倍以上。到这时候，由于炼油厂的大量增设，桐油立刻发生不够供应的现象。于是当局便计划推广植桐，而使即将陷入绝境的桐油生产，又渐呈复苏。

虽各省政府大力倡导植桐，但湖北省仍出现了桐林荒芜，甚至将桐树砍伐作柴烧的现象。战前煤油价格甚低，桐油与煤油的比价1∶3，当时普遍地区亦均用煤油点灯，桐油内销仅用油漆，消费极微，外销占绝大部分。抗战胜利后煤油价高且缺，湖南、湖北农村多改燃桐油。根据中南区土产调查团在湖北省竹山县的调查，"该县战后桐油的内销量达到12.5%，再根据郧县黄龙区东湾村第五闾的典型调查，全闾半年用于点灯的桐油共160斤，平均每户半年需2.5斤以上。所以这也是上市量减少的原因之一"①。1947年春季桐油市场重见活跃，桐油市价有所回升，汉口桐油贸易有所升温，但远没有战前贸易兴盛。随着内战的爆发，汉口桐油市场陷入停顿。

因为民国时期汉口是全国桐油最大的集散中心之一，其价格的涨落，通常可以使全国各地桐油市场受其影响。除少数特别情形以外，中国桐油市价的涨落，都以汉口为基准，往往内地各埠，一经谣传汉口市桐油需要大增或销路减少则随之涨落。

2. 桐油的海外消费市场的价格

美国是世界上最大的桐油消费市场，纽约是其销售中心。故纽约的

---

① 中南区土产考察团编：《中南区（鄂西、鄂北）土产考察报告》，中南土产调查团内部发行1951年版。

桐油市价,可以代表世界消费市场的桐油价格。在1922年至1929年间,纽约桐油价格水准较高,每磅价格均在9美分至28美分之间波动,平均为13.68美分。1930年1月至1933年2月,因受经济不景气的影响,每磅桐油价格由10.10美分跌至4.19美分,其后因需要较增,逐渐回升,直升至1935年9月的21.45美分。此后长期徘徊于10—20美分之间。1938年10月,因广州沦陷,中国桐油改道西南公路出口后,运缴费用激增,纽约油价逐渐上涨。1940年夏秋两季虽有微跌,但随后涨风更厉,至1941年9月即达每磅33.92美分。1941年12月12日美国物价管理处颁行最高价格表第53号,规定至13日起禁止商家买卖桐油的价格,超过该年11月26日的市价。旋于12月31日将最高价格改为10月1日的市价。1942年7月20日物价管理处复将最高价格定为每磅39美分。由上可知,历年来纽约市场的桐油价格,除受人为的控制时期外,其变动趋势,实与上海市以美金计算的桐油价格变迁情形相同,其间常保持一定距离的价格差异,此种价差,可以表示两地间运销费用与市场利润的高低。①

1930—1942年纽约市场桐油销售价格,呈现直线上升趋势,中国桐油在纽约市场供不应求,见表5-12。

从各地桐油的种植成本、各集散市场的加工成本和出口市场的桐油销售价格来看,经营桐油业的利润相当可观。这也是众多商人投身于此业的原因。仅当时的万县一地,"经营桐油业者不下十万人"。

四 桐油的资金周转

由于桐油贸易的兴盛,汉口与各桐油产地和桐油各级市场的金融往来特别频繁。近代以来桐油行业购销金融方式随着时代的变迁经历了携带现金进行交易、利用钱庄和利用银行三种资金融通方式。

1. 用现金的融通方式

用现金当面交易的方式出现在民国初期桐油交易量不大的阶段。至

---

① 严匡国编著:《桐油》,正中书局1944年版,第141页。

表 5-12 1930—1942年纽约市场桐油销售价格

每磅价格：美分

年\月	1930	1931	1932	1933	1934	1935	1936	1937	1938	1939	1940	1941	1942
1	10.1	6.2	5.7	4.3	7.0	9.1	12.7	12.9	14.5	14.8	26.4	25.9	38.1
2	9.9	5.7	5.6	4.2	7.2	9.5	14.1	14.0	14.3	14.3	25.7	26.3	40.1
3	9.7	5.5	5.3	4.4	7.5	13.1	10.1	14.2	12.4	14.4	25.4	27.2	40.2
4	9.4		5.0	4.3	7.8	12.1	18.3	14.1	11.4	15.1	23.2	28.0	40.3
5	8.9		4.7	6.2	8.0	14.6	17.9	12.7	10.5	16.9	21.2	29.1	40.3
6	8.3		5.0	6.8	8.2	14.9	17.8	11.9	9.9	19.4	20.4	30.0	40.3
7	7.7	5.9	4.9	7.88	8.2	14.0	18.1	11.8	11.9	20.7	23.1	30.4	39.6
8	7.7	5.7	5.2	7.0	8.8	15.3	15.1	11.4	13.2	20.9	24.5	32.2	39.0
9	7.4	5.9	5.0	6.9	9.4	21.5	13.4	12.0	11.9	25.5	25.0	33.9	39.0
10	6.6	5.9	5.0	6.6	8.4	19.1	12.6	12.6	11.8	27.0	25.4	34.0	39.0
11	5.8	6.6	4.8	7.0	8.2	13.3	12.0	13.3	13.8	25.6	25.5	34.1	39.0
12	5.8	5.8	4.3	6.6	8.5	12.7	13.1	13.9	14.2	25.8	25.5	35.8	39.0
平均	8.1	5.9	5.0	6.0	8.1	14.1	16.1	12.9	12.5	20.0	24.3	30.6	30.5

资料来源：严匡国编著《桐油》，正中书局1944年版，第142页。

20世纪20年代，桐油商人至湖北省襄河附近购油仍是携带现金至产地收买桐油，在其他桐油产地购买桐油均不再采用携带现金的周转方式了。因为携带现金至产地收买桐油是极不方便的办法，不但运费过高，而且路上多有危险。20年代后期，用现金购销桐油的方式已逐渐被淘汰。

2. 利用钱庄的资金融通方式

民国初期，各桐油集散地钱庄的经营是很繁荣的，钱庄不但保留了传统的做法，而且吸纳银行等新式金融机构的做法也获得了发展。钱庄通过发行庄票办理工商业存放业务，利用钱庄汇票使一般中小商人感到十分方便。汇票在各桐油集散市场起到了促进商业活动的重要作用。例如，油行在常德或当时的万县购进桐油，可以向当地素有往来的钱庄，开具迟期兑付的汇票，号客可将该票卖与当地钱庄换取现款，向桐油行或油号收购桐油。当地钱庄可将该票照市价卖给到汉口办货的客家，以便持票赴汉口办货。或由邮政寄往汉口托由钱庄代归，以备抵押款项。有时当地钱庄收得该项票据后，给予本庄票，号客取得庄票，如果周期过长，可向银行或钱庄贴现。银根吃紧时，此项庄票贴现利息较优，所以采用此办法的商家众多。从汉口运出桐油，如运往镇江，其办法或由当地油行将客家规元①票寄往汉口，交此地该字号的往来钱庄，照收该字号规元票账。字号买油时，即出该钱庄迟期洋例银庄票，给予油行。到期由钱庄将规元票折合洋例银照付油行。镇江油行亦有时将客户规元票寄上海钱庄，汉口钱庄得讯后，俟在上海归妥，按市折合洋例银，抵押汉口字号上票的钱款，或抵还钱庄欠款。更有由镇江油行电汇规元来汉口交字号买油的，但付款油行仍以洋例银为限。上海的油行向当地油行购油均用申票（即规元票）。号客到汉口购买桐油，可将该票卖与当地钱庄或银行（即贴现），取得现款，向油行收油。此项申票由收买的钱庄或银行寄申向出票人照兑。

---

① 规元：又称"九八规元"，1953年废两改元前，上海通行的一种记账货币，规元只作记账之用。

而在集散市场，小桐油商行与大油号交易，大油号与桐油公司交易、与桐油出口行交易，又多用期票而不用现金，以此周转不灵，影响市情至大。①

汉口是长江中游地区钱庄的主要集中地，"北伐战争前后，汉口钱庄业遭受严重打击，经钱庄员工协力自救，钱庄业有所恢复。1931年后，钱庄面临中外新式银行的竞争和排挤，加上长江大水的损失、废两改元和法币政策的推行等原因，钱庄走向了衰落"②。应指出的是民国初期至二十世纪30年代，钱庄和银行业是并存的，两者互为补充，互为竞争，此消彼长。

3. 利用银行的资金融通方式

民国时期中国银行业得到长足的发展，到二十世纪30年代逐渐替代钱庄成为中国各地市场主要的金融机构。1933年以后国民政府加强了对全国金融业的控制和垄断，推行了废两改元、实行法币政策等一系列经济政策。1935年11月4日，国民政府规定中国银行、交通银行、中国农民银行和中央银行四大银行的纸币定为法定货币。这一时期银行业得到飞跃发展，桐油业商人更多的是利用银行来进行资金的融通，包括了用汇票、电汇、押汇、利用银行透支、利用银行汇信等各种金融方式来进行桐油交易。

其中用汇票的方式是桐油业者使用最多的方式，30年代，油行以及出口行在产地买油多采用此项办法。例如，号客到当时的万县买油，向当时的万县银行开具迟期（或10日或半月）兑付的汇票，或称下票，俗称"汉票"（即油行汇票）。将该票交与卖家，由卖家将汇票寄至当地油行照兑，或卖予当地钱庄或银行。按普通情形，各地收买桐油多是先银后油，或期货。号客所出银行的汇票，虽有10日或半月期限，汇票到此即须照兑，否则有损银行在桐油产区的信用。有时汇票承兑后，也出现了所买的桐油尚未交齐的状况。又如，常德油行在汉口设有

---

① 严匡国编著：《桐油》，正中书局1944年版，第121页。
② 刘克祥、吴太昌主编：《中国近代经济史（1927—1937）》，人民出版社2010年版，第1942页。

油号，运输桐油到汉口，可向当地油号开出汇票（即油客客票）卖予当地行庄，所得的钱款用以办油。油号在汉口一方面接收运往汉口的桐油，负责推销，另一方面如期照付此项汇票，故油号在此情形之下，对于金融上调剂周转作用重大。使用行庄汇票或号客客票的客家必须要信用良好，遇有不慎，银行风险实大。此外，虽然此种方式比携带现金便利，但若以之向银行贴现，利息没有钱庄庄票那样高。

在杭州桐油市场，付款方法多趋于银货双交之一途。绍兴等县，往来上有先银后货，所谓银货两交，大都半月期票，由钱庄汇账，多不另开庄票，为节省计也。开发兑票，须按照银额粘贴印花，如当时付款，则百元货款，仅需付九十九元，所谓"九九现付"。①

以上海桐油市场为例，资金周转方式如下。当上海出口商需要桐油时，上海油号恒向汉口油行或油号函购或电洽，即订货单寄交的油行油号。规定订货数量及包装方法，然后由汉口油行直接装运桐油到上海交货。交货二十天后，汉口卖货油行，一方面将存根调寄交上海油号，另一方面即托钱庄代收货款、运费、捐税等项，甚至电报费用、邮资亦由上海油号负担。上海油号与浙江、杭州、兰溪等地油行交易较多，如果在上海交货，油款大部分是由内地油行委托当地的钱庄，转知其驻上海的联号②或往来钱庄，向上海油号收取。上海油号凭内地钱庄的汇票付现。上海钱庄收到是项油款，即函知兰溪或杭州的钱庄，后者再通知油行取款。凡桐油在兰溪而进行是种付款手续的，称为先款后货交易。若桐油运至杭州而进行是种付款的，称之为中交。若货已到上海再行交款的称为钱货两交。

电汇同样也是桐油业者使用较多的金融方式，但实际上此种办法仅在桐油行市看好的时候用得较多，行市平淡时则因其汇款手续费较多，很少有人采用。例如油商到当时的万县买进桐油，可委托汉口银行电汇款项到当时的万县。

---

① 佚名：《贸易：商品贸易要闻：杭州桐油业贸易情形》，载《中行月刊》1935年第10卷第4期。

② 联号，旧称联营的商店或商行。

规模大的出口行则多采用银行透支的方式，如在当时的万县买油，由出口行分行出具当地银行支票（如汇丰银行）。客家收到该项支票后，或卖给其他行庄，或托其代收。此项出具支票透支约定时是否需要担保，亦以出口行信用为依归。不过无论须有担保与否，此项办法，只限于大出口行。

桐油运销国外时多利用银行汇信的方式来进行资金融通。银行汇信是银行凭进口商的委托，向出口商担保付款的汇信。汇信因发行者之是否随时取消或更改固定汇信，而分为寻常汇信及固定汇信两种。固定汇信，常较寻常汇信为优。因在该汇信有效期间，无论出口商货物是否装出，没有出口商的同意，不能将汇信取消或更改其条件。汇信当在货物装出单据完备之后但于未装货前进行兑款。若是货物采办及改装等再需汇款，出口商仍需垫付。为免去此项负担，又有所谓"包袱借款"的办法，"出口商接到外商银行汇信后，即可对银行往来商户做此项借款，使其能在产地顺利采办桐油。等到桐油装出，即将兑得票款抵还借款。该项借款普通称之为包袱借款，亦称改装借款"①。

另外桐油商人还使用押汇的方式进行资金融通。在产地收购桐油后运输桐油到汉口，用押汇的办法很少有人使用。因为押汇的手续较前几项麻烦，客户必须要有桐油货物的担保银行方面才予以办理。押汇手续虽然麻烦，但行之简单。因为有客户的货物作为担保，不必倚靠押汇人的信用，银行方面，十分乐于接受，使用押汇的客户，亦可立得现款。

除此之外，有一些银行还发放桐油专项贷款，帮助商户经营。浙江省建设厅为发展桐油生产曾与上海银行合作，举办桐油贷款，并经建厅召集浙东各县农民银行，农民借贷所经理主任到杭州，举行谈话会，并承放银行商定除兰溪生产放款由当地农业金融机关自办外，承放贷款至上海银行，先期办浦江、金华、武义、永康、丽水、淳安等十余县。②

---

① 上海商业储蓄银行调查部编：《汉口之桐油及桐油业》，上海商业储蓄银行1932年版，第104页。
② 佚名：《国内贸易消息：上海银行举办桐油放款》，载《国际贸易情报》1936年第1卷第25期。

又如1938年,"湖北省银行与省建设厅合作,在鄂西宜都等十三县,举办桐油运销、榨油坊设备及植桐等贷款。贷款办法,关于运销者,分两期给领,第一期在申报桐油产量时,每桐油一担,给领预约金5元。第二期在运交桐油时给领,月息八厘,由省行代理合作社运销之桐油,按售价2%收取手续费。榨油坊设备贷款,由省行按照其设备总值80%以内承受。期限定为四年。植桐贷款,以合作社社员全体植桐株数为标准,每植桐树一千株,贷款40元,分两期给领,四年后分期返还本息"[①]。

从最初的只是携带现金去产地购买桐油,交易时各级同业之间的买卖,全靠点头成交,一诺千金。这种旧时金融方式不仅携带大量现金麻烦、不安全,而且交易时口头承诺也容易引起纠纷。随着桐油生产贸易的不断发展,显然传统的方法已经不适合桐油贸易的需要了。于是20年代后期桐油的金融交易逐渐发展成电汇、押汇、利用银行透支等不同的周转方式,不仅安全方便而且对市场反应迅速,不耽误桐油的买卖,而且交易时双方签单,交单上载明货物、货价、货量及交货日期等,一目了然,避免交易时的诸多纠纷,这种资金周转方式和交易方式的改变,无疑是一种进步。

在桐油的产销网络中,收购、运输、加工、包装、出口等环节,桐油行业的经营方式、资金规模、资本流动、商品购销、资金周转等方面可以看出其在近代的变化。在民国时期,在政府大力提倡和市场需求的推动下,长江流域桐树种植面积和产量迅速扩大,湖南省甚至在战时仍能保持较高的桐油产量。这一时期,长江流域各省形成了产地市场、集散市场、出口市场三个层次的桐油商品网络,在桐油流通过程中,形成了从事桐油贸易的各个层次的组织,各个层次交易环节的不断完善促进了桐油行业的发展。

---

① 佚名:《建厅在鄂西,举办桐油贷款》,载《申报》(汉口)1938年5月13日第2版。

第六章

桐油出口贸易的主要输出市场

我国桐油行销国外，始自 1869 年，但那时仅销美国，数量并不大。销往其他各国的数量不多。除美国以外的重要客户，有英国、德国、法国、荷兰等国家。

全面抗日战争爆发以前，是我国桐油出口的鼎盛时期。这一时期，我国出产桐油占全世界总产量的 95%，输出地以美国为主，占出口总数的 68%，英国占 7.8%，德国占 2.2%，出口总量每年 10 万公吨，内销约近 2.3 万公吨。根据中国银行报告，中国桐油对美贸易，1935 年为 28057000 元，1936 年增至 52398000 元；对德贸易，1935 年为 1789000 元，1936 年增至 2446000 元；对英贸易，1935 年仅 211600 元，1936 年亦达 3869000 元；对法贸易，1935 年为 1779000 元，1936 年增至 3746000 元。中国桐油对外贸易，与年俱增。贸易的市场，在民国初年，仅及于美国、英国、法国、意大利、俄国、日本、荷兰等国，30 年代，差不多遍及全世界。世界各国需要桐油的数量，仍以美国为最多。

从较长时间段观察我国输出的净出口数量：

我国桐油输出在清光绪年间仅销美国，而后各国制漆业发达，桐油在工业原料方面用途日广，其他国家陆续进口我国桐油。1917 年我国桐油输出国外，尚只有 16 处。至 1921 年已扩展为 21 处，而新增安南、丹麦、荷兰、比利时、奥地利等销售市场。1933 年我国桐油输出已扩

表 6-1　　　民国时期桐油按输往国别和地区净出口数量

单位：1914—1933 年：担　1934—1948 年：公担

国别及地区 年份	美国	中国香港地区	英国	荷兰	法国	意大利	日本	其他	共计
1914	265983	36374	38652	0	8272	596	916	403839	754632
1915	215921	34124	44128	0	3992	718	5376	331469	635728
1916	404725	60722	11332	521	3598	1296	28166	296233	806593
1917	301306	62388	19579	0	2939	391	927	314674	702204
1918	240436	128100	29655	0	12357	1333	17213	398545	827639
1919	309161	87384	46448	4398	14317	590	17086	510041	989428
1920	379952	77884	28211	5342	5063	2609	9130	346748	854939
1921	223207	47741	42647	24863	3294	1379	494	442370	785995
1922	616321	45081	17456	5249	10477	2961	721	47299	745565
1923	593624	108825	48731	5134	6644	1959	399	71571	836887
1924	627040	73948	53404	7969	16437	6740	11902	98598	896038
1925	706093	29030	38587	63470	7570	3040	6008	40275	894073
1926	540013	53533	48657	46004	15734	1518	7678	35047	748184
1927	572316	133683	44680	57603	13689	5501	6575	67247	901294
1928	740239	138364	99868	25824	17206	5633	7955	59210	1094299
1929	735244	0	84035	23139	2950	6773	19754	197755	1069650
1930	874006	55427	94229	36808	3620	6334	10777	86054	1167255
1931	549600	83581	99632	45464	3635	5512	8675	68765	864864
1932	495792	82386	86035	59355	17278	3958	6833	51132	802769
1933	531671	45881	45881	41140	22453	2645	5932	58478	754081
1934	410390	31309	31309	31061	31849	3338	9287	104293	652836
1935	491999	87481	36551	20607	31154	5382	7893	57798	738865
1936	622867	60169	37848	16424	36942	1389	10122	81622	867383
1937	641127	212364	36828	6000	37151	5208	7467	83644	1029789
1938	56872	558100	20262	3509	10795	1133	558	44548	695777
1939	6977	300660	6238	1059	50	1090	285	18657	335016

续表

国别及地区\年份	美国	中国香港地区	英国	荷兰	法国	意大利	日本	其他	共计
1940	41799	153482	10178	0	739	961	312	25001	232472
1941	75625	110576	4587	0	0	152	152	18803	209895
1942	0	1073	0	0	0	0	0	14253	15326
1946	162803	102162	17525	2230	5056	3047	0	59815	352638
1947	248366	408087	64694	8832	4660	5472	8076	57186	805373
1948	393236	266998	35148	9027	201	1524	8350	46442	760926

注：1. 1914年以前桐油出口数量较小，在海关册中被列入他种植物油项中，未单独列项。

2. 1943年、1944年、1945年、1949年由于抗日战争、解放战争等原因，相关数据未能找到。

3. 1914—1933年各年数据单位为担，1934—1948年各年数据为公担，1公担等于1.6534668担。

4. 表中的"其他"项包括了输往丹麦、比利时、德国、挪威、瑞典、越南、缅甸、南非、苏联、中国澳门、澳洲、阿根廷这些国家和地区的桐油净出口数量，因上述国家和地区输出量较小，所以一并列入"其他"项。

资料来源：茅家琦、黄胜强、马振犊主编《中国旧海关史料（1859—1948）》，京华出版社2001年版。笔者根据中国海关册所记载的数据整理。

大到26处之多，较之1921年又增加5处。按照出口情形，桐油出口仍以美国第一，占总输出70%以上，次为中国香港、英国、荷兰、法国。此为我国桐油外销的国别状况。由表6-1可清楚表明中国桐油销往美国的数量遥遥领先于其他国家。美国是我国桐油的最大主顾，可操纵我国桐油市场。如美国桐油畅旺，则我国桐油出口数量大增；反之销路滞销，我国桐油出口则大受其影响，所以美国市场的桐油销量，可直接决定我国桐油出口的数量。

我国桐油输出口岸除上海外，另一重要的出口地则为香港。① 如以

---

① 邢广益：《当前我国之桐油业》，载《银行周报》1948年第32卷第39期。

国别观察我国出口贸易,必须注意香港转口中心贸易的情形。抗日战争时期我国桐油出口,大多先运香港再行输出,必须综合内地出口桐油的数量,从而观察各国占我国桐油出口贸易上的地位。

值得指出的是,中国香港虽是一个次于美国的重要市场,但中国香港是一个转口港,集中于香港的桐油,仍是转销于欧洲的英国、德国等国家。

桐油之所以在全世界各地畅销,有一重要原因是民国时期各国减免我国桐油进口税,这是由于各国备战日紧,桐油在工业及国防上关系重要,各国出产桐油甚少,此物成为我国独占商品,所以各国对我国桐油进口,多采取免税或减税政策。对于我国桐油实行免税政策的国家有美国、德国、加拿大等国。

美国对于我国桐油进口,采取免税政策。"据华盛顿电,美国参议院财政委员会1936年5月26日议决,以后对于桐油一项,豁免产销、进口和营业各税。"① 罗斯福连任美国总统,对桐油之进口,受益匪浅。德国对于我国桐油进口,亦采取免税政策,该国元首希特勒极力重整军备,消费桐油与年俱增。加拿大,对于我国桐油进口,亦免税。

对于我国桐油采取减税政策的国家有澳大利亚、日本、东印度、巴拉圭等国。

澳洲对于我国桐油进口,每加仑仅收取从量税8便士。日本国内有桐树,年产桐油百余万磅,但供本国消费,尚感不足,仍需依赖我国桐油的供给;对于桐油进口,每百斤仅收取从量税2.25日元。东印度,对于我国桐油进口,抽从价税35%。巴拉圭总统公布议决案,自1936年3月11日起,规定我国桐油输入该国时,每百斤仅收取5%主税及4%之附加税。综上所述,各国对于桐油减免进口税,是桐油在国际市场的特殊待遇。较之其他货物有过之而无不及。②

中国桐油畅销国际市场的另一个有利因素是桐油出口各国不需要输

---

① 佚名:《美参院财政委员会议决桐油免税》,载《国际贸易导报》1936年第8卷第7期。
② 林维治:《各国植桐事业及桐油消费之近况》,载《农报》1937年3月10日第4卷第7期,中央农业试验所编印,第347页。

入许可证。"美国农业部宣布解除桐油的战时进口管制。据国际粮食救济委员会已取消桐油的国际配给办法。故美国无继续管制之必要。"①

此外，欧洲不断的战争以及我国外汇低平，亦于桐油的出口贸易有极好的影响。自第一次世界大战爆发以后，而世界政局愈陷于不安定状态，于是，各国家均迫切于购备工业原料，以备不时之需。桐油一项，在化学油漆工业颇为发达的时候，已成为重要工业原料之一；故其销路亦随着国际关系的紧张而大有进展。至外汇低平对于桐油外销的影响，则是市价而大有高涨。桐油市价的高涨，诚然由于海外需要的增加；但于外汇的低平，亦是颇有相当的关系。市价高涨的结果，直接是使生产者获得相当的利益。间接是促进了对外的输出；因为市价高涨的原因在于外汇低平的时候，是足以促进输出的。

第一节 美洲市场

近代以来，中国和美国之间的桐油贸易十分活跃。

我国桐油国外最大销场，自有出口贸易史以来，首推美国。其运往数量，最高年曾达全国桐油出口总量81.16%，价值则曾达全国桐油出口总值86.76%，占全对美出口总额28.66%。故美销在我国桐油出口贸易中实居超然地位，而中美桐油贸易之或盛或衰，直接关系全国桐油出口数字的升降，间接影响国计民生之荣枯。然数量增加虽甚速，其占全国桐油出口总数量之百分比则无多大增减，历年平均约为67%。是知美国桐油输入数量之增加与我国桐油输出之增加情形，几成一正比例。②

一 美国

1. 美国桐油消费市场

桐油是我国外销特产，在国际市场上一向具独占性质。民国时期，

---

① 佚名：《国际要闻·桐油》，载《银行周报》1948年第32卷第19期。
② 严匡国：《中美桐油贸易之回顾与前瞻》，载《经济建设季刊》1943年第2卷第1期。

常居出口商品首位,是我国对外贸易商品的中流砥柱。抗日战争爆发以后,向美国换取抗战所需的建设物资,更唯其赖以出口。桐油贸易的兴衰,关系我国力民生至深。桐油在国内外之用途及其在近代工业中之重要性既与日俱增,用桐油为制造油漆的主要原料,凡需要油漆之制造、建筑、军需等工业,均与之关系密切,故各该种工业发达的国家,都有进口需求。在海外各国中,美国消费桐油数量最大,据日本驻芝加哥总领事大森喜八郎报告,美国每年消费桐油之数量,估计占世界桐油产量75%—80%,若供给渠道畅通,消费额能达4亿磅左右。这一点不难从历年来美国桐油消费变迁趋势中寻其根据,在1913年美国年仅消费桐油4200磅,1923年即增至8200万磅,1929年更增至10000万磅,1930—1932年间,因经济不景气,稍有减少,但1933年即恢复销量,1937年更因经济的繁荣及军备的扩充,增至15000万磅的巨额,其后若非受制于供量,仍可无限增加,桐油因其优越之品质,逐步替代了亚麻仁油的消费。其在全部植物油消费总量中的百分比,已由1913年的6%,增至1923年的9.9%,再增至1937年的18.1%,而亚麻仁油则由85.9%降至81.2%,再降至66.4%。若桐油能充分供给,则亚麻仁油势必被迫减少销量。美国油漆业及与油漆有关的制造、建筑等工业本极发达,第一次世界大战发生后,军需工业极度繁荣,美国海军部主张采用桐油为军用机暴露部分的涂料,1942年造机6万架,1943年造机12万架,仅制造军用机一项,即消费了极巨量的桐油。

1934年,据报纸报道,中国桐油成了美国最大进口商品。"桐油成为美国的大出口产品。美国制造商对产品越来越感兴趣。"①

美国自产亚麻仁油,年达5万磅左右,在1930年以前,亚麻仁油独占美国植物油总量80%以上的消费,随后桐油以价廉物美深入美国市场,开始动摇其霸权。在1930—1934年间,桐油始终增加销量。1935年起,桐油的效能为世人所深识,其价格遂上升,消费量亦与之俱进。美国市场桐油价格高于亚麻仁油之上涨,限制了桐油的销量。

---

① 佚名:《桐油成为美国的主要出口产品》,《大陆报》(上海)1934年1月21日。

"纽约商人认为桐油价格坚挺,其主要原因是美国购买量增加之故。美国大量买进的理由,是用桐油大豆油混合作为制漆原料,用来抵制昂贵的亚麻仁油。桐油在美价格并不便宜,但大豆油则价格极低廉,二者平均价格,仍较亚麻仁油便宜。"① 在工业制造方面,桐油掺合大豆油使用,以求弥补过高的原料费而不失去桐油优点。

表 6-2　　　1933—1938 年美国各种工业消费桐油比较　　　单位:公担,%

年份	油漆工业		漆布工业		印刷油墨工业		其他制造工业	
	消费数量	比例	消费数量	比例	消费数量	比例	消费数量	比例
1933	347968	83.80	53279	12.83	6908	1.66	7103	1.71
1934	399997	83.21	58304	12.13	7530	1.57	14878	3.09
1935	446491	86.13	47133	9.09	9172	1.76	15640	3.02
1936	429289	87.73	32346	6.61	10573	2.16	17105	3.50
1937	479585	87.83	32649	5.98	12528	2.29	21260	3.90
1938	355206	89.58	18739	4.73	9453	2.38	13109	3.31
六年平均	409756	86.38	40408	8.56	7834	1.97	14849	3.09

资料来源:严匡国《中美桐油贸易之回顾与前瞻》,载《经济建设季刊》1943 年第 2 卷第 1 期。

据国际贸易局报告,1931 年后,美国工业消费的桐油,较前几年增 70%。1935 年的总消费额为 127600000 磅。此项桐油,几乎完全来自中国,仅有少数,是由美国的尔大格海岸供给。如以 1936 年每磅一角八分之平均价格,为计算之标准,则 1936 年美油漆业所使用的桐油,约占金额 75%。1935 年总计消费 98440000 磅。漆布业位居第二,1935 年的消费计算 10390000 磅,较诸 1932 年的 7300000 磅,显见激增。颜料业所使用的桐油,共计 2003000 磅,1932 年则为 713000 磅,1935 年其他工业的消费量,共计 10756000 磅,1932 年则为 7892000 磅。电气业、木板业、避水化合物、汽车扎布及雨衣制造业所使用的桐油,亦甚可观。

---

① 佚名:《美国桐油销旺坚挺》,载《征信所报》1947 年第 446 期。

我国桐油在美消费的逐年扩大，一方面是因为其性能胜过亚麻仁油，另一方面则由于其本身用途广泛，使该国工业界普遍采用所致。据调查桐油在美国工业中利用的途径，近来已达千种以上。我国桐油在美最大的销路，即为该国的油漆行业。其消费量的增减，与油漆业密切关系受制造工业与建筑工业盛衰的影响。油漆、漆布、印刷油墨以外的其他制造工业，所实际消费桐油数量及其所占百分比，均呈逐年激增之势，可见桐油的新用途在不断发现，其在工业中应用范围更是日益扩大，新销路愈多，则消费量亦愈增。美国市场各种工业消费中国桐油情况如下：

一是油漆的制造业。早在1906年，"美国油漆厂就有约500余家，大的厂家用氯机制造漆料。小的厂家亦与我国作坊相似。皆用我国桐油为原料。此外尚有油厂200余家，专制白漆，比不上漆厂那样的用量，但是亦用我国桐油。中国桐油由大西洋运至纽约居多数，而经太平洋甚少。因吨位火车皆较大西洋一路贵至数倍，故虽多费时日，但运输成本低。海轮装运桐油以吨位计算，每吨11美元，外加保险费，约照原价的1%。美国销油的区域全在中央省部，桐油抵达纽约后，需要交火车转运，车价每吨计4美元，桐油进口无关税"①。

此后美国工业界发现桐油干性胜过亚麻仁油，遂相继改用桐油为主要原料。自1933年至1938年，美国油漆工业每年平均消费桐油4009000余公担，约占全部工业消费桐油总量的86.4%。"美国油漆商十分缺乏我国纯净桐油。"②"据美国商务参赞安诺特（Annott）报告，美国制漆厂家如未受中国桐油市价波动剧烈的困难，则桐树的种植与桐油业发展，可在美国商业上占据重要地位。中国出口桐油如能保持其纯粹质料，与稳定价格，则美国制漆厂商甚愿向中国源源交易，以供工业上之需用。"③"据商部之远东商务局公布：中国可称为美国桐油供给之

---

① 陈辉德：《中国桐油在美国销售情形》，载《商务官报》1906年第26期。
② 佚名：《生丝、桐油到哪里去》，载《大光明》1946年第49期。
③ 姚方仁：《最近中国桐油对外贸易》，载《国际贸易导报》1934年第6卷第11期。

唯一地点。"① "中国桐油产量增加，美国油漆工业所需之桐油，大部分或可由中国供给。"② "中国桐油外销，战时曾一度中断，战后已恢复。美国油漆制造商逐渐而改用桐油矣。"③

二是防水漆布的制造业。用经过熬炼的桐油为原料，以涂制漆布之工业，每年亦消费桐油甚巨。"美国所制的地漆布油布等物全靠桐油为唯一的原料。"④ 防水漆布制造商需要从中国大量进口桐油。1933年至1938年，平均年约4万公担，占美国全部工业消费量的8.6%。

三是印刷油墨的制造业。在美国制造各种印刷油墨均须掺用一定数量的桐油，因此印刷油墨制造商十分需要中国桐油。1933—1938年美国用于此种工业中的桐油，每年平均消费9000余公担，约占全部工业消费量的2%。

四是其他物品的制造业。如电气用品、军用品、填充品、雕塑用石膏、制动机夹裹、防水三合土、人造树脂、电木等的制造，亦需要相当数量的桐油。1933—1938年美国平均每年有1400余公担桐油用之于此种类制造工业，约占全部工业消费量的3%。⑤

在近代，我国油漆工业虽不发达，但是用于涂料、燃料、医药等方面的桐油，为数亦极可观。据海关各埠统计，再加上产区消费估计，20世纪30年代每年国内销量30万余公担，合6000余万磅。但是桐油供量有限，而产量增加速度又不大，故国内销量与国外销量互为消长。例如在民国初年时，内销量约为外销的两倍，而后以国内用途与需要与年俱增。因为国外需求迅猛，桐油为高价大量外销，内销量随之减少。至抗战前夕，内销不足外销量的三分之一。1936年，海外消费桐油的国家及其消费量，皆有与年俱增之势；因受供给的限制，各国（包括中国在内）消费桐油量尚未能普遍达到其日渐增长的饱和点。

---

① 佚名：《我国桐油入美增多》，载《恩平公报》1926年第4卷第34期。
② 佚名：《英国需要猪鬃殷切，我国桐油产量增加》，载《征信所报》1946年4月24日。
③ 佚名：《美国油漆业多用我桐油》，载《经济通讯（汉口）》1947年第471期—493期。
④ 佚名：《附录：我国桐油在美之现状及前途》，载《工商公报》1930年第16期。
⑤ 严匡国：《中美桐油贸易之回顾与前瞻》，载《经济建设季刊》1943年第2卷第1期。

表 6-3　1913—1941 年中美桐油贸易统计

年份	桐油输美数量（公担）	数量指数（1913年=100）	输美桐油占中国桐油出口总量（%）	桐油输美价值（国币元）	价值指数（1913年=100）	输美桐油值占中国桐油出口总值（%）	输美桐油值占中国出口总值（%）	中国桐油出口总值占中国出口总值（%）	输美桐油值占中国对美出口总值（%）	中国对美出口总值占全国总出口值（%）
1913	188238	100.00	67.13	4113781	100.00	68.54	0.65	0.95	7.01	9.33
1914	166712	88.57	62.89	3404505	83.94	61.81	0.62	1.01	5.51	11.29
1915	130567	69.37	69.58	3282496	79.79	72.96	0.50	0.69	3.78	14.46
1916	244774	130.03	78.56	6738878	163.81	81.39	0.89	1.10	6.00	15.11
1917	182227	96.81	75.07	5746642	139.69	79.16	0.79	1.00	3.89	20.47
1918	145413	77.25	49.18	4694799	113.82	52.37	0.62	1.19	3.91	15.87
1919	186977	99.33	50.39	6383531	155.17	53.46	0.71	1.32	4.05	16.02
1920	229791	122.05	70.27	7433779	180.70	73.59	0.88	1.20	7.11	12.41
1921	134993	72.24	53.20	4567318	111.02	55.70	0.48	0.87	3.27	14.89
1922	366697	194.28	81.32	14169836	344.15	86.76	1.39	1.60	9.32	14.90
1923	359018	181.98	70.93	20507875	498.52	75.69	1.70	2.24	10.38	16.84
1924	379228	201.46	69.98	19902979	483.81	69.66	1.53	2.19	12.68	13.05
1925	427038	226.86	78.98	21766446	529.11	81.16	1.75	2.16	9.76	18.43
1926	326694	173.55	72.20	17057406	414.62	76.00	1.26	1.66	7.29	17.36

续表

年份	桐油输美数量（公担）	数量指数（1913年=100）	输美桐油占中国桐油总出口量（%）	桐油输美价值（国币元）	价值指数（1913年=100）	输美桐油占中国总出口值（%）	输美桐油值占中国总出口值（%）	中国桐油出口总值占全国出口总值（%）	输美桐油值占中国对美出口总值（%）	中国对美出口总值占全国出口总值（%）
1927	346131	182.88	63.50	23210199	564.21	70.43	1.62	2.30	12.24	13.25
1928	447689	237.83	67.65	25326144	615.64	72.06	1.63	2.26	12.78	12.83
1929	444668	236.23	68.74	25921156	630.11	73.47	1.68	2.29	12.13	13.51
1930	528590	280.81	75.44	36943436	887.10	79.42	2.61	3.29	17.76	14.73
1931	332393	176.58	63.54	20838487	506.55	73.58	1.47	2.00	11.13	13.21
1932	299850	159.30	61.78	14722062	357.87	63.56	1.92	3.02	15.75	12.16
1933	531671	282.44	70.51	21356160	519.14	70.57	3.47	4.94	18.88	18.47
1934	410390	218.02	62.86	16203956	393.89	57.43	2.03	5.28	17.13	17.65
1935	491999	261.37	66.58	28057248	682.03	67.47	4.87	7.22	20.66	23.72
1936	622867	330.91	71.81	53397631	1298.02	72.77	7.57	10.40	28.66	26.36
1937	641127	340.61	62.26	58514545	1422.40	65.13	6.98	10.72	25.76	27.56
1938	56872	30.21	8.17	3586443	87.18	9.14	0.47	5.14	4.15	11.33
1939	6977	371	2.08	586845	14.27	1.75	0.06	3.37	0.26	21.92
1940	41796	22.19	17.98	17386467	422.64	30.85	0.88	2.86	3.02	28.63
1941	75625	40.18	36.75	10171533	247.25	10.84		3.64		

注：1941年输美量值数字为1月至10月。

资料来源：严匡国《中美桐油贸易之回顾与前瞻》，载《经济建设季刊》1943年第2卷第1期。

抗日战争爆发以后，桐油出口日益艰难，随着国内以桐油代替舶来矿油及直接充作汽车动力燃料等新用途的发展，内销需求畅旺，而国外则感受缺乏桐油的严重影响。

以观历年输往美国的桐油价值，则较桐油数量的增长迅速。1913年输美桐油价值国币 4113781 元，以之为 100 计算指数，则 1923 年达 498.52，1933 年达 519.14，1937 年达 1422.40。但其历年占全国桐油出口总值之百分比，亦无多大变动，平均约为 70%。此点更足以说明我国桐油出口的逐年旺盛，是由于美国销量与年俱进之故。再来观察输美桐油价值占我国出口总值的百分比，1913 年为 0.65%，1923 年为 1.70%，1933 年为 3.47%，1937 年为 6.98%。此种增加趋势，实与在我国出口总值中桐油出口所占百分数的增加趋势同一步调。可见中美桐油贸易在我国整个出口贸易上的地位日趋重要，而桐油在我国出口商品中的位次能逐年上升，当以美国销售旺盛为最主要的原因。最后来看桐油美销在我国对美出口总值中所占的百分比，1913 年尚仅为 7.01%，1923 年上升为 10.38%，1933 年再上升为 18.88%，1937 年更上升为 25.76%，这些数据又可表明桐油在中美贸易上已跃进至极重要的地位。历年来对美出口在我国出口总值中所占百分比之所以能表现增加趋势，桐油商品贡献甚大。

抗日战争时期，上海沦陷以后，桐油经上海运输海外的通道被掐断，有部分桐油经香港运输。从香港出口海外市场的桐油并未统计到此表当中。即使这样，从香港出口到海外的桐油大部分仍然是运往美国市场。"据美国商务部之报告，1940 年 5 月份中国由香港出口之桐油达 200 万磅，其中 169 万磅输美，仅 24.9 万磅运欧，其余散运其他市场。"①

由表 6-3 历年美国桐油输入数量，与我国桐油出口总数，恒成正比例，即我国桐油出口数量多，美国桐油进口额随之亦增，除了 1913 年、1919 年、1923 年以外，其他各年度美国桐油输入之增减，与我国桐油

---

① 佚名：《我由香港出口桐油大部分均运输美国》，载《前线日报》1940 年 7 月 19 日。

输出之总量成正比例。中国桐油出口的剧增,与美国桐油出口的剧增,同其速度。"1935—1937年三年间,输美桐油值占我国对美出口总值的20%至30%,中国产品之最为美国所重视者,莫过于此,桐油与棕榈油、椰子油、棉籽油同为美国植物油进口的大宗商品。"① 有鉴于此:"桐油市价猛涨至每磅美金2角75分,趋势仍在看涨,纽约桐油市价盘旋于每磅1角8分,中国桐油出口至美国,可获相当利润。"②

桐油在美国需求旺盛,"中国桐油为主要出口物资之一,自1941年1月起,经罗斯福颁布命令,列入军用物资"③。"美国政府对一般国防主要物资,仍极力购买借以充实存底,其在国外争购的重要物资,中国的桐油、钨砂、锑等亦在其内。"④ 桐油被列入军用物资后即由美国政府代理机关管理,有秩序的分配与准许的用途,故市价迭有变更。

2. 美国本土桐树种植业

在中国出口的桐油供不应求的情况下,各国纷纷试图种植桐树。"各国原鉴于全世界所需桐油,均须依赖于我国,常感供给量不足,且易受威胁与操纵,遂各谋自行解决之道,其积极者为奖励及推进其本国桐油生产事业。桐油以品质优良闻名于世,从而称雄于世界市场,同时亦以供量不足,为其代替品留了存在机会。因价格关系,外国工业界为减少其生产成本计,于可能范围内,暂时发展其代替品,以冲淡对于桐油之需要。惟各代替品本身,或以环境限制,产量亦难增加,或因亦取给于他国,供量已受或将受世界战争之影响;或以品质过低,不堪单独使用,故其发展并未能大有影响于桐油之销路。"⑤ 因此,1934年,"湘鄂两省请禁桐油种子出口,实部已咨财部商洽办理"⑥。

美国引种我国油桐,始于1902年。1902年美国驻汉领事威克士(L. S. Wilcox)将中国桐籽寄美国种植,结果虽告失败,但美国植桐事

---

① [美]迪西:《桐油之生产与贸易》,邓启东译,载《地理》1941年第1卷第1期。
② 佚名:《纽约桐油市价激昂,中国输出可获厚利》,载《征信所报》1948年第746期。
③ 佚名:《我桐油输美国概况》,载《新商业》1945年第2卷第5期。
④ 佚名:《美收购我国桐油钨砂》,载《征信所报》1947年第540期。
⑤ 邢广益:《当前我国之桐油业》,载《银行周报》1948年第32卷第39期。
⑥ 佚名:《湘鄂两省请禁桐油种子出口》,载《申报》1934年8月6日。

业发轫于此时。1905年美国农业部植物专家费载博士又提议嘱咐汉口领事威克士（L. S. Wilcox）选购我国桐籽播种后，种植于加利福尼亚州之芝歌城（Chico）。1906年移植于南部各州，发现此地地域最适宜植桐，美国试种桐树遂告初步成功。① 旋即美国油漆业联合会集资10万美元，组织美国桐油协会，美政府亦拨50万美元，一方面指导农民种植桐树的方法，另一方面购地试植。"1923年，美国漆业协社及全美漆业协会创立美国桐油协社，该社办事处设于美国华盛顿之纽约街2201号，该社的目的，以推广植桐事业为中心。"② 经多年尝试，确定宜桐地区仅限于南部滨墨西哥湾的狭长地带，包括佛罗里达州（Florida）之中部及北部，亚拉巴马州（Alabama）、密西西比州（Mississippi）、路易斯安那州（Louisiana）三州的南部，乔治亚州（Georgia）的东南部，得克萨斯州（Texas）的东部。仅佛罗里达州，就设立植桐公司十余家。"此等桐树带之境界，主由于气候所限制，北部境界即为气温条件所决定。桐树生产地带冬季不能过冷，否则喜暖性之桐树，即将受其摧残。晚春不能降霜或降霜次数不宜多，否则桐花即为之伤害。美国桐树带之南部境界，亦由气温条件所决定。桐树原产于暖热区域，并非真正之热带植物，冬季落叶，每年约需三个月完全休闲季节，得使桐树保持休眠状态之地域。"③

美国经营桐树生产业者，共有五类人群，分别为"油漆制造者、以农产品为收、农村绅士阶级、木材公司、热心提倡桐油业的团体。其中以农村绅士种植面积为最广，木材公司约占五分之一，大都种植于森林砍伐后非荒地上。桐树大都成林，散处者甚少。桐林面积大小甚相悬殊。就一般而论，凡为农村绅士木材公司或热心提倡桐业团体所有之桐林，面积广阔。大概从事此行业者，如其所有桐树之株数愈多，则其可能获得之利润亦愈大。"④

---

① 黄仁勋：《商品知识：桐油（四）》，载《贸易月刊》1942年第3卷第11期。
② 林维治：《各国植桐事业及桐油消费之近况》，载《农报》1937年第4卷第7期。
③ ［美］迪西：《桐油之生产与贸易》，邓启东译，载《地理》1941年第1卷第1期。
④ ［美］迪西：《桐油之生产与贸易》，邓启东译，载《地理》1941年第1卷第1期。

计1929年美国植桐面积有40166英亩，1937年增至103125英亩。其中密西西比65000英亩；佛罗里达17525英亩；路易斯安那15000英亩；乔治亚2800英亩；得克萨斯1000英亩；亚拉巴马800英亩。①

据美国政府统计报告，"计由1937年至1939年间，每年均较前一年增加30.26%。美国全国桐油产量，1930年约10万磅，1934年增至40万磅，1936年增至200万磅，1938年达300万磅。计由1936年至1938年间，每年较前一年增加22.47%"②。

据估计1940年共有桐林12万英亩，同年桐油产量达600万磅，成效不可谓差，但是美国宜桐地区有限，且受多重自然及经济条件的限制，本土所产桐油远远不能满足生产制造业的需求。

美国桐树带内有榨油工厂8个，其中5厂即为供路易斯安那、密西西比、亚拉巴马及佛罗里达诸州西部最主要桐树产区之用。其余3厂则居于佛罗里达及乔治亚州产区中心内。路易斯安那州西部桐树中心，无榨油工厂出现。所有榨油工厂规模均小，且均零星遍布于桐树生产中心地带。③

历年来我国输入美国桐油，均达数万公吨，占我国桐油出口的第一位。民国时期，我国与香港输往美国桐油的数量，均占我国与香港出口桐油数量70%左右。

桐油的最大顾客是美国，则美国经济恢复的对于桐油的需要，当然有极好的影响。当罗斯福在1933年继胡佛后任大总统的时候，美国正深陷在经济恐慌的旋涡里。从而整个社会出现了极度萧条的境况。但是，"自罗斯福上台以后，施行行业复兴法（N.R.A）、农业调整法（A.A.A），美国经济情势，颇有不少的进步。如官方的统计报告，工业生产已恢复至1929年的88%。工业生产恢复的结果，行业界的利润，

---

① ［美］迪西：《桐油之生产与贸易》，邓启东译，载《地理》1941年第1卷第1期。
② 黄仁勋：《商品知识：桐油（四）》，载《贸易月刊》1942年第3卷第11期。
③ ［美］迪西：《桐油之生产与贸易》，邓启东译，载《地理》1941年第1卷第1期。

亦在 1933 年开始增加。1933 年利润的增加为 35%；1934 年为 34%；美国商业恢复了九成，商业的繁荣，力度空前。农村经济的恢复和工业经济的发展，都助长了美国市场桐油的产销"①。

二 加拿大、南美洲诸国

与美国进口的中国桐油相比，加拿大和南美洲诸国消费的桐油很少，这是和工业的发展程度紧密相关的。工业越发达的国家，需要的桐油数量越多。

表 6-4　　　1935—1939 年中国输往加拿大和南美洲
诸国的桐油数量　　　　　　　单位：公吨

年份	加拿大	南美洲诸国
1935	121	126
1936	80	137
1937	233	105
1938	81	47
1939	136	72

注：笔者根据各该年中国海关册所记载的数据整理。
资料来源：茅家琦、黄胜强、马振犊主编《中国旧海关史料（1859—1948）》，京华出版社 2001 年版。

加拿大自我国直接购进桐油不多，数量涨落不定，"1919 年，加拿大油漆业仅用桐油 2178800 磅，1924 年为 5004500 磅，1928 年为 8540000 磅，1929 年增至 10618400 磅。此后桐油消费量下降，1930 年消费桐油不过 6378300 磅。"② 但是加拿大从自美国转运桐油亦不少，"1924 年转运桐油数量为 1986700 磅，1929 年转运桐油数量为 5732063 磅，1930 年转运桐油数量为 5123000 磅。"③ 因美国加拿大油漆生产工

---

① 严匡国：《我国桐油产销之现状与展望》，载《西南实业通讯》1945 年第 11 卷第 5—6 期。
② 贺闿、刘瑚合编：《桐树与桐油》，实业部汉口商品检验局发行 1934 年版，第 81 页。
③ 严匡国：《我国桐油产销之现状与展望》，载《西南实业通讯》1945 年第 11 卷第 5—6 期。

厂合作较多，若是桐油能充分供给，其消费量日趋增加。

抗日战争结束后，加拿大十分需要中国的桐油商品。"对桐油的需求仍然很大，从中国进口的桐油仍受到诸多困难的阻碍，预计1946年的出货量不会达到战前水平。"①

加拿大桐油进口的地点在哈利法克斯（Halifax）和温哥华（Vancouver）。哈利法克斯在新斯科舍半岛的东南岸中部，航路通英国的利物浦，铁路通加拿大内陆的蒙特利尔，桐油由该埠起岸后，一部分在当地行销，一部分由铁路运往内地。温哥华在加拿大西岸，是对东亚航运交通要点，且为加拿大太平洋铁路的起点，故桐油进入加拿大的西部及中部市场，即以温哥华为集散地。

南美洲诸国因工业尚不发达，所需桐油数量较少，但是"南美洲工业上所必需之桐油，近代以来，完全依赖于中国的长江流域及中国其他各地出口的桐油"②。换言之，桐油是南美洲诸国发展工业上最为重要的原料之一。

> 故南美洲决定采集桐树种子自行试种，先就苗木试种，然后移植成林。巴西自1930年开始，以通由于充作商业性之用途后，桐油之种植即加紧讲求。巴西境内之桐树，已超过400万株。阿根廷有桐树1800000株之多。而巴拉圭正竭力促进油籽之培植。③

抗日战争爆发前，我国出口桐油，70%左右均运美国，"其他重要消费国如工业进展深受美国影响的加拿大，第二次世界大战前以油漆业发达见称于世之法国，及实施第三次五年计划中的苏联，每年消费桐油数量，估计均在一千万磅左右。其次如战前的荷兰、丹麦、比利时、挪威及日本、意大利、澳洲、瑞典等，在平时亦各年销桐油数十万至数百万磅不等"④。

---

① 佚名：《加拿大缺少桐油》，《华北日报》（1864—1951）1946年7月24日。
② 《南美桐油工业概况》，敏生译，载《广西大学周刊》1932年第3卷第3期。
③ 佚名：《我桐油劲敌巴西广植桐树》，载《新闻报》1946年11月21日。
④ 严匡国：《从世界桐油供需情形论我国桐油事业》，载《经济汇报》1942年第6卷第4期。

第二节　欧洲市场

在近代，"实则欧洲英苏等国，工业已均发达，潜在之桐油消费量极巨，徒以供量不足，一时不愿大量采用，我国除继续维持美国市场的独霸权威外，必须扩大欧销领域"①。

中国在桐油业上独具优势。东南亚地区是桐油的原产地，境内有多数野生桐树可资利用。中国境内有大量廉价的人工。中国历来是世界最大的桐油生产消费地区，而其他国家认识桐油价值为时甚晚，如欧洲，亦迟至16世纪始知桐油为何物。

近代以来，国际桐油商业几乎全部为中美两国所掌控，桐油的贸易即大部分流动于中美两国之间。数十年来，中国始终维持桐油出口的独占地位，而美国始终为世界最大的桐油进口国，经常进口中国桐油出口量三分之二至四分之三不等。欧洲与美国同为世界两大工业区域，但由中国运往欧洲的桐油，较诸由中国运往美国，为数殊少。美国桐油市场较诸欧洲桐油市场的特显重要性，就一般国际贸易物品言，实属反常现象。

其所以造成此种反常现象的原因如下："其一，欧洲亚麻种植极为广泛，亚麻仁油业的生产与使用历史悠久，根深蒂固，无论其他干燥油类品质如何优良，一时亦不易推广。其二，欧洲油漆消费者的购买力，较诸美国为低，不愿放弃旧日质劣而价较廉的亚麻仁油产品而改购质虽佳而价略高的桐油产品。其三，欧洲制造业者一般较富保守性，不愿轻易改变其一贯作风、旧有方式，而换用新颖而未试行如桐油一类的产品。其四，欧洲境内不产桐油，不愿以如此重要的原料品，全部依赖于遥远而单一之来源地——中国。几种因素相加，致桐油在欧洲迟迟未曾用作亚麻仁油的代替品，而桐油进口，较诸美国，数量较少。"②

---

① 严匡国：《从世界桐油供需情形论我国桐油事业》，载《经济汇报》1942年第6卷第4期。
② [美]迪西：《桐油之生产与贸易》，邓启东译，载《地理》1941年第1卷第1期。

第一次世界大战以后，欧洲各国为预防战争起见，对于各种军需品多积极购备。桐油为重要军需品之一，于是欧洲各国纷纷抢购。"据悉，英国因供应缺乏，需要我国出产品极殷，尤以桐油、猪鬃、大豆三项，因向其他国家购买困难，亟盼我国桐油大量出口。英国战时曾以亚麻仁油代替桐油，但亚麻仁油不易购得，且桐油质地较亚麻仁油为佳，英国急盼桐油输入。"①

抗日战争爆发前，我国桐油出口欧洲市场数量逐渐增加，年销均数千万元，尤以 1937 年达到 89845563 元为最多，占当年出口总值 10.72%，是出口的第一位。战事发生后，虽沿海各口岸被日方封锁，运输不便，而当局仍不遗余力，对桐油运输所需的车辆，尽量设法供给，故桐油仍占我国出口商品的前列。但受战事影响，桐油出口贸易始终处于减少状态。

表 6-5　　　1935—1939 年中国运往欧洲各国桐油数量　　　单位：公吨

年份	英国	德国	法国	意大利	荷兰	比利时	欧洲其他各国
1935	4404	3831	3115	538	2137	294	89
1936	3939	5134	3704	139	1798	461	97
1937	6201	6812	4461	554	844	401	58
1938	3750	6237	3087	240	1188	225	5
1939	2166	2563	978	286	168	39	15

注：笔者根据各该年中国海关册所记载的数据整理。

资料来源：茅家琦、黄胜强、马振犊主编《中国旧海关史料（1859—1948）》，京华出版社 2001 年版。

从表 6-5 可知，1935 年到 1939 年，中国运往欧洲各国桐油数量以德国最多，五年输入德国桐油数量平均为 4915.4 公吨。英国第二，五年输入英国桐油数量平均为 4093 公吨。法国第三，五年输入法国桐油

---

① 佚名：《桐油大豆猪鬃，英国需要颇殷》，载《征信所报》1946 年第 232 期，第 4 页。

数量平均为 3069 公吨。桐油是中国对欧洲诸国重要的商品。"最近中国桐油价格的下跌趋势促使欧洲产生了一定的购买兴趣。特别是法国和荷兰。"①

抗日战争结束后，欧洲继续从中国进口桐油。"1946 年，英美瑞典请求供给桐油、冻蛋，中国国际合作贸易委员会该会已获瑞典、美、英等国之合作机构来电，请求我国大量供给桐油、冻蛋、花生、大豆等，所以该会正施行输出问题。寿勉成认为，此项物资的出口，虽获利颇少，但可为国家争取外汇。"②

一 德国

我国桐油出口至德国，多由汉堡（Hamburg）、但泽（Danzig）等处入关。汉堡在德国北部，居易北河下游，是德国第一贸易港。但泽是德国的大贸易港，在东普鲁士北岸，临波罗的海但泽湾。第一次世界大战以后，改为独立市，桐油运送德国，由此起岸者亦多。

民国时期，德国进口中国桐油居欧洲首位，历年其直接由我国输入 2 万—4 万公担，约占我国出口总量的 6%。1915 年至 1918 年，因第一次世界大战关系而停滞，1932 年至 1937 年，直接自我国进口量与年俱增，此外，德国从他国转购我国的桐油，亦复不少。由他国大量转口的桐油，1926 年至 1930 年，在其进口总量中，转购桐油数量每年占 40%—60%。③

1933 年希特勒执政后，德国工业经济逐年改进，军备大量扩充，消费桐油甚多，其量虽无统计资料可资确定，但可由我海关册及香港贸易及航业统计窥其大略。"1936 年我国桐油出口，大为活跃，开数年来未有之记录，桐油输出达 4100 余万元，以输美德者最多。"④ 由于战事

---

① 佚名：《欧洲对中国桐油有购买兴趣》，《华北日报》（1864—1951）1947 年 4 月 3 日。
② 佚名：《英美瑞典请求供给桐油冻蛋等》，载《征信新闻》（南京）1947 年第 22 期。
③ 严匡国：《我国桐油产销之现状与展望》，载《西南实业通讯》1945 年第 11 卷第 5—6 期。
④ 佚名：《半年来全国桐油输出四千余万，以输美德者最多》，载《首都国货导报》1936 年第 31 期。

紧张，桐油这种原料消费量与年俱增，稳居欧洲首位。

德国在战前为欧洲重要的桐油消费国，但中国出口统计数字并不足以反映其重要的全貌。因德国桐油输入多数由荷兰、英国及法国转口。

由表6-6可知，我国运往德国的桐油以1936年、1937年数量最多，达到4万公担以上。1938年由我国和香港两地运往德国的桐油，即达1400万磅之多。1939年，有报道注意到，"大连1月份有桐油400吨运往德国亨堡"①。1948年，"德国十月份从香港订货约1500吨桐油，鸭毛约200000美元"②。

表6-6　1931—1947年中国桐油对德国的出口数量统计　　　单位：公担，圆*

年份	数量	价值
1931	27544	1060947
1932	19336	565154
1933	14375	603294
1934	22495	999733
1935	28933	1787412
1936	42957	4226223
1937	42811	3806080
1938	14804	819469
1939	2841	211011
1947	2033	3191686000

注：圆*指法币。

笔者根据各该年中国海关册所记载的数据整理。

资料来源：茅家琦、黄胜强、马振犊主编《中国旧海关史料（1859—1948）》，京华出版社2001年版。

德国油漆工业对于桐油颇感需要，每年消费量约占桐油输入总额的80%。桐油、亚麻油及其他油类在德国油漆业所占比重，见表6-7所示：

---

① 佚名：《昨抵连油有成交，四百吨桐油运德国》，载《申报》1939年1月1日。
② 佚名：《德拟向港沪订购桐油鸭毛》，载《大公报》（香港）1948年10月30日。

表 6-7　　　　　　　　1928 年德国油漆业干性油质消费　　　　　　单位：磅，美元

种类	数量	价值
桐油	12186000	1977040
生亚麻油	16159000	1220943
熟亚麻油	22125400	1639898
其他油	8762600	614368
合计	59228400	5452249

资料来源：严匡国《从世界桐油供需情形论我国桐油事业》，载《经济汇报》1942 年第 6 卷第 4 期。

德国进口桐油，主要用来制造油漆。据该国统计局调查，在 1928 年，德国漆业用植物油 6000 万磅中，桐油即占 20%，消费桐油数量 12186000 磅，价值达 1977040 美元。

二　英国

英国是中国桐油输出贸易的重要输出国，"自 1912 年至 1937 年，英国直接自我国输入桐油每年少则 6000 公担，多则 60000 公担，占我国出口总量 6%。此外英国自香港输入我国桐油亦不少。"[①] 而香港自内地进口的数量，历来恒占我出口总量 10%，且有与年俱增之势，为数实极可观。[②]

英国桐油进口地点，以伦敦（London）、格拉斯哥（Glasgow）、利物浦（Liverpool）三埠较多。伦敦跨泰晤士河下游，是世界商业金融中心之一。格拉斯哥位于苏格兰中部，临克莱德河，是英国工业中心，造船业占全国的 15%。

英国漆业及其他需要干性植物油之工业均甚发达，但是由于英国人保守性重，油漆业习惯用亚麻仁油，且鉴于桐油价值较昂，供给不定，

---

① 邱良荣：《民元来我国之桐油贸易》，载《银行周报》1947 年第 31 卷第 4—5 期。
② 严匡国：《我国桐油产销之现状与展望》，载《西南实业通讯》1945 年第 11 卷第 5—6 期。

不愿积极改用，30年代，每年消费桐油不过1000万磅左右，仅为亚麻仁油十二分之一。即便如此，英国桐油消费量依然数量不少。

自1900年至1910年，英国油漆工业界逐渐承认桐油在工业的用途，但当时仍以桐油为亚麻仁油的代用品，而代用品一词，在英国看来具有品质较低而价格较廉的含义。此后，桐油的快干特性为英国技术界所发现，因而1914年以后中国对英国桐油出口渐感重要。1931年，中国对英出口桐油数量达99672公担，创下历年最高纪录。

"英国试种桐树最早，于1880年，即由伦敦试验场，分寄桐籽至锡兰等地试种，1883年至1884年间，更试种于印度，均无成绩。至1915年，威尔逊（Wilson）来华考察后，英国政府一度提倡本土植桐，效果不理想。及至1927年，英国政府与工业界合作再度提倡，并向中美选购优良种子分发试种，桐树逐遍植于英属各地，试种结果颇为良好。各地桐油业虽日趋进展，但产量甚微。"① 其工业所需用的桐油基本上全由中国进口。

表6-8 　　　 1931—1946年中国桐油对英出口数量和价值统计

单位：公担，圆*

年份	数量	价值
1931	99672	3834025
1932	86035	2591881
1933	45881	1850368
1934	31309	1323477
1935	36551	2117974
1936	37848	3858631
1937	36828	3266431
1938	20262	1074889
1939	6238	977288

① 黄仁勋：《商品知识：桐油（四）》，载《贸易月刊》1942年第3卷第11期。

续表

年份	数量	价值
1940	10178	7612808
1946	17525	2993139000

注：圆*指法币。

笔者根据各该年中国海关册所记载的数据整理。

资料来源：茅家琦、黄胜强、马振犊主编《中国旧海关史料（1859—1948）》，京华出版社2001年版。

抗日战争结束以后，中英桐油贸易十分活跃。"1945年10月，中国植物油料厂香港办事处将川、黔、湘各厂全年油脂成品1000吨，精炼桐油2800吨交英国航空母舰运往英国，是抗战胜利后我国桐油运销国外的第一批。"① 1948年，英国商务部为平衡中英贸易起见，对蛋类、油籽、桐油、植物油、生丝、超级废丝、干菌、苎麻等，增加其在华之采购数量。②

"1947年、1948年期间，英国商务部公布，私人桐油交易即可恢复自由买卖，桐油交易已取消管制。"③

1947年，中国桐油市势疲软，价格略廉，引起欧洲方面购买兴趣，尤以法国、荷兰、瑞典、挪威、丹麦等国销售较佳，上海桐油输出在欧洲口岸交货价为每吨265英镑。④ 上海市桐油市价，每担约国币46万元，每吨合775万元。中央银行挂牌英汇折合法币价，然仍合英镑每吨193镑余。据伦敦电讯：英国桐油配售价，每吨275镑，较上海市价高出颇多，故我国桐油出口，虽须另外加水脚等费用，仍可获利。⑤

---

① 刘春杰：《中国植物油料厂股份有限公司研究》（1936—1949），上海社会科学院，博士学位论文，2014年。
② 佚名：《英国望我国增加桐油输出》，载《经济通讯》第673号，1948年3月25日第1版。
③ 佚名：《英拟恢复桐油私人交易，伦敦售价每吨跌落四镑》，载《征信所报》1948年第701期。
④ 佚名：《伦敦中国桐油市价略低，引起欧陆方面购买兴趣》，载《征信所报》1947年第322期。
⑤ 佚名：《上海工商：桐油运英可以获利》，载《上海工商》1947年第1卷第9期。

三 法国

法国居我国桐油输入欧洲的第三位,估计每年消费桐油35万磅至40万磅之间,其进口的桐油占我国出口总量仅为2%。法国除直接向我国购进桐油外,有时会从他国转购。法国油漆工业发展甚早,第一次世界大战后在生产与技术方面皆有改进,故桐油消费日见增加。

法国桐油进口地点是马赛(Marseille)、敦刻尔克(Dunkerque)、勒阿弗尔(Le Havre)等埠。马赛位于法国南境,临地中海之滨,汽船往来不绝,是法国第一商埠。勒阿弗尔位于法国西北部,临塞纳河口,是巴黎外港,巴黎等常年需桐油,以地势关系,皆在此起岸。

> 法国直接进口我国桐油,初仅数千公担,1926年以后则为1万至4万公担之间,但其占我国出口总量,历来仅为2%强。法国除直接向我国购进外,有时尚从他国转购少量。①

1934年、1935年、1936年、1937年这四年间,法国进口中国桐油数额均在3万公担以上。此后几年受抗日战争的影响,进口中国桐油数量骤然下降。抗日战争结束以后,法国恢复从中国进口桐油。1947年3月,因为急需桐油,法国方面愿意付高价购买中国桐油,见表6-9所示。"国外行市,伦敦桐油每吨价为20英镑,每担折合国币为44万元。法国每吨合算美金为860万元,每担折合国币为51.6万元。"② "一位桐油出口商告诉UCIB,法国目前对中国桐油的报价为51.6万加元,是最高的。"③

---

① 严匡国:《我国桐油产销之现状与展望》,载《西南实业通讯》1945年第11卷第5—6期。
② 怀:《国外桐油行市法国价格最高》,载《益世报》(上海)1947年3月21日。
③ 佚名:《法国支付最高桐油价格》,载《大陆报》(上海)1947年3月22日。

表 6-9　　1931—1947 年中国桐油出口法国数量和价值统计

单位：公担，圆*

年份	数量	价值
1931	15956	606843
1932	17278	513334
1933	22453	975137
1934	31849	1341143
1935	36942	3746151
1936	36942	3746151
1937	37151	3255074
1938	10795	627880
1939	50	12600
1940	739	529653
1946	5056	1232687000
1947	4660	3915317000

注：圆*指法币。

笔者根据各该年中国海关册所记载的数据整理。

资料来源：茅家琦、黄胜强、马振犊主编《中国旧海关史料（1859—1948）》，京华出版社 2001 年版。

四　芬兰

民国时期，我国对芬兰进口贸易，颇见活跃，但因为中芬之间正式商约尚未订立，中芬之间的贸易，以间接贸易为主。1936 年芬兰政府甚盼与我国缔结商务协定，据上海市芬兰领事馆负责人发表谈话称："中芬自 1926 年签订友谊条约后，尚未正式签订商约。中国方面损失不少。据统计，中国 1935 年运往芬兰货物，仅有 4.5% 系直接运往，其余 95.5% 均由欧洲各国转运。芬兰运往中国的货物，则以数量无多，所损失不大。一方面中国设于芬兰之商业机构极少，亦未派遣大使或领事，因未订约，运芬兰的中国货物关税亦较他国为高，致不能与他国竞争。芬兰境内秩序及经济极为安定，同时欧洲其他国家，如拉脱维亚等亦有中国商品销场，故中国实有与芬兰及各小国签订商约的必要。按芬兰当局有此提议，为国际交往考虑，或发展国货考虑，在可能范围内，我方诚有接受之必要。"①

表 6-10　　　　1934—1936 年中国对芬兰贸易统计　　　单位：国币千元

时间	输入	输出	入超
1934 年	2255	44	2211
1935 年	1417	73	1354
1936 年 1—5 月	301	109	193

资料来源：佚名《国内外贸易消息：芬兰希望与中国订商约，桐油输芬大增》，载《国际贸易导报》1936 年第 8 卷第 9 号，第 186 页。

由表 6-11 可知，我国输入芬兰的商品，主要是桐油和籽仁，其中又以桐油数量最多。由此可以看出，我国对芬贸易中桐油出口贸易的重要性。

表 6-11　　　　1934—1936 年中国输入芬兰主要商品　　　单位：国币千元

品名	1934 年	1935 年	1936 年 1—5 月
桐油	17283	31785	32792
籽仁	11873	20037	4958
总计（含其他）	44000	73000	109000

资料来源：佚名《国内外贸易消息：芬兰希望与中国订商约，桐油输芬大增》，载《国际贸易导报》1936 年第 8 卷第 9 号，第 186 页。

五　丹麦

"丹麦购买我国桐油，民国时期历年亦呈上涨趋势，在 1913 年尚仅百余公担，1923 年直达 1000 余公担，1933 年再增为 6000 余公担。该国固以农业发达见称于世，然制漆工业亦发展甚速，与进口我国桐油趋

---

① 佚名：《国内外贸易消息：芬兰希望与中国订商约，桐油输芬大增》，载《国际贸易导报》1936 年第 8 卷第 9 号。

势成正比。"①

丹麦消费桐油的数量甚巨，但中国出口统计数字未能全部反映。1921年，上海总商会统计的丹麦需求中国的货物中，桐油是其中主要的一项。"上海总商会特派劝办实业专使总公所函云：启者接准驻京丹麦国公使函，敝国外务部寄来所需之中国产品一览表，需要中国的产品包括竹、发毛、各种麻、棉籽油、刺绣、羽毛、皮毛、皮、杂豆、各种籽仁、丝、大豆、兽脂、菜油、木油、桐油。"② 如1929年，丹麦油漆工业所用中国桐油即达1298000磅，油漆生产品价值由1926年的81000美元增至1929年的1000000美元。

哥本哈根（Copenhagen）在西兰岛东岸，是波罗的海的重要港口，我国桐油输入丹麦，以此为起岸地。

从表6-12可以看出，30年代丹麦从中国进口桐油甚多，进口中国桐油最多的年份是在1931年的11911公担，这和丹麦国内局势平稳有关。

表6-12　　1931—1947年中国桐油对丹麦输出统计　　　　单位：公担，圆*

年份	数量	价值
1931	11911	444569
1932	10777	382191
1933	6544	258550
1934	7960	308246
1935	7960	478242
1936	8719	859444
1937	4980	431272
1938	1711	107171
1939	1220	175096

① 严匡国：《我国桐油产销之现状与展望》，载《西南实业通讯》1945年第11卷第5—6期。

② 佚名：《中丹往来商品一览表》，载《申报》1921年4月23日第10版。

续表

年份	数量	价值
1940	102	73087
1946	2554	724210000
1947	478	139600000

注：圆*指法币。

笔者根据各该年中国海关册所记载的数据整理。

资料来源：茅家琦、黄胜强、马振犊主编《中国旧海关史料（1859—1948）》，京华出版社2001年版。

六 荷兰

荷兰直接进口我国桐油，战前居欧洲第三位，约占我国出口总量的3%。荷兰本国的进口量，仅占其中20%—25%。荷兰油漆工业素以采用亚麻仁为主，近年开始采用桐油。① "如1926年我国输往荷兰的桐油1075429磅中，仅有562480磅真正运至本国。又如1930年的4896470磅中，仅有1200540磅是本国进口。这是因为我国桐油出口至欧洲，除德国之汉堡（Hambung）和英国的利物浦（Liverpool）外，多报运至荷兰的洛塘（Rotterdam）再转运分销他国。"② 荷兰的油漆工业较为发达，但习惯使用亚麻仁油，桐油消费数量有限。1923年油漆工业所用桐油，据估计仅约500000磅，此后略有增加。下列中国海关输出数字，亦不足以表示其全部进口数值。

荷兰进口中国桐油地点在鹿特丹（Rotterdam），该埠是荷兰第一商港，濒莱茵河下游的里克河畔，莱茵河沿岸所需中国桐油，都在此地集散。

1931—1936年，六年间荷兰进口中国桐油数量较多，平均每年从中国进口桐油达35675公担。1947年，荷兰从中国进口桐油数量超过8000公担，见表6-13。

---

① 邱良荣：《民元来我国之桐油贸易》，载《银行周报》1947年第31卷第4—5期。
② 严匡国：《我国桐油产销之现状与展望》，载《西南实业通讯》1945年第11卷第5—6期。

表 6-13　　1931—1947 年中国桐油对荷兰输出统计　　　　单位：公担，圆*

年份	数量	价值
1931	45464	1793748
1932	59355	1587027
1933	41140	1308311
1934	31061	1261417
1935	20607	1585064
1936	16424	563404
1937	6000	235078
1938	3509	152615
1939	1059	—
1946	2230	608089000
1947	8833	9756629000

注：圆*指法币。

笔者根据各该年中国海关册所记载的数据整理。

资料来源：茅家琦、黄胜强、马振犊主编《中国旧海关史料（1859—1948）》，京华出版社 2001 年版。

七　意大利

中国桐油对意大利输出，由于战前意大利油漆工业的有所发展，自 1930 年以后其桐油输入亦随之而略有增加。

意大利进口我国桐油的地点，是在热那亚（Genoa）和的里亚斯特（Trieste）。热那亚在意大利西北海岸，背山面海，是该国第一商埠。的里亚斯特滨来斯港，有铁路达维也纳及其他内地都市，故桐油销售于意大利境内，皆由该两埠登陆，转运他埠。

意大利从中国进口桐油在 1931 年、1935 年、1937 年、1947 年数量都在 5000 公担以上。因为受战争因素的影响，意大利消费中国桐油数量最少的一年是 1940 年，仅进口桐油 960 公担，见表 6-14。

表6-14　　　　1931—1947年中国桐油对意大利输出统计　　　单位：公担，圆*

年份	数量	价值
1931	5512	137482
1932	3958	112089
1933	2645	107817
1934	3338	146425
1935	5342	338127
1936	1389	144113
1937	5208	440808
1938	1133	607800
1939	1090	100876
1940	960	670262
1946	3047	828009000
1947	5472	3496046000

注：圆*指法币。

笔者根据各该年中国海关册所记载的数据整理。

资料来源：茅家琦、黄胜强、马振犊主编《中国旧海关史料（1859—1948）》，京华出版社2001年版。

中国桐油出口欧洲市场的数量虽然比不上美洲市场，但也不容小觑。最重要的一点是，欧洲各国大多从中国进口桐油，桐油销售市场分布广泛，各国进口桐油或多或少，只是数量上有差别。1934年，"波兰要求交易中国货品，主要是茶叶、桐油、猪毛等"①。1947年，"捷克政府因战后缺乏工业原料，向我国要求购买桐油9000吨，豆油4000吨，大豆20000吨"②。1949年，"瑞士的9000吨货船奎森将军号抵沪，载运1000吨的桐油与茶叶到海参崴去。瑞士商船开来上海还是第一次"③。中国桐油声名在外是毋庸置疑的。

---

① 佚名：《波兰要求交易货品，贸易局分函各省接洽》，载《时事新报》（上海）1934年7月3日第9版。

② 佚名：《捷克向我洽购桐油大豆》，载《金融日报》1947年3月13日第3版。

③ 佚名：《瑞士商船抵沪，将载桐油赴海参崴》，载《大公报》（重庆）1949年5月9日第2版。

第三节 亚洲市场

我国桐油输往亚洲各国的数量较少，远远比不上输往美国的数量。亚洲桐油市场是中国桐油的传统销售区域。明清时期以来，中国桐油即畅销东南亚各国。中国与东南亚各国之间的桐油贸易不曾中断。

由表6-15可见，亚洲市场当中日本消费中国桐油数量相对较多。

表6-15　1935—1939年中国输往其他国家的桐油数量　　　　单位：公吨

年份	加拿大	南美洲	澳大利亚	苏联	东印度	菲律宾	泰国	英属地	日本
1935	121	126	907	1	5	—	22	234	979
1936	80	137	869	—	12	—	29	268	1154
1937	233	105	1191	71	37	1	29	225	915
1938	81	47	1054	—	39	1	22	225	289
1939	136	72	760	—	72	1	21	320	88

注：英属地包括印度、南非联邦、洛谛西亚、北婆罗洲、缅甸、马来西亚及其他各属地。笔者根据各该年中国海关册所记载的数据整理。

资料来源：茅家琦、黄胜强、马振犊主编《中国旧海关史料（1859—1948）》，京华出版社2001年版。

一　日本

日本直接进口我国桐油，中国台湾及朝鲜在内，历年最少仅300余公担，最多达17000余公担，平均约占我国出口总量的1.2%。日本消费桐油，战前年约13000公担。平均估计约占我国出口总量的1.2%弱。①

日本原产桐油，出自罂子桐，其品质与含油量较我国桐油树及木油树均不如，且产量远不够本国消费。日本所产桐油品质不佳，其产量遂

---

① 邱良荣：《民元来我国之桐油贸易》，载《银行周报》1947年第31卷第4—5期。

逐年减少。1917年曾产2500000磅，1925年降为800000磅，日本工业消费的桐油量平均约2000000磅至3000000磅，国内生产不足的桐油数量，均由中国输入。

20世纪二三十年代，日本尝试从中国购进种子和桐树，运往国内栽培。"日本人分往潍县收买桐树不遗余力，乡民无知，贪图重价，往往争买于日人，以故所有桐树多为日人购去。"① "日本以为中国之桐油涨价过甚，且需要不能减少，日本山林会由中国采集多量种子分给一般人民试种，先在福冈县大规模试植。"② "朝鲜总督连年奖励植桐，三井物产会社汉城支店长高桥茂太郎，收罗桐油种子，移植朝鲜济州已长成。"③ 1932年实施十年奖励植桐计划后，全国有桐林万余亩，桐油产量达60余万磅，依然不够其工业生产所需。关键的问题在于该国土地面积与气候，限制了其发展。

日本进口中国桐油地点，在大阪、横滨、神户、名古屋等地。大阪在日本本州岛西南大阪湾内，横滨在东京湾内，名古屋在伊势湾内，神户在东海与山阳两铁路的交点。每年进口桐油，平时皆由日商驻华洋行经运。

明清时期，中日易货以前以食盐为主。"民国时期，日本对我国桐油需求旺盛。1947年6月中信局易货处购进桐油准备运往日本。第一批桐油即将由招商局海运轮赴日装运，留日华侨回国之便顺托运约数量计入800吨。"④ 1949年，"日本向港进行订购桐油，数达700公吨，分批交易每次100吨，货质以美国所定为标准"⑤。

---

① 佚名：《日本商民搜买桐树》，载《时报》1920年4月12日第6版。
② 佚名：《日本试种我国桐油：桐油涨价谋自给，福冈县开始试种》，载《贸易》1935年第64期。
③ 佚名：《日本奖励植桐》，载《申报》1934年8月31日第4版。
④ 佚名：《日本需要桐油，中信局首批运送八百吨》，载《征信新闻》（重庆）1947年第675期。
⑤ 佚名：《日本向港进行订购桐油，数达七百公吨》，载《大公报》（香港）1949年9月28日第5版。

表 6-16　　1931—1947 年中国桐油对日出口统计　　　　　　单位：公担，圆*

年份	数量	价值
1931	8410	321328
1932	6833	204508
1933	5932	235508
1934	9287	325261
1935	7893	361261
1936	10122	798442
1937	7467	581896
1938	558	57293
1939	285	38088
1940	312	201679
1947	8076	8057000000

注：圆*指法币。

笔者根据各该年中国海关册所记载的数据整理。

资料来源：茅家琦、黄胜强、马振犊主编《中国旧海关史料（1859—1948）》，京华出版社 2001 年版。

值得注意的是，日本所产的桐油远远不够本国所用。抗日战争爆发以后，我国沦陷区所有的桐油全部被日本抢掠，"汉口仍然在出口桐油"[①]。不仅如此，日本还用走私的方法获得我国大批桐油。海关贸易所载的数据并不能代表日本实际从中国进口桐油的数据。

二　苏联

民国时期，我国桐油运往苏联的途径，包括欧洲各口岸、黑龙江各口岸、太平洋各口岸及陆路四条路径，年均在 1000 公担以内。

1934 年苏联向美国购进大量桐果，播种于高加索山脉南乡以南亚等处。苏联国内发展种植桐树，使用桐油制造油漆以及各项他类制造料器。早经苏俄政府认为重要，故于沿黑河之巴统地方，特设桐油局管理

---

① 佚名：《日本从汉口出口桐油》，载《大陆报》1940 年 9 月 18 日第 11 版。

桐树产区，研究培植桐树及桐油之用途，兼办扩充桐树试验场及农夫个人或合作产区。苏联桐油专家曾赴美国佛罗里达州考察该国培植桐树方法，挑选合适于本国土壤气候的桐籽，以便购运本国栽植。1935年下半年又有赴美国考察之行。① 1936年桐林面积即推广至7500英亩，后增开桐林5万英亩，在1942年以后，油产勉强可供国内工业需要，但是第二次世界大战爆发以后，桐林种植计划逐渐废止。

中国桐油对苏联输出，在1936年至1940年间，据海关统计报告，有1937年711公担。1938年起，因偿还苏联借款关系，我国桐油运往苏联数量大有增加。②

抗日战争时期，我国桐油运往苏联的通道尚未中断，对苏联输出大有进展，"1946年桐油输往苏联40105公担，值法币7066300000元。1947年则为30022公担，值法币50038785000元。1947年，中国国内数次向苏联易货，"9月、10月陆续签订三起，交货时以纽约时价计算"③。"中央信托局对苏易货，自合约签订后，正积极筹备，将易货物资以桐油为主。10月2日，桶装桐油已有1000吨由沪运往，尚有500吨还在准备中。还有散装桐油3500吨，该局正在向四川等地收购中，总共为5000吨。"④

1905年俄国在黑海东岸巴统（Batum）地方植物园中，试种桐树一株，是为该国种植桐树的开始。苏联在实行第一次五年计划后，因鉴于桐油在油漆工业及其他工业上的重要作用，努力于植桐事业。务求工业上所需原料，不再仰求于国外。第一次五年计划始于1930年。1934年苏联植桐面积约1000英亩，1935年扩充到2500英亩，以后更增至7500英亩。第二次五年计划中，1938年桐林可增至25000英亩。第三次五年计划中，桐油产量更日见增加。⑤

---

① 佚名：《国际农事要闻：苏联促进植产桐油》，载《农学》1937年第3卷第3期。
② 严匡国：《我国桐油产销之现状与展望》，载《西南实业通讯》1945年第11卷第5—6期。
③ 佚名：《对苏贸易合约，中信局签订三起》，载《申报》1947年10月3日第7版。
④ 佚名：《桐油运苏易货》，载《申报》1947年10月12日第7版。
⑤ 黄仁勋：《商品知识：桐油（四）》，载《贸易月刊》1942年第3卷第11期。

表6-17　　1936—1947年中国桐油对其他各国出口数量统计　　　　单位：公担

地区	1936	1937	1938	1939	1940	1946	1947
阿根廷	1345	994	255	30	—	—	—
澳大利亚	5963	5466	580	10	—	20	1777
比利时	4608	3355	1541	239	23	4819	3215
印度	815	688	556	251	355	—	486
加拿大	192	414	149	—	130	—	93
芬兰	749	1055	—	52	—	—	—
安南	595	517	2052	2782	1355	—	627
挪威	6829	3805	299	20	—	2468	5150
西班牙	213	905	—	25	—	—	—
瑞典	6245	4218	1451	940	102	6905	9264
荷属印度	49	235	—	—	203	—	—
新西兰	224	223	—	—	—	—	153
波兰	256	85	—	50	—	—	—
南非	63	197	—	51	18	762	2856
缅甸	—	—	—	—	18240	—	—
菲律宾	—	—	—	1	—	—	—
泰国	—	—	211	2	—	—	—
捷克	—	—	—	—	—	—	508
埃及	—	—	—	—	—	117	245

注：笔者根据各该年中国海关册所记载的数据整理。

资料来源：茅家琦、黄胜强、马振犊主编《中国旧海关史料（1859—1948）》，京华出版社2001年版。

除日本和苏联以外，东印度、菲律宾、泰国、缅甸、越南、马来西亚诸国均有从中国进口桐油的记录，但数量不大。抗日战争时期，大量中国桐油由缅甸公路运出国外。"中缅公路的桐油出口（1941年）是商品出口的唯一途径。"[①]

[①] 佚名：《中缅公路的桐油出口现在是产品出口的唯一途径》，载《上海时报》1941年11月29日第6版。

中国桐油除了销往美洲市场、欧洲市场及亚洲市场以外，澳大利亚也有销售。澳大利亚所需桐油，多购自欧美国家。从我国直接进口的桐油，民国初年每年仅数百公担，随后逐年增加。至1932年已增至6000公担的最高峰。其后即每年锐减，其消费桐油数量年约4500公担。①1946年，有报道称："澳大利亚大量生产桐油，计划在广大地区种植桐树。据称澳大利亚桐油质地较之其他各处所产者为优。"②"澳大利亚大量生产桐油已进行第一步计划，此项计划种植土地有一千英亩。"③

---

① 邱良荣：《民元来我国之桐油贸易》，载《银行周报》1947年第31卷第4—5期。
② 佚名：《澳洲桐油大量生产》，载《大公报》（重庆）1946年9月9日第3版。
③ 佚名：《澳洲对增产桐油进行第一步计划》，载《交通部津浦区铁路管理局日报》1946年第163期。

第七章

桐油贸易的地位及其影响

桐油英文名为 Tung oil，是我国的特产，在油漆工业中是极其重要的原料。桐油的需求量与工业的发达呈正比例。工业越发达的国家越是需要桐油这种原料，越是需要从中国大量进口。

第一节 桐油在中国出口贸易中的地位

中国桐油生产按一般估计全年产量，战前平均产量有 13.6 万吨，战后平均产量有 18 万吨。在战前桐油出口数量平均每年 5 万吨左右，其中以 1936 年出口数量最大。在抗战初期创下最高纪录，此为我国输出桐油的黄金时代，不仅出口数量之多，前所未有，同时输出价值在我国全部输出总值上达 10% 以上，占全国输出总值第一位，空前盛事。输出桐油的国别，在战前有 30 余国，其中以美国为主，美国桐油消费量之多，为其他各国所不及，抗日战争全面爆发以前我国桐油输美数占全部输出量 70% 左右，最高达 80%，战后仍以美国居首要地位。"1947 年输出桐油总数 3500 余吨，输往美国数量达 2300 吨，输往英国约 6000 吨，输往苏联约有 2800 吨。1947 年输出桐油仍以美国居首，共约 4800 吨，占全数 66%；英国为 7800 吨，占 11%；欧陆各国共约 1100 吨，占 15%；印度、澳洲、加拿大、南非、日本等国共约 2500 吨，占 3%。"[①]

---

① 邢广益：《当前我国之桐油业》，载《银行周报》1948 年第 32 卷第 39 期。

一 桐油出口异常活跃

美国等国家工业的迅速发展使得对于工业油漆重要原料的需求陡增，桐油成为民国时期中国对外出口的重要商品。在国际市场的需求带动下，国内桐树的种植、桐油的生产、加工、运输和贸易迅速发展起来。"民国时期我国桐油产量长期占世界桐油产量80%—90%；全年输出曾达10万公吨，其中以四川省产量最大，湖南省桐油品质最好。"[①] 从全国范围内一个较长时期的考察来看，桐油出口在全国出口货物总值中所占比重是逐渐上升的。

"贸易委员会实施统制政策的土货，包括桐油、猪鬃、茶叶、矿砂、药材、蚕丝、肠衣、皮货、鸭毛、五倍子、羊毛、麻、牛皮等13类，而中国土货的出口贸易，亦以这类为大宗。据统计所载：1935年各种土产出口，桐油680567公担，价值38222582元。丝5178831公斤，价值33877696元。茶384024公担，价值30354276元。猪鬃33438公担，价值25535175元。棉花1295561公担，价值95162235元。羊毛4152363公斤，价值9657984元。以上之数字，是以海关金按照法定价格折合法币。除桐油外，其余各土产虽均呈减少趋势，出口货物以桐油排首位，桐油占中国输出物品最重要的地位。"[②] 由此可见桐油在中国对外贸易上的重要性。1937年"八一三"事变以后，中国为保存固有经济势力，防止资金外流，实施外汇统制，物品的输入，对于外汇的申请，有着严密的限制，而桐油等土产的输出，亦必须依法向中国银行、交通银行售结外汇。并绝对禁止转口至沦陷区域，故关于桐油等土产，已停止经由香港、昆明二处输出。抗日战争时期，中美借款，是以桐油为信用担保品，中美借款为2500万美元，折合法币为15000

[①] 乔曾鉴等编：《植物学：种子植物及植物地理学基础》，中央人民政府高等教育部教材编审处1954年版，第107页。

[②] 佚名：《占输出首位之我国桐油业概况油桐树昔仅我国出产，现各国移植均颇成功》，载《大公报》（上海）1936年5月24日第1版。

万元，是 1935 年中国对美桐油输出值的 2.4 倍。由此更加可知桐油在中国战时财务上的地位。益以中国政府对于桐油，锐意经营，对于产运销各方面，力谋改善；而各国以科学之迈进与军事上的扩张，桐油之需要，日增无已。由此观之，中国特产桐油有助于中国对外贸易与财政金融，更为不可否认之事实。①

有美国学者如此形容中国的桐油业："桐油为中国近代在国际上最具优越资源之一的一种产业，直至 1932 年，中国在事实上犹为世界唯一桐油出口国，亦即唯一商品桐油之生产者，独占世界桐油之市场。中国在桐油业上最占便宜处有三：1. 亚洲为桐油之原产地，境内有多数之野生桐树可资利用。2. 中国自来有桐油消费的习惯。其他国家认识桐油之价值为时甚晚，即如欧洲，亦迟至 16 世纪始知桐油之为何物。3. 国境以内富有的廉价之人工。近代以来，有移植桐树于世界其他各处之企图，若干试验培植工作亦经举办，但迄今为止，仅有美国一处成绩较佳，得加入为商业生产之一，而其产量亦仅占世界桐油总产量 2% 而已。故中国桐油事业上所居之领导地位，屹然如故，未尝有所动摇。"②

中国桐油的性质、数量比各国为优，用作涂料，较外国涂料为佳良。中国桐油的销路，外销高于内销，在国际市场，带有独占的性质。③

二 桐油出口在全国出口货物总值中所占比重日益上升

桐油所占全国货物出口总值的比重在 1933 年上升比较明显，达到了 4.9%。从较长时段来看，桐油出口在全国出口货物总值中所占比重在 20 世纪 30 年代颇为重要。

---

① 佚名：《占输出首位之我国桐油业概况 油桐树昔仅我国出产，现各国移植均颇成功》，载《大公报》（上海）1936 年 5 月 24 日第 1 版。
② [美] 迪西：《桐油之生产与贸易》，邓启东译，载《地理》1941 年第 1 卷第 1 期。
③ 朱美予：《中国桐油业》，载《中行月刊》1937 年第 14 卷第 4 期。

表 7-1　　　1871—1947 年中国桐油出口和出口数量占
　　　　　　全国商品出口总值比重统计　　　　　单位：公担，%

年份	桐油出口数量	桐油出口值占出口总值的比例
1919—1921	317257	1.1
1929—1931	625306	2.7
1933	754081	4.9
1934	652836	4.9
1935	738865	7.3
1936	867383	10.3
1947	805373	15.2

资料来源：严中平等编《中国近代经济史统计资料选辑》，科学出版社 1955 年版，第 56 页。

从表 7-1 可清楚地看出，桐油所占全国商品出口总值的比重在 1933 年上升比较明显，达到了 4.9%。1918 年以后，国际市场的需求旺盛，桐油成了我国主要出口货物之一，开始被海外市场关注。其后海外市场销量稳步增长，一直维持较高的比例。到 1936 年，桐油出口价值名列全国第一，占全国出口货物总值的第一位。桐油占出口总值的比重最多的一年是在 1947 年，达到了 15.2%，但是这一年桐油出口数量和 1936 年的出口数量是差不多的。这反映出这一时间内，国内其他商品出口并不景气，导致桐油的出口比重升高。

1. 四川是全国产桐油最多的省份：

表 7-2　　　　　1917—1934 年四川桐油输出统计

年份	输出数量（旧担）	桐油市价最高（每担）	桐油市价最低（每担）	桐油市价平均（每担）
1917	34670	11.25	6.80	9.03
1918	65706	11.50	7.00	9.00
1919	57038	11.00	7.00	9.25

续表

年份	输出数量（旧担）	桐油市价最高（每担）	桐油市价最低（每担）	桐油市价平均（每担）
1920	45529	11.00	9.00	9.00
1921	65783	14.50	9.80	12.20
1922	236802	20.00	14.10	17.05
1923	293028	32.00	14.00	23.00
1924	399305	26.00	12.60	19.30
1925	355731	25.00	14.10	19.55
1926	276520	24.50	17.30	20.90
1927	294322	26.00	15.00	20.50
1928	410031	27.00	16.80	21.90
1929	401511	28.00	17.00	22.50
1930	547076	23.08	13.45	18.27
1931	463138	26.00	21.70	23.85
1932	410126	25.50	18.55	22.03
1933	677508	27.80	16.10	21.95
1934	138523	54.00	32.80	43.40

注：(1) 1934年当时的万县出口数量，以公担计算，其余以旧担为单位。

(2) 1930年以前价值以海关两计算，1930年以后按银元计算。

资料来源：佚名《最近四川之桐油业》，载《农报》1935年第2卷第35期。

民国初年，重庆、当时的万县两个市场输出的桐油，多由帆船装运，其全年具体实数无从稽考。1917年，当时的万县海关成立，运输桐油多改用轮船，但四川省内战事频仍，扣船载兵的事情屡有发生，故每遇战起，则油商又不得不借帆船为运输工具，于是海关记载上，又多不能为确实之数。所以表7-2统计的桐油输出数量，远远小于实际桐油输出数量。至1922年川局初告平定，省内桐油输出额激增，价值亦逐渐增长。

表 7-3　　　　1912—1938 年四川桐油出口价值占
四川省对外贸易总价值的比例　　　单位：千元，%

年份	对外贸易总价值	桐油出口总价值	桐油出口价值占对外贸易总值的比例
1912	17263	82	0.48
1913	18912	199	1.05
1914	22607	299	1.37
1915	26398	88	0.33
1916	37899	135	0.48
1917	26186	552	2.11
1918	27422	926	3.38
1919	39064	1096	3.43
1920	22315	690	3.09
1921	34674	1123	3.24
1922	43283	5638	13.00
1923	50962	10149	19.91
1924	53759	10454	19.45
1925	51190	9176	17.93
1926	16043	7931	14.15
1927	51839	7080	11.16
1928	57681	11192	15.21
1929	69166	14660	22.20
1930	172254	13889	19.22
1931	156801	11046	19.45
1932	40580	9035	22.26
1933	42968	14871	34.61
1934	36061	7188	19.91
1935	36794	19058	51.80
1936	55162	30792	55.82
1937	51469	27148	51.74
1938	25627	8490	33.52

资料来源：严匡国《四川桐油产销概况》，载《四川经济季刊》1944 年第 1 卷第 2 期。

以出产桐油最多的四川省为例，桐油出口价值占四川省对外贸易总值有着举足轻重的地位。四川主要出口货品为桐油、山货、药材、赤金、生丝、夏布、蔗糖、榨菜及纸类等物。民国时期，其出口贸易总值在 3600 万元至 5500 余万元。生丝、蔗糖、药材、夏布、榨菜及纸类的出口均逐渐衰落，山货仅能维持一定的销量，只有桐油一项，因国外需要的激增，呈现独有的兴旺之势。四川出口贸易总值，在 1930 年达到了 7200 余万元，为民国时期历年的最高峰。但自此以后即逐年减少，1934 年下降至 3600 余万元。但是，四川省的桐油对外贸易趋势，则逐年上升，其在出口贸易中的地位日趋重要。"在 1912 年至 1916 年期间，四川省桐油出口价值平均仅占全省出口贸易总值的 2.1%。在 1917 年至 1921 年期间，则增幅 3.08%。1922 年至 1930 年期间又增至 17.55%。1930 年以后四川省出口贸易总值逐渐下降，而桐油出口总值，除 1934 年稍为减少外，则逐年均见上升，其占全省出口贸易总值百分数，更有增加。1931 年四川桐油出口总值占四川省对外贸易总值 19.4%；1933 年增至 34.6%；1935 年增加至 51.8%。1936 年增至 55.8%，超过四川省出口贸易总值的一半，桐油出口贸易呈现蓬勃现象。"① 由此可见，1930 年以后四川省对外贸易总值的衰落，是受其他产品贸易衰落的影响。1936—1938 年间四川省对外贸易之所以能保持水准不再减少，是因为桐油贸易的兴盛所维持。

四川是全国桐油重要产区，其桐油出口数量的增减与全国桐油出口数量的趋势保持同一步调。1928 年以后全国及四川省桐油出口数量日渐增加，而四川桐油出口总量占全国桐油出口数量的百分比亦高，可知四川省桐油出口贸易的进展居全国各省之首。1931 年以后，四川出口桐油数量占全国桐油出口总量 30% 以上。1932—1947 年间，四川省桐油出口量与全国桐油的出口总量共同增长，出口数量平均约占全国出口数量的 31.2%。1939 年、1940 年、1945 年四川出口桐油数量占全国桐

---

① 严匡国：《四川桐油产销概况》，载《四川经济季刊》1944 年第 1 卷第 2 期。

油出口数量的比重更是超过了40%，见表7-4。

表7-4　　　1912—1941年四川桐油历年出口数量与
全国桐油出口总量的比较　　　单位：公担，%

年份	全国桐油出口总量	四川桐油输出总量	占全国桐油出口量的比例
1912	—	—	—
1913	—	40	—
1923	265422	—	—
1924	187693	—	—
1925	311571	114	—
1926	242739	18850	7.8
1927	295653	39156	13.2
1928	371011	33477	9.0
1929	327020	27525	8.4
1930	353739	38704	15.3
1931	450910	140356	31.1
1932	506141	160078	39.1
1933	541915	209509	38.5
1934	540726	189333	35.0
1935	452494	241179	31.2
1936	545094	153958	28.2
1937	661821	217879	32.9
1938	646914	226251	28.8
1939	705944	191617	41.3
1940	523061	171847	44.4
1941	485507	191447	39.4
1942	754081	275718	36.6
1943	652826	157135	24.1
1944	738865	115937	34.5
1945	867383	349070	40.2
1946	369789	160003	35.0
1947	695777	254525	36.5

资料来源：严匡国《四川桐油产销概况》，载《四川经济季刊》1944年第1卷第2期。

2. 湖南省

再来看桐油大省湖南省，桐油出口价值与全省商品出口总值之间的百分比情况。

表7-5 1912—1933年湖南省桐油出口价值与全省商品出口总值比较

单位：关平银两,%

年份	全省商品出口总值	桐油出口价值	桐油出口价值占全省出口总值的比例
1912	12861355	1370893	10.66
1913	12354575	502709	4.07
1914	11887046	466171	3.92
1915	14813927	71056	0.48
1916	181417296	386899	2.13
1917	17461826	276855	1.59
1918	16350861	1769591	10.82
1919	13942065	1839301	13.19
1920	21924974	2230027	10.17
1921	17469872	3141813	17.98
1922	23053143	6232741	27.04
1923	31228661	11897860	38.10
1924	29516342	9760991	33.07
1925	31566160	11772362	37.30
1926	27913674	9367416	33.56
1927	23858300	7327985	30.71
1928	30277981	11277608	37.24
1929	28885825	12967366	44.89
1930	27326078	11902614	43.56
1931	18409108	5724737	31.10
1932	1546162	6149889	39.78
1933	13280954	5107248	38.46

资料来源：李石锋编《湖南之桐油与桐油业》，湖南经济调查研究所1935年版，第107页。

从表 7-5 可看出，就湖南省来看，桐油出口值在全省各项货物出口总值中的比重十分重要。1912—1919 年间，湖南省桐油出口价值平均在 835434 关平银两，桐油出口价值占全省出口总值的百分比为 5.8575%。1920—1929 年间，湖南省桐油出口价值平均在 9787878.3 关平银两，桐油出口价值占全省出口总值的百分比为平均为 35.362%。20 年代湖南省桐油出口价值和桐油出口价值占全省出口总值的比重显著提升，这也可以从一个方面可以看出桐油出口贸易的兴旺。1931—1933 年间，桐油出口价值占全省出口总值的比重平均为 36.45%，桐油是湖南省最为重要的大宗商品之一。

表 7-6　　　　1912—1931 年湖南省桐油出口与全国出口总量比较

单位：市担,%

年份	全国桐油出口总量	湖南省桐油出口数量	湖南桐油出口占全国桐油出口比例
1912	841527	131126	15.58
1913	795560	53252	6.69
1914	754632	51197	6.78
1915	635728	10898	1.71
1916	806593	49096	6.09
1917	702204	30964	4.41
1918	827639	133894	16.13
1919	989428	138894	14.04
1920	854979	168177	19.67
1921	785995	220590	28.07
1922	1098805	426945	38.86
1923	1284900	478037	37.20
1924	1321479	410165	31.04
1925	1276562	492211	38.58
1926	1116393	374844	33.58
1927	1104385	284879	25.80

续表

年份	全国桐油出口总量	湖南省桐油出口数量	湖南桐油出口占全国桐油出口比例
1928	1473838	422526	28.67
1929	1421094	510193	35.90
1930	1417912	479921	33.85
1931	1055193	323642	30.67

资料来源：李石锋编《湖南之桐油与桐油业》，湖南经济调查研究所1935年版，第107页。

由表7-6可知，民国时期湖南省桐油出口与全国出口总量相比较，1921年湖南省出口量有大幅增长，1921—1931年这11年间，湖南省桐油出口平均占全国出口总量的32.9%。湖南省桐油出口是全国桐油出口的重要组成部分。

第二节 桐油出口贸易对当地经济发展的作用

桐油是近代中国大宗出口商品，桐油出口贸易的兴旺对桐油各产地、各集散市场农业、手工业、商业及相关行业的发展有显著作用。

一 桐油出口贸易对农业、手工业发展的作用

民国以前，全国各地种植桐树不成规模，大多数地区只是零散种植，成片生长较少，呈现自由散漫的局面。进入民国时期后，各地大量种植桐树，政府所经营的林场出现了大面积集中的桐树林。桐油行业种植方式的转变提高了长江流域农业生产专门化的程度，在一定程度上促进了长江流域农村种植业结构的调整。"农业生产的专门化指的是在一些区域专门生产一种市场产品，另一些区域又专门生产另一种市场产品，而且农业的其他方面也都适应这种主要的产品。"[①] 桐树这种经济

---

① 王玉茹主编：《中国经济史》，高等教育出版社2008年版，第124页。

作物的大量种植，桐油的大量生产促进了桐油产地所在的省份从传统的自然经济向商品经济的转化，促进了各地农业生产力的提高。

桐油出口贸易的发展也促进了各地区桐树种植的扩大，桐油行业在农业经济中所占比重提高。"经济作物收获物成为工业、手工业原料，一般都要通过商业的中介；而经过工业、手工业加工制作的产品，一般成为为获取利润而出售的商品。桐油交易也是如此。"① 桐油贸易的发展促进了农村经济与市场联系的加强，加强了城乡经济之间的交流。桐树一般种植于山上或田埂旁边，不需要占用农田。而且桐树种植栽培并不困难，农民不需要花费过多的精力便可得到一定的副业收入。

随着桐农数量的增加，桐油这种经济作物在农家经济中占的比重逐渐上升。"对农业经济和农业生产而言，手工业消纳了农民家庭剩余老弱劳力，为农业提供了生产条件的重要功能。不少手工业和农业生产相互依存，紧密结合在一起。"② 桐籽收集、桐籽晾晒、桐籽挑选等工作并不复杂，农户家中常常让妇女儿童从事此项劳作。家庭的主要劳动力可以解脱出来，从事重体力劳动。家中男女老少都不得空闲，增加了家庭经济收入。

"民国时期经济作物种植的扩大化以销售市场的发展为前提，而市场的发展又有赖于相关手工业的商品生产及其分工的发展。"③ 这一时期迅猛发展的桐油行业同样属于这种情况。

榨油业是和广大群众日常生活紧密相关的手工行业，中国榨油业历史非常悠久。在近代，各地榨制各种油类多沿袭传统方法，设备简陋，一切步骤都要依靠人力劳动。不仅劳动效率不高，而且榨制油质不纯。

中日甲午战争以后，近代榨油业开始在一些大城市兴起。1897年，朱志尧在上海创办大德油厂，资本15万元，纯以机器榨油。1899年，朱志尧又在上海投资13万元创办同昌油厂。到1907年，上海、汉口已

---

① 刘泱泱著：《近代湖南社会变迁》，湖南人民出版社1998年版，第140页。
② 刘克祥、吴太昌主编：《中国近代经济史（1927—1937）》，人民出版社2010年版，第1143页。
③ 吴申元主编：《中国近代经济史》，上海人民出版社2003年版，第79页。

开设机器榨油厂多家,规模均较大。在广东,从1899年起,华商怡兴源、怡东生、东永茂等"见新式榨油法之效率比旧式压榨法为大,亦相继改用新法"。到1904年,营口已有新式机器油坊4家。安东、大连等地的旧式油坊业也大多经由同样的过程过渡到机器榨油厂,东北遂成为中国近代机器榨油业的中心之一。①

甲午战争以后,在不同行业涌现的新式机器工业比传统手工业而言,肯定是更为先进、更为有效率,体现了生产力的进步。可惜由于资金等众多方面的原因,这些在大城市出现的更有效率的新式机器工业在这一时期并未能普及,广阔的中国各省仍然多采用传统手工业方法来生产加工产品,来供应市场需求。具体到桐油行业而言,土法榨油的方法广泛存在于广大农村和乡镇的榨油作坊和农民家中。

大豆、生丝、茶叶三项,向称我国的传统特产,民国时期逐渐呈疲态,唯桐油一项应运而生,尤能独霸世界市场,其输出的数量,年年有增加。因此桐油的用途至广,国际市场求过于供,故我国桐油业蒸蒸日上。② 20世纪,我国因工业落伍,致对外贸易,入超甚多。由于桐油在国际市场的畅旺,可以挽回一部分贸易利润。因此桐油行业成为商业经济部门中的重要行业之一,并带动了相关行业的发展。

二 桐油行业是商业的重要部门

民国时期,特别是第一次世界大战结束以后,桐油业是中国原料加工业的重要领域之一,桐油的生产销售对桐油主产区的四川、贵州、湖南、湖北、浙江、安徽、福建等地区经济的发展发挥了重要的作用。

明清时期,桐油交易原属于杂货后行。杂货后行者,即代客买卖山货、皮毛、丝头、杂油等一切货物的行户。因为生意发达,清末时期独立成一个专业的行业,木油行应运而生,且又进一步细化分干油行、水油行二种。干油即木油、皮油、漆油、牛油等;水油即是桐油。桐油又

---

① 王翔:《甲午战争后中国传统手工业演化的不同路径》,载《江西师范大学学报》2006年第4期。
② 王懿芳:《我国桐油在国际贸易上的地位》,载《实业统计》1936年第4卷第1期。

和菜油、麻油、茶油行等称为香油行。有的分化出来的香油行仍然依附在原来的杂货后行，如二三十年代汉口的集永亭、周祥昌、隆昌、刘永昌等香油行，实际就是原来的杂货后行。一般的香油行、干油行等，因资本较小的原因，均没有与洋行有直接的生意，皆间接或直接转卖于杂货后行。其直接做抛盘最多的，仍为杂货后行，是收购桐油后销于洋商的主要专业行商。①

桐油贸易逐渐壮大，使桐油行业逐渐成为商业经济中的一个重要部门。各集散市场越来越多地成立专门经营桐油的商行。桐油行业分为油号、油行、油脚行等，分门别类的商户越多，客观上反映了桐油贸易的兴旺。

民国时期，桐油出口贸易十分兴旺，桐油的销量呈爆发式上升，获得了海外市场的青睐。这一时期，桐油出口价值遥遥领先于其他商品。中国政府为保持对外贸易，特设置贸易委员会，调整并奖励土产之输出，桐油一宗，已就为调整与奖励出口之对象。

近代以来，桐油出口数量的增加带动了全国各地桐油行业的飞速发展。桐油行业的兴旺必然带动了桐油产地、集散、出口各级市场的相关行业的兴旺。桐油贸易的发展使金融业、经纪业、包装业、榨油业、堆栈业、报关业、交通运输业等的相关行业发展迅速，促进了各级市场经济繁荣，长江流域沿线的当时的万县、汉口成为桐油的贸易集散中心，上海则是中国桐油的最大出口市场。"农产品的专业化必然要促进农产品的市场流通，经济作物的种植者要通过市场将产品出售，又购入其他生活用品，由此也推进了其他农产品的市场流通。"② 桐油行业的发展促进了各地的农产品市场流通。

从种植桐树开始，往往是全家一起从事种植、晒干、筛选、剥皮等工作，接下来需要乡间小贩走村串户，从农户手里收购桐籽。小贩收购了桐籽以后，又需要挑夫将桐籽挑运至乡镇市场的榨油坊。从四乡收购

---

① 即明：《汉口之桐油》，载《银行杂志》1924 年第 1 卷第 17 号第 5 期。
② 虞和平著：《20 世纪的中国——走向现代化的历程（经济卷 1900—1949）》，人民出版社 2010 年版，第 218 页。

的桐籽进入榨油坊以后，榨制桐油的工作需要榨油坊几个人同时协作才能完成。桐油榨制完成后，需要寻找合适的包装来装运桐油。此时，经纪人登场，寻找合适的油号、油行等洽谈桐油的收购事宜。油号、油行需要大量的人员在产地市场活动，从事收购桐油事宜。桐油收购谈妥以后，油号需要联系船户运送桐油去上级集散市场，在经过浅滩的时候还需要有很多纤夫集体协同劳动，保障货物的运输。桐油到达当时的万县、汉口等大的集散市场后，需要寻找卖家销售桐油。在此期间，桐油业者需要银行、钱庄等金融行业人员的支持周转完成交易。外国洋商收购桐油以后，需要在精炼厂进一步炼制桐油。精炼桐油以后，需要联系大型轮船经过长时间水运，将桐油运送至上海出口市场。桐油运送到上海以后，需要联系货栈储存桐油。桐油在出口之前，需要商品检验局的先进行检验，品质合格以后再联系报关、出口过磅等手续。等到桐油到达海外销售市场以后，需要有人员联系销售、装卸和运输事宜。这一系列的流程运转起来，需要大量人员从事相关工作，这就解决了一部分人的就业，必然会带动相关行业的发展。

结　语

明清时期，我国出口贸易首推生丝、茶叶贸易。但是，进入民国时期，生丝和茶叶在国际市场受到了严峻挑战。生丝贸易继续兴旺；但此时印度、锡兰等地出口的茶叶迎头赶上，更受欧洲市场的欢迎，从而茶叶贸易有下降趋势。从20世纪30年代海关贸易册中可以明显看出其贸易兴衰情况。与此同时，中国出口的桐油逐渐增多，销量趋势上升明显。

1933—1936年中国主要出口商品贸易涨跌情形　　　单位：公担，国币元

年份	商品类别	数量	价值	所居位次
1933	生丝	77075	48246774	1
	茶叶	693810	34210037	4
	桐油	754081	30261269	5
1934	生丝	95413	28423639	1
	茶叶	470492	26098549	6
	桐油	652836	26216683	5
1935	生丝	100480	40230709	2
	茶叶	381404	29624184	4
	桐油	738865	41582879	1
1936	生丝	86523	43247972	2
	茶叶	372843	30661711	5
	桐油	867382	73378654	1

资料来源：朱美予编著《中国桐油业》，中华书局1941年版，第6页。

由上表可以看出，20世纪30年代桐油的出口增加，在1935年、1936年超过了生丝、茶叶出口的价值。在传统出口商品生丝和茶叶当中，其中又以茶叶出口销量有下降趋势。1933年，我国出口茶叶693810公担，到1934年，茶叶出口销量下降至470492公担。1935年，茶叶销量进一步减至381404公担，到了1936年，茶叶出口数量仅有372843公担。1936年茶叶出口数量比1933年下降了50%。1937年7月7日，卢沟桥事变以后，抗日战争全面爆发，我国出口的茶叶、生丝数量更为减少了。

近代以来，中国的桐油商品被纳入世界市场体系以后，其年出口数量惊人。1933—1934年，桐油出口数量在全国所有出口商品中占第五位。1935—1936年，桐油出口数量一跃成为全国所有出口商品的第一位，其重要性不言而喻。桐油行销世界各国甚广，称得上是中国的一种独占的商品，在世界桐油市场的份额极大，我国桐油产额约占全世界95%以上。桐油行业与国民经济紧密相关，在我国对外贸易当中处于十分重要的地位。

抗日战争时期，桐油作为战略物资的一种，中国和美国签订中美桐油借款协议，用中国桐油换取美国的枪支、机械、汽车等战略物资。用桐油换取急需的军事物资，从这个角度来看，桐油商品发挥了重要的作用，有力支持了抗战。

抗日战争结束后，桐油产量有所恢复，但远远未达到战前的水平。1946—1949年，全国桐油年均产量为84150吨，仅为1936年全国桐油产量的61.5%左右。桐油行业无论是产量还是出口数量，在战后均出现衰退局面。

在近代，中国桐油产量与出口数量，四川、湖南两省均为全国之冠，但两省桐油的出口数所占全国桐油总出量的比例，有并驾齐驱之势。在1921年时，湖南桐油出口数量占全国出口数量高达63%，而四川的出口量仅占全国出口总量的15%。其后四川桐油力争上游，出口数量大增，平均每年出口数量占全国35%左右，以1931年数量最多，占全国桐油出口总量的44%，湖南反而屈居次位。湖南平均每年出口数量占全国出口总量30%左右，虽比不上四川，但是常居第二位。

民国时期，经过海外市场严格的考验，中国桐油产量丰富，品质优良，足以占据世界桐油市场。全国各省大多数均有桐油的出产，其中以四川、湖南二省所产桐油品质为最佳。

中国桐油出口，其产地市场、集散市场，为从事桐油出口业者所重视。市场的地理位置如何，对于桐油的运输与销售，有着极大的影响。中国各省的桐油市场比较重要的有如下几处。

四川省以重庆、当时的万县市场规模大，其次是涪陵、合川、南充、宜宾与泸县等地。湖南省以沅陵为最主要，其次是洪江、长沙、津市、岳阳等地。湖北省以汉口为最主要，其次是老河口、宜昌、沙市。江西省以南昌与赣州为主。安徽省以安庆与芜湖为最大市场，皖南桐油一部分运往杭州外销。贵州省以思南、铜仁、青溪为主，并北运重庆，东运常德或南运梧州出口。广西以梧州为主，其次是柳州、南宁等地。云南省以昆明、蒙自两地为主。浙江省以杭州、永嘉、诸暨、兰溪与丽水等地为主。福建省以福州及三都汉为主，其次则有福安、建瓯与晋江。广东省以广州、香港为最大市场，且为华南桐油出口两大港市，其次为汕头、拱北、三水等地。陕西省以石泉、安康为主，并经老河口运至汉口运销。河南省以信阳与郑州为主。

中国最大的桐油市场，以全国而言，汉口与上海是最大的集散中心。汉口位于中国中心部分，四川、湖南、湖北、陕西的桐油集中于此地，以致价格的涨跌，常以汉口市场为转移，贸易兴盛，无与伦比。1928年起，随着长江航道的疏通，上海凭借独一无二的位置逐渐取代了汉口成为全国桐油最大的出口市场。这种局面一直延续到今时今日。

上海是中国最大的商港，腹地广阔，航运通达，我国出产的桐油绝大部分由上海出口海外市场，民国时期桐油总出口量常占桐油生产总量的85%以上，其重要性特别突出。

中国桐油的外传，是我国出口货物的一大宗。但是桐油产地分散，涉及众多省份，涉及众多从业人员，必须经若干道人工、办理各种手续才能完成出口贸易。中国幅员辽阔，桐油从各偏僻山区用人工或牲畜将桐油运至各小河小江的帆船上面，走水运运往长江沿岸的当时的万县、汉口、上海等地，然后将桐油装载轮船，才能出口。桐油从产地到达海外的销售市场，是一段漫长的旅程。

中国桐油外销的国家，据海关贸易表册所记载，其中以美国为最主要的销售市场，美国消费中国桐油数量之多，世界各国，均不可及。其中由我国进口桐油数量，常年占我国出口桐油数量的70%左右，最高则达81%。换而言之，我国出产的桐油绝大部分销往美国市场。美国本身所需要的桐油量非常多，但美国亦向其他国家出口，如加拿大、纽芬兰、古巴、阿根廷、德国、法国、南非等国，会从美国市场购买桐油，所以美国亦是桐油转口国家。

欧洲市场桐油的消费，以英国、德国数量最多，其次是法国、荷兰，再次是丹麦、比利时、意大利与瑞士等国。中国出口欧洲的桐油数量，在民国时期，英国和德国常居首位。如1933—1935年几年间，英国进口中国桐油数量最多。1936—1937年，德国进口中国桐油数量最多。抗日战争全面爆发后，中国桐油的欧洲销路，陷于停顿，只能依靠香港为转口港，运往欧洲各国的桐油尚能保持海上航运。故桐油销往英国，为数虽减，仍保持中国桐油销欧的首位。抗日战争结束后，苏联需要桐油甚殷，出口苏联的桐油，1947年约为2800公吨。

桐油的易干燥特性决定了其他各种植物油类，如亚麻仁油、草麻子油、豆油、苏子油、椰子油以及巴西特产阿以提西加油等，不能取桐油的地位而代之。桐油与其他农产品性质有着不同的特点，农产品最大的困难，在于销售不易，市场难寻，而桐油的特征在其非供食用，并无口味不合的缺点。桐油是一种工业用的产品，其需要完全根据内在价值，所以生丝、茶叶因受世界不景气的影响而销量下降，但是桐油却因世界工业的发展、各国军需的扩充，销量不断增加。

桐油的种植和使用在中国历史悠久，桐油贸易早在近代中国开埠之前就已经存在，其经济地位并不高，多是零散种植，不占用耕地面积，桐油仅用于装饰房屋器具、填补船缝等，其在农民家庭收入中所占比例非常小。汉口开埠以前，桐油和豆油、花生油、茶油等一同被列入植物油这一项，在海关贸易册当中，其出口数量很小，一直到民国初期桐油贸易仍以国内市场为主。

第一次世界大战结束后，随着桐油作为工业油漆重要原料的用途被广泛应用。此时正是美国、英国等国家工业的迅速发展之际，桐油开始大量进入国际市场，桐油成为中国对外出口的重要商品。桐油作为一种重要的工业原料，促进了近代工业的发展。

在国际市场的需求带动下，国内桐树的种植、桐油的生产、加工、运输和贸易迅速发展。中国的桐油商品被纳入世界市场体系。在国内，由于桐油贸易的发展，榨油的需求增长，促进了近代榨油工业的发展。

1864年，桐油贸易首次出现在汉口海关贸易报告中，可以说从开埠开始，桐油贸易就是汉口贸易的组成部分，只是当时桐油出口数量占的比例比较小。到了20世纪初，汉口的桐油贸易迅速扩大，二三十年代桐油出口数量增加，已成为最重要的出口物资之一。

在我国桐油出口稳步增加的同时，美国、日本等国也在大面积推广种植桐树，这些国家桐树种植面积的增加，直接影响了中国桐油出口的份额。国内桐油业同样存在着一些弊端，如油商掺假以次充好、经纪人从中牟利、交易时手续繁杂、运销途中苛捐杂税多等。其次，种植桐树的农民由于获利甚少，植桐的积极性不高。对此，中国从事桐油业者为应对美国对中国桐油在质与量上的要求，扩大桐树种植，改良桐油包装，这些措施有利于桐油对外贸易的稳定，桐油商也因此获得了可观的经济利益。

作为民国时期重要的出口物资，桐油出口贸易的与日俱增刺激了长江流域各主产区桐油行业的发展。同时，汉口桐油输出贸易的迅速发展，带动了桐油市场的成熟和整合，桐油加工、运输、检验等系列配套环节日益完善。

桐油买卖成为一些商人谋生、发家的手段。随着桐油对外出口贸易的迅速发展，桐油逐渐不再应用于照明，而是卖出，价格比桐油低的煤油则取代它用于日常照明。桐油在20世纪二三十年代期间一跃成为中国土货出口的大户。

民国时期桐油产量基本上在10万吨左右，最高值出现在1936年，当年全国桐油产量为136800吨，此后因为战争爆发、局势动荡的缘故，桐油出口受阻，全国桐油产量和出口数量逐年下降。民国时期桐油出口数量的最高值出现在1937年，当年全国桐油出口数量为102979吨，战时急速下降。抗日战争爆发以后，桐油行业逐步走向衰落，国民政府虽极力进行了调控，可由于局势的发展和宏观措施不当，所起作用不大。桐油对外贸易的黄金时代已经一去不复返。

抗战胜利后，桐油行业虽有过短暂的恢复，无奈大势已去。战后，桐油产量有所恢复，但远远未达到战前的水平。1946—1949年，全国桐油年均产量为84150吨，仅为1936年全国桐油产量的61.5%左右。桐油行业无论是产量还是出口数量在战后均出现衰退局面。

总之，桐油行业的发展状况大致是与民国时期社会发展的过程、时局的变化相吻合的，是随着政治经济宏观环境的转变而发生转移的。任何行业的发展都要受到大环境的影响，桐油行业自然也不能独善其身。

中华人民共和国成立以后，在20世纪五六十年代，桐油继续畅销国内外市场。从20世纪80年代末开始，由于人工合成油漆的大量上市，凭借其价格优势，桐油出口量和桐油价格急剧下降，1994年桐油价格下降至3000元/吨，油桐产量呈现大幅度下滑，许多地方出现了砍掉油桐种果树的现象。① 这一时期，全国油桐栽培面积大幅度减少，油桐行业严重萎缩。"只有湖南、湖北、贵州、重庆毗邻地区还有一部分油桐林。"②

进入21世纪，桐油的用途再次被拓展，成为制造生物柴油的优质原料，桐油价格逐渐攀升，桐树栽培面积有所回升，桐油行业重新焕发出新的活力。由于桐油价格上涨，2009年前后开始，部分产区已经开始恢复油桐林的营造。湖南等省区的一些大公司为了开发生物柴油，正在营造大面积生物质能源油桐林。

---

① 张晓春、潘鹰、黄世龙：《重庆市油桐产业发展现状与对策措施》，载《南方农业》2009年第3期。
② 谭晓风：《油桐的生长现状及其发展建议》，载《经济林研究》2006年第24期。

桐油是制造生物柴油的优质原料，油桐作为生物质能源树种有可能成为缓解我国能源短缺问题的最有发展前途的生物质能源树种之一。近年来，桐油应用的重点已从传统领域转向蓬勃发展的电子工业，被大量用于制取作为电子产品心脏——大规模集成电路板的浸渍材料。① 随着大规模集成电路板的广泛运用，必然会带动桐油的销量。

近几十年来，世界科技飞速发展，人工合成涂料的广泛应用，拓展了桐油在涂料工业中的应用范围。桐油还广泛应用于电子行业、高级印刷油墨、高级涂料、黏合剂、合成树脂、塑料行业、橡胶行业和生物质能源等领域，其应用前景十分广阔。②

随着人民生活水平的提高，人们对环境意识和健康意识的增强，油漆产业发展的趋势将会是发展以生物质制造的不造成环境污染的环保型油漆。世界上最适宜于制造环保型不污染的环保型油漆的原料就是桐油。所以，桐油产业会重新崛起并有可能引领油漆产业的发展方向。③

纵观近代中国桐油对外贸易史，桐油在明清时期消费较小，在民国时期最为红火。中华人民共和国成立以后，桐油的生产贸易经历了很长时间的挫折和低谷，桐油的种植面积、桐油在世界桐油市场的占有额比起民国时期有所下降。进入 21 世纪，桐油的用途再次被拓展，成为制造生物柴油的优质原料，桐油价格逐渐攀升，桐树栽培面积有所回升。当前，桐油行业市场的重新繁荣对于我国新材料工业的发展具有重要的战略意义，对于山区农民精准脱贫具有重要的现实意义。桐油行业前景大有可为。在新的经济社会大环境下，桐油行业焕发了新的生机。

---

① 谭晓风、蒋桂雄、谭方友、周伟国、吕平会、罗克明、孙汉洲、王承南、马锦林、何桂林、梁文汇、黄艳：《我国油桐产业化发展战略调查研究报告》，载《经济林研究》2011 年第 3 期。

② 谭晓风、蒋桂雄、谭方友、周伟国、吕平会、罗克明、孙汉洲、王承南、马锦林、何桂林、梁文汇、黄艳：《我国油桐产业化发展战略调查研究报告》，载《经济林研究》2011 年第 3 期。

③ 杨焰、廖有为、谭晓风：《我国油桐产业与未来环保型涂料产业协同发展之探讨》，载《经济林研究》2018 年第 4 期。

附 录

一 四川省政府核发桐油转运许可证规则[①]

第一条 四川省政府,为发展桐油贸易,便利转运输出起见,特制定桐油转运许可证,以利通行。

第二条 桐油转运许可证,由本府制定,交由公栈管理员核发。

第三条 凡经营桐油业之油商,在四川境内转运桐油,应先备具申请书,呈向本府公栈管理员,请领桐油转运许可证。申请书式样另定之。

第四条 各地桐油,在未经油商领得许可证前,不得起运。

第五条 桐油转运许可证为三联单,第一联存根存公栈备查,第二联由公栈管理员呈报本府备案,第三联发给油商收执,于桐油运抵公栈时,缴由公栈管理员上报本府查核。

第六条 桐油转运许可证,不得转让他人。

第七条 转运桐油,如由中途盗卖及其他违规事情,应由各地公栈查明,送请当地政府查办。

第八条 转运桐油地点,中途如有变更时,应由油商另具申请书,

---

① 佚名:《四川省政府核发桐油转运许可证规则》,载《四川省政府公报》1940年第179期。

呈请换发许可证。

第九条　每张许可证，应贴印花税票贰角。

第十条　转运桐油，如有逾越限期事情，应由油商备具理由书，呈请查核。

四川省政府
1940 年 2 月

二　四川省桐油内地市场及输出口岸桐油公栈驻栈桐油管理员服务规则①

第一条　本规则依据《四川省桐油内地市场及输出口岸桐油公栈组织总要》第九条之规定制定之。

第二条　桐油管理员，除遵照《四川省桐油贸易管理暂行办法大纲》第五条之规定服务外，并稽核各地所有桐油转运证，其余悉依本规则办理。

第三条　桐油管理员，于到达指定地域时，应函知收购机关及当地行政官署查照，并应将到职日期呈报省政府备查。

第四条　桐油管理员，对于职权范围之内的桐油管理事宜，应详加研讨，谨慎办理，以免于业务进行时有不通之弊。

第五条　桐油管理员工作报告，包括：一、旬报，于每旬举行；二、月报，于每月举行；三、年报，于每年度终结时举行。

第六条　前条各项报告，应制三份，一份呈贸易委员会，一份呈省政府，一份函售机关备查，报告表格式另定之。

第七条　桐油管理员，应常川驻在分发地域之桐油公栈内，非经呈准，不得离职。

第八条　桐油管理员，除在规定工作范围内服务外，不得干预当地

---

①　佚名：《四川省桐油内地市场及输出口岸桐油公栈驻栈桐油管理员服务规则》，载《四川省政府公报》1940 年第 179 期。

其他工商行政事宜。

第九条　桐油管理员，如有违法行为，或行为不检，经考察属实时，由省政府分别予以惩处。

第十条　桐油管理员应备薪金，按月发给。

第十一条　本规则自核准后公布施行。

四川省政府
1940 年 2 月

三　桐油价格计算公式草案[①]

甲公式：

每市担桐油价格　$(MV_1+LV_2+pV_3-BV_4)(1+I+D+O+E)$

乙说明：　$M=$ 每市担桐油生产所需桐籽担数

$V_1=$ 每一市担桐籽当时当地价格

$L=$ 每市担桐油生产所需人工日数

$V_2=$ 每一人工当时当地工价

$P=$ 每市担桐油生产所需水、煤、炭总值减去桐饼副产总值之余额

$V_3=$ 每担煤炭当时当地价格

$B=$ 每市担桐油所产桐饼担数

$V_4=$ 每市担桐饼当时当地价格

$1=$ 每市担桐油生产所需桐籽人工、煤炭总值减去桐饼副产总值之余额

$I=$ 每市担桐油生产所需投资利息数额

$D=$ 每市担桐油生产所需房屋、农具折旧数额

$O=$ 每市担桐油生产所需他项费用数额

---

① 经济部：《桐油价格计算公式草案》，上海市档案馆馆藏，目录号：S195-1-9。

E＝每市担桐油生产厂主应得合法利润数额

丙附：桐油价格计算实例（按上海产地1937年上半年价格计算）

A 公式：每市担桐油价格＝（$MV_1+LV_2+PV_3-BV_4$）（1＋1＋D＋O＋E）（原料＋人工＋煤炭－副产收入）（1＋利息＋折旧＋他项费用＋合法利润）

B 说明：

M＝每市担桐油生产所需桐籽为 3.15 市担

V_1＝每市担桐籽当时当地价格为 7.19 元

L＝每市担桐油生产所需人工为一个

V_2＝每一人工工资为 0.30 元

P＝每市担桐油生产所需水、电、煤折合煤炭 1 市担半

V_3＝每市担煤炭价格为 1.10 元

B＝每市担桐油所产桐饼为 2 市担

V_4＝每市担桐饼为 2.95 元

IDOE＝每市担桐油生产所需投资利息、农具、房屋折旧、他项费用及厂主应合法利润等于原料、人工、煤炭减去副产余额 30%

按上估计。

实例：

每市担桐油价格＝（$mV_1+LV_2+pV_3-BV_4$）×（1＋I＋D＋O＋E）

＝（3.15×7.19＋1×0.3＋1.5×1.1－2×2.95）（1＋0.3）

＝（22.648＋0.3＋1.65－5.90）×（1＋0.3）

＝（24.5985－5.90）×1.30

＝18.6985×1.3

＝24.30805

故每市担桐油价格为 24.31 元。

四 工商部桐油检验规程[①]

(1930年11月22日部会公布)

第一条 本规程依商品检验暂行条例（以下简称本条例）第二条第一款及第二十二条制定之。

第二条 凡出国或转口或复出口或集散市场买卖之桐油（未经制炼之原料品），无论件油（装入竹篓、铁桶、白铁罐、木桶者）、散油（装入轮船或铁驳者），应于未封固前依本规程之规定定向所在地商品检验局填写检验请求单联通检验费呈请检验。

第三条 检验局依接到请求单之先后即日派员采样。其采样办法如下：

一、件油：每100件或不及100件抽提4件，每件采样油1斤（500公分）。50件以下抽提2件，采样油2斤（1000公分）。逾百件时酌量递加。

二、散油：每舱上中下各采样油1斤。

三、样油：应混合为一就中提取4斤分装4瓶，由采样员封固印识1瓶，供检验1瓶，交报验人收执2瓶存局以备复验，余油当场发还。

四、采取样油于装舱装篓后行之采油器，应径达桶底或舱底，经过采样之篓桶由采样员逐加标识。

五、采样完成由采样员发给报验人采样凭单。

第四条 桐油检验之合格标准，如下：

运销国外桐油之标准

检验类别	最高	最低
色状	浅淡澄清	
比重（15.5摄氏度）	0.943	0.940

---

① 工商部：《工商部桐油检验规程》，1930年11月22日，《工商部上海、汉口商品检验局桐油检验处检验规程及细则》，中国第二历史档案馆藏，目录号：613-1583。

续表

检验类别	最高	最低
酸价	8	
卤化价	195	190
折光指数（25 摄氏度）1.520	1.520	1.5165
碘价（韦氏法）		163
热试验（白朗法）	12 分钟	
华司脱试验（用六 mm 径金属皿）	七分半钟凝成固体割时不沾刀	

注：运往欧澳两洲桐油折光指数之最低度暂定 1.5150。

运销国内桐油之标准

检验类别	最高	最低
色状	红棕色至淡黄澄清	
比重（15.5 摄氏度）	0.944	0.938
酸价	15	
卤化价	200	190
折光指数（25 摄氏度）	1.520	1.502
碘价		155
矿油	无	

第五条　检验手续限采样后两日内实行竣事，星期日或其他放假日依次延长之，但遇必要时不在此限。

第六条　桐油检验后依本条例第十三条发给证书或检验单由局通知报验人持采样凭单换领。

第七条　桐油合格证书以六个月为有效期间。

第八条　桐油检验合格后每舱、每篓、每桶或每罐其总钳口处检验局应逐加标识。

第九条　甲局检验合格之桐油运至乙局所在地应查明原证书及标识分别转运出口或内地市场买卖换给证书。

第十条　检验费每担收国币 1 角，其担数以报税时为准。此项检验费无论合格与否概不发还。

第十一条　桐油检验后六个月内，原报验人或购主均得请求复验。

第十二条　本规程自公布之日实行。

五　美国桐油借款合约

（1939 年 2 月 8 日）

公历一九三九年二月八日，立合约人：华盛顿进出口银行，纽约世界贸易公司（以下简称银行、世界公司）共立合约三份。

兹因世界公司前曾与中国复兴商业公司订立合同（以下简称世界复兴合同），规定向中国采购桐油，运销美国，同时将美国农产品及工业品运销中国，辑以该合同附载本约之后，标为附件甲，并认作本合约之一部分。现以该合同之实施，将使美国消费者能以公允价格，获得充分桐油供给，同时可使美国商品在华销路维持发展，增进美国对外贸易，并裨益其国内经济。双方鉴于以上情形，爰经同意，签订合约条文如下：

第一条　银行允于一九三九年六月三十日以前（银行如续经国会认可为美国国家贷款之代理人时，并允于该日期以后），随时对世界公司作商业性之信用放款，其总数以美金二千五百万元为限额。

第二条　世界公司所得银行贷款，依据世界复兴合同之规定，应如数购运美国农产品及工业品。该合同所用"美国农产品及工业品"一名词，并经双方同意，解释应专指货物整体之大部分在美国境内所生产或制造者而言，不得另作别解。

第三条　该项贷款银行于收到世界公司依据世界复兴合同购运美国农工产品运销中国之单据而认为满意时，当即照付。唯其数目不得超过各该货轮运起卸后铁路运输终点之交货价格（包括货本、保险费、运费在内）。

第四条　世界公司随时收到银行贷款，应即照数出立还款期票。其清还年限，至迟不得过一九四四年一月一日。利息周年四年半，每半年付一次，由中国银行完全担保。期票式样见后附件乙。

第五条　世界公司允将依据世界复兴合同运美国销售每吨桐油售价净收入之半数（百分之五十）拨付银行贷款。该项还款，原所以加强清偿上项期票之保证，并不限制或影响出期票人对于银行所有之债务责任。其余油款半数，除扣去公允之手续费及准备金外，应用以购买美国农工产品出口。

上称油款净收入，系指世界公司毛收入除去通常同业折扣、佣金、手续费，美国境内搬运、储藏、保险及其他费用，再除去每磅美金一分以后之净余。

第六条　世界公司允诺银行贷款所购农工产品之全部或任何部分，除经银行通知改变装运船只外，应悉托由美旗商船装运。

第七条　世界公司同意履行以下两项：

甲、世界公司依据世界复兴合同采购之桐油，其在美国售价，不得较下列两项之总数超过美金一分：（1）世界复兴合同规定之买价；（2）美国境内搬运、储藏、保险及其他相类费用。

乙、世界公司在美国境内销售桐油，当以利用通常商业机构为原则，使美国境内桐油批发商及零售商之贸易得以照常维持。

第八条　关于规定采购桐油之进口与销售事宜，世界公司每季应对银行作一报告，详述装运吨数、收到吨数、在美销售吨数、价格、售价净收入、现存吨数及其他银行所欲详知之有关事实。此项报告如经银行请求，须送由银行认可之会计师审核证明。

第九条　世界公司对银行方面因执行本合约规定办理一切信用业务或其他事务所垫付之费用。一经银行通知，应即如数偿还。

第十条　世界公司拟购美货，其价值如超过美金五万元时，应先与银行当局或其代表磋商，俾银行得协助该公司招致售主及私人银团参加上项拟购美货之商业信用放款。

第十一条　银行保留其随时停止信用放款之权。但欲停止放款时，须于事前十五日以书面通知世界公司。该公司在接到通知前，凡依约已经购定之美货，其应得贷款并不受任何影响。同时，该公司对于已往依约所负债务，亦不因此变更。

兹为证明双方同意执行上开各条起见，银行方面由华盛顿进出口银行总理及其金库副主任代表，世界公司方面由公司经理及其董事一人代表，于前载年月日，分别于银行、公司名下签字，并由主管秘书盖用印章如次：

华盛顿进出口银行总理　庇尔生　签字
金库副主任：格立芬　签字
见证人，秘书　　　　　签字
世界贸易公司总理：席德懋　签字
公历一九三九年二月八日订立

附件甲 世界公司与复兴公司购售桐油合同

立合同人：中华民国注册之复兴商业公司；美国纽约州注册之世界贸易公司（以下简称售主；购主）。兹为购售桐油起见，双方洽商同意，签订合同条件如下：

第一条　购售。

购主与售主双方同意，依据本合同之左列条款，由售方销运桐油，由购方价收桐油。

第二条　油质。

寻常中国 F.A.Q 桐油，保证经华司脱试验及格，并符合左列标准者：

状态：微浑浊。

比重（摄氏一五.五度时）：最低〇九四〇，最高〇九四四。

水分及挥发物：——，〇.二。

杂物：——，〇.二。

酸价：——，八。

折光指数（摄氏二十五度时）：一.五一六五，一.五二〇〇。

碘价（韦氏法）：一六三，一七〇。

咸化价：一九〇，一九五。

华司脱热度试验：由线凝成固体三十五秒钟，七分半钟凝成固体。凝结体特性棕色，硬而易粉碎。

第三条　数量。

总数二十二万吨（每吨为二千磅），分年交售如下：

第一年，二万五千吨。

第二年，三万五千吨。

第三年，四万五千吨。

第四年，五万五千吨。

第五年，六万吨。

总额：二十二万吨。

按上项规定，每年应交桐油，应以售主在该年份所能合法收得之出口数量为限，不得超过之。

第四条　交货。

甲、地点。桐油之装运地点为香港、海防，或其他最便利于售主之港口或铁道终点，此项地点完全由售主自由决定。凡所装运至桐油，应由售主以购主名义，为购主利益而保险，其保额至少须照本合同规定交货价额（包括货本、保险费、运费在内），再加百分之十，保费归售主负担。一俟该货运抵购主指定之美国港口码头时，其所有权即归购主。

乙、时期。货物运焦数量，应尽力求其终年匀称，继续不断，大体每季交货应以约定当年应交最低总额四分之一位标准。

丙、战事及运输风险。货物之运售，视当时之战事及运输情形如何为转移。购主应尽力与售主合作，并协助售主解决运输上之困难，俾得于当时环境之下，尽量依照合同办理交货事宜。

丁、不可抗力。货物运交，应以战事、罢工、政变、天灾、政府命令及其他售主所无力控制之因素为例外。

第五条　买价。

除照左列规定者外，桐油买价定为每磅美金一角四分，在纽约交货。在本合同有效期内，每逢一月、四月、七月或十月一日（一九三九年一月除外），得重订桐油之买价。假使在以往三个月中任何八周之平均世界市价，较之该日以前最近一期内之有效买价每磅有美金一分以上之差别时，则是后三个月至买价，应照前三个月世界市场之平均市价重新订定。

世界市场平均市价当照下列方法核算规定：

（1）以每星期内纽约、旧金山、伦敦市场每日最低公开售价为计算依据。

（2）上项售价须确为正式经纪人或独立商号所报告之实际批发价格。

（3）上项旧金山及伦敦售价，须照各市场间普通售价差额加以适当调整，使相当于同日纽约之交货价格（包括货本、保险、运费在内）。其在伦敦售价，并应照当日英镑与美金之汇兑修正之。

（4）将上项售价修正，并求其每星期平均数，即为世界市场该星期中之平均市价。

第六条　付款条件与方式。

每次运交桐油之买价，购主应于将该货在美国出售三十日之后，以美金照付。

桐油买价应付各款，应由购主在其账册中列为售主应收账项，并由购主于美国代为保管。除一冲还购主按照下列规定所谓售主代垫各款及拨付售主按照合同规定应付各项费用外，该款只可用于购运美国农工产品出口，不得移作别用。

购主如因经办各项赊货或放款条件之需要，得将每次运交桐油买价之一部分另行提出，以作归还未售主垫付款项及代售主偿还债务之用。所余每批价款，除拨充售主依照合同应付各费外，如再有余数，乃可作为售主续购美国农工产品之用。

第七条　购主垫款。

购主得随时预计应付售主之桐油价款，据以对售主垫付现款，或于售主购货时代负财务上之责任。凡关于资助购货所有费用，概由售主负担。购主每次垫款，自垫付日起，应照购主借款代付之利率，由售主负担利息。如贷款系赊欠性质，其未付部分贷款之利息，则照出赊人所定利率算付。此外，售主并同意购主得依照本合同规定，在应付售主到期油款中提拨相当款数归还所付垫款及其他款项，或给付为采购代理人所应得之酬报。

第八条　购主为售主之采购代理人。

售主欲将照约售油所得价款，无论到期或将到期者，如数购买美国农工产品输往中国。因委托购主为其在美之采购代理人，并授权购主用其自己名义为之办理采购事宜，或用现购，或用赊购，或用半现半赊，办法俱由购主酌定。

购主为采购代理人得收受其应得之酬报，如代付各项杂费及从事采购之职员薪金。暨一部分比例摊任职业务费用。此外，并须加付以上各项总和百分之十之手续费。唯其每年所得酬报总数，不得超过代售主所购货价总额百分之一。

第九条　内地运输。

为鼓励购主依照本合同规定资助售主购货起见，售主允将下面各项，列为本合同之条件：

甲、由购主为代理人在美订购载重汽车一千辆。

乙、上项车辆须按时补充。

丙、在本合同有效期内，应由售主常备完善运货汽车至少一千辆，每辆至少能载重两吨半，专供运销购主桐油自中国至出口铁路终点或航运港口运输之用。

上项汽车专运桐油出口之规定，于该项汽车在铁路终点或航运港口卸货回程时之如何使用，并不加以限制。售主得自由决定。唯其取道不得过分迂回，以免回程愆期。

第十条　合同期限。

本合同有效期限定为五年，自一九三九年一月一日起至一九四三年十二月三十一日止。期满后仍得继续有效。至购主与售主双方均认为已经充分履行合同之义务为止。

第十一条　适用法律。

本合同之各项规定，完全受纽约州法律之约束与制裁。

兹为证明双方同意执行上开各条起见,爰由两造正式代表于公历一九三八年十二月三十日分别签字如左:

复兴商业公司董事: 陈光甫　签字
世界贸易公司总理: 席德懋　签字
见证人,秘书: 任嗣达　签字
公历一九三八年十二月三十日订立。

附件乙　还款期票式样

第　号期票

数额美金　　元　日期

立期票人: 世界贸易公司。兹收到美国华盛顿进出口银行美金　元正。该款准于一九　年　月　日如数付还、附载周息　厘,自一九　年　月　日起,每半年付息一次。唯为提早清偿起见,立期票人得随时提前偿还本款之一部或全部,并将提取部分利息结付至偿还日为止。该部分本金以后即停止付息。

世界贸易公司　签字
签字

保证书

兹保证上项期票到期后三天以内,本息如数清偿不误。此证。

中国银行　签字
代理人　签字

六　湖南省政府植桐提倡保护奖励办法[①]

(一) 湖南省政府,为提倡植桐事业,订定本办法、制发植桐浅

---

① 佚名:《湘省成立植桐委员会》,载《申报》1929年9月9日第11版。

说，并颁发植桐布告。

（二）分别函令省党部暨自治筹备处、通饬各县党部及自治机关、宣传并协助植桐事业。

（三）各县市政府应依照本办法，厉行提倡植桐。

（四）凡人民愿意植桐，无力购办苗种者，得由公家酌量贷与。

（五）凡公山得由各该地人民领荒植桐，请领荒地章程另定之。

（六）凡私有荒地，由政府公布日期，限令植桐。

（七）凡领有公荒植桐者，由县政府发给执照。

（八）私有荒地已植桐者，得呈报县政府出示保护。

（九）在同一区域内，各植桐业主及其他关系人，有互相维持保护之义务。

（十）凡植桐区域，应责各地方警察局切实保护。

（十一）下列各项禁令，县长应撰具简明布告、分发各植桐区域张贴，或以高大标识公示之：一盗窃、二烧毁、三未得所有者同意之放牧、四业经禁止之樵采或开垦。

（十二）凡不遵守前项植桐禁令者，均按照违反保护森林法处分之。

（十三）各植桐区域，原有保护森林条款，与本办法不相抵触者，县长得督饬警察严厉执行。

（十四）凡领有公荒植桐，成绩优良者，得由县政府呈请给奖。

（十五）凡私有荒地，逾限不植桐者，即由政府勒令租给他人垦殖之。

（十六）凡植桐业主，或研究改良，得有植桐新方法，及优良桐种者，得呈报政府，酌给奖。

（十七）各县县长于植桐事业，办有成效，或奉行不力者，应分别奖惩。

湖南省政府
1929 年 9 月

七　湖南津市油业公会注意书[①]

为提高农产品品质实行检验敬告同业人士注意书

九澧为土产区域每年输出数量很丰，拿油类来说也占相当重要地位。但过去少数榨坊与同业贩运者只图个人私利，不但不注意品质甚至居心掺杂以图重利破坏原来品质，因此在出口贸易上或多或少受了不应有的损失。此种错误行为是须纠正的，一切的取巧作伪陋习均需彻底革新。如像油类输出各大城市均设立了商品检验局，都在认真进行检查工作。敝公会为打开土产销路、沟通城乡关系、便利物资交流亦已成立了产品检验委员会，专门负责检验品质并规定了统一检验标准开始进行此项工作，希望同业自觉遵守、互相监督、互相规诫。我们为求同业人士普遍了解特作善意的忠告，在提高品质、维护群众利益、发展出口贸易的目标上共同努力，互相共勉。

各种油标准：

皮油：以干烟即（洁白成粉），以无潮无杂为标准。

木油：以火油，以不掺水掺杂为标准。

桐油：用机考验，以简称210度为标准。

梓油：用机考验，比桐油低360度为标准。

食油：（包括茶、菜、麻、棉）是要纯净以食不坏肚不夹杂为标准。

津市油业公会敬告。

1949年1月

[①] 两湖桐油产地调查队编：《两湖桐油产销调查报告》，第140页，1950年，湖北省档案馆藏，目录号：SZ68-1-8。

参考文献

一 档案

中国植物油料厂桐油调查专卷，桐油卷宗，湖北省档案馆馆藏，全宗号：47。

湖北省民生贸易公司，桐油卷宗，湖北省档案馆馆藏，全宗号：45。

湖北省各专桐油产销情况统计，湖北省档案馆馆藏，全宗号：68。

湖北省建设厅档案，农林卷、总类卷、工商卷，湖北省档案馆馆藏，全宗号：22。

武汉市进出口商业解放前历史资料，武汉市档案馆馆藏：全宗号：119。

汉口商品检验局档案，武汉市档案馆馆藏，全宗号：187。

湖南省政府档案，湖南省档案馆馆藏，全宗号：22。

湖南省统计处档案，湖南省档案馆馆藏，全宗号：46。

湖南省政府建设厅档案，湖南省档案馆馆藏，全宗号：80。

湖南省政府财政厅档案，湖南省档案馆馆藏，全宗号：42。

湖南省农业系统档案，湖南省档案馆馆藏，全宗号：94。

中国植物油料厂全宗汇集，上海市档案馆馆藏，全宗号：Q398。

输出推广委员会全宗汇集，上海市档案馆馆藏，全宗号：S195。

常德市工商联编：《植物油的发展史》（稿本），常德市档案馆，目录号：G2-1-3。

《建设厅工作报告》，1943年8月，湖北省建设厅档案总类卷，目录号：Z12-1-11。

《关于中国桐油的出口问题》，湖北省档案馆馆藏，目录号：31-1-2。

《汉口市之桐油业》，湖北省档案馆馆藏，目录号：31-1-1。

《1948年中国桐油贸易与展望》，湖北省档案馆馆藏，目录号：31-1-13。

《桐油产销》，湖北省档案馆馆藏，目录号：31-1-5。

《两湖桐油产销调查报告》，湖北省档案馆馆藏：目录号：SZ68-1-8。

《湖北省桐油产量调查》，湖北省档案馆馆藏，目录号：68-2-1。

《湖北省桐油茶叶年产统计表》，湖北省档案馆馆藏，目录号：68-2-2。

《洋庄桐油市况》，湖北省档案馆馆藏，目录号：31-1-3。

湖南省建设厅：《海关贸易》，湖南省档案馆馆藏，目录号：94-1-2。

《湖南财政汇刊》（1929—1935），湖南档案馆馆藏，目录号：10-1-9。

《湖南财政季刊》，湖南档案馆馆藏，目录号：10-1-10。

《路政》（1933—1936），湖南档案馆馆藏，目录号：90-1-1。

《湖南经济建设》（1922—1936），湖南档案馆馆藏，目录号：90-1-8。

《湖南农业提要》，湖南省档案馆馆藏，目录号：94-1-7。

《湖南农业统计提要》，湖南省档案馆馆藏，目录号：94-1-16。

《湖南农业概要》，湖南省档案馆馆藏，目录号：94-1-11。

《湖南谷米与农情报告》，湖南省档案馆馆藏，目录号：94-1-9。

《湖南农学会会刊》，湖南省档案馆馆藏，目录号：94-1-17。

《物价指数特刊》，湖南省档案馆馆藏，目录号：42-1-3。

《全省社会调查》，湖南省档案馆馆藏，目录号：22-1-6。

《湖南省各县特产调查》，湖南省档案馆馆藏，目录号：22-1-13。

湖南建设厅：《湘建十年》（1933—1943），湖南省档案馆馆藏，目录号：21-1-17。

《湖南商事习惯报告书》，湖南省图书馆馆藏，目录号：22-1-7。

《江汉关税务司档案》（1861—1949），湖北省档案馆馆藏，目录号：31-1-2。

岳州、长沙海关造册处：《历史海关报告清册》，湖南图书馆馆藏，目录号：21-1-3。

《中华民国十八年湖南全省农矿工商业统计概要》，湖南省档案馆馆藏，目录号：22-2-2。

《中国桐油商人发函送达美国领事馆》，上海市档案馆馆藏，目录号：S195-1-10-2。

中国植物油料厂档案：《中国植物油料厂上海办事处工作年报稿》，1948年12月，上海市档案馆馆藏，目录号：Q398-2-75。

工商部：《工商部桐油检验规程》，1930年11月22日，《工商部上海、汉口商品检验局桐油检验处检验规程及细则》，中国第二历史档案馆藏，目录号：613-1583。

实业部：《实业部国产检验委员会桐油、茶叶、棉花、生牛羊皮检验人员训练成绩调查表及检验人员分发录用的文书》，1937年2月16日，中国第二历史档案馆藏，目录号：422-162。

经济部：《桐油价格计算公式草案》，1937年10月22日，上海市档案馆馆藏，目录号：S195-1-9。

中国植物油料厂档案：《中国植物油料厂常务董事会、股东会、董监联席会会议记录》，上海市档案馆馆藏，目录号：Q398-7-359。

上海商业储蓄银行档案：《上海商业储蓄银行关于中国植物油料厂调查记录（筹备经过）》，1938年2月，上海市档案馆馆藏，目录号：Q275-1-662-65。

中国植物油料厂档案：《桐油研究所材料》（成立会记录），1949年4月4日，上海市档案馆馆藏，目录号：Q398-13-49。

经济部：《桐油与国际市场》，1944年1月21日，中国第二历史档案馆藏，目录号：4-38593。

经济部：《第一桐油管理区域县市名单及有关文书》，1943年4月13日，中国第二历史档案馆藏，目录号：4-28790。

经济部：《中国植物油料厂股份有限公司在国内停止收购桐油案》，1940年10月7日，中国第二历史档案馆藏，目录号：4-25731。

浙江省政府：《浙江省政府请以桐油出口易取棉纱的文书》，1943年1月9日，中国第二历史档案馆藏，目录号：4-22903。

经济部:《据经济部湘桂粤赣四省特派员张中立电请转商提高桐油价格等情》,1943年7月13日,中国第二历史档案馆藏,目录号:4-25808。

上海市政府:《上海市植物油公会成立经过及成员名单》,1947年12月5日,上海市档案馆馆藏,目录号:S189-3-1。

经济部:《关于湘省征收桐油税捐已电该省府饬停止征收由》,1948年6月1日,上海市档案馆馆藏,目录号:S195-1-12。

经济部:《电请本会华中区办事处就近交涉顷准复函》,1949年3月7日,上海市档案馆馆藏,目录号:S195-1-12。

驻美大使馆商务参事处:《美国桐油生产公会请求美国政府加征进口桐油反倾销税案》,1948年6月11日,中国第二历史档案馆藏,目录号:4-29950。

上海市政府:《上海市桐油苎麻业经营历史情况》,1956年6月2日,上海市档案馆馆藏,目录号:S227-3-1-5。

二 地方志

(清)张云璈等修,周系英纂:《湘潭县志》,清嘉庆二十三年(1818)刻本。

(清)陈述芹纂修:《会同县志》,清嘉庆二十四年(1819)刻本。

(清)夏修恕修,萧琯、何廷熙等纂:《思南府续志》卷二《地理门·风俗》,清道光二十一年(1841)刻本。

(清)黄本骥纂修:《湖南方物志》,清道光二十六年(1846)刻本。

(清)王玉鲸、张琴修,范泰衡等纂:《增修万县志》卷十三《地理志·物产》,清同治五年(1866)刻本。

(清)黄德溥、崔国榜修,褚景昕纂:《赣县志》卷九《地理志·物产》,清同治十一年(1872)刻本。

(清)孙炳煜等修,黄世昌等纂:《会同县志》,清光绪二年(1876)刻本。

(清)高维岳修,魏远猷等纂:《大宁县志》卷一《地理·物产》,清光绪十一年(1885)刻本。

（清）闫镇珩纂修：《石门县志》卷六《物产》，清光绪十五年（1889）刻本。

（清）王寿松修，李稽勋纂：《秀山县志》卷十二《货殖志》，清光绪十七年（1891）刻本。

（清）上官廉等修，姚炳奎纂：《邵阳县乡土志》卷四《地理·商务》，清光绪三十三年（1907）刻本。

刘运熙纂修：《灵山县志》卷二十一《生计志》，1914铅印本。

徐锦修，胡鉴莹等纂：《英山县志》卷之八《实业志·农林》，1920年活字本。

王树人修、侯昌铭纂：《永定县乡土志》下篇《物产第十二》，1920年铅印本。

兴奎修，吴恭亨纂：《慈利县志》卷六《实业》，1923年铅印本。

王玉璋修，刘天锡、张开文等纂：《合江县志》卷二《食货·物产》，1929年铅印本。

李良俊修，王荃善等纂：《南充县志》卷十一《物产志·林业》，1929年刻本。

傅角今编著：《湖南地理志》，武昌亚新地学社1933年版。

马呈图纂修：《宣统高要县志》卷十一《食货篇二》，1938年铅印本。

张翅翔、归秀文编辑：《湖南风物志》，湖南人民出版社1985年版。

万县市粮食局编：《万县市粮食志》，万县市粮食局内部发行1989年版。

四川省地方志编纂委员会编：《四川省志·粮食志》，四川科学技术出版社1995年版。

湖南省地方志编纂委员会编：《湖南省志·第八卷·农林水利志·林业》，中国文史出版社1990年版。

湖南省地方志编纂委员会编：《湖南省志·第十三卷·贸易志·粮油贸易》，湖南出版社1993年版。

《临海林业特产志》编纂委员会编：《临海林业特产志》，浙江人民出版社1991年版。

湖北省地方志编纂委员会编：《湖北省志·贸易》，湖北人民出版社1992年版。

湖南省地方志编纂委员会编：《湖南省志·物价志》，中国文史出版社2007年版。

洪江市志编纂委员会编：《洪江市志》，生活·读书·新知三联书店1994年版。

湖北省地方志编纂委员会编：《湖北省志·农业》，湖北人民出版社1994年版。

武汉地方志编纂委员会编：《武汉市志·对外经济贸易志》，武汉大学出版社1996年版。

湖北省地方志编纂委员会主编：《湖北省志·地理》，湖北人民出版社1997年版。

《上海海关志》编纂委员会编：《上海海关志》，上海社会科学院出版社1997年版。

湖南省怀化地区林业局编：《怀化地区林业志》，湖南省怀化市林业局内部发行1998年版。

四川省地方志编纂委员会编纂：《四川省志·对外经济贸易志》，四川科学技术出版社1998年版。

四川省地方志编纂委员会编纂：《四川省志·金融志》，四川辞书出版社1996年版。

湖南省地方志编纂委员会编：《湖南百年志（1900—1999）》，湖南省地方志编纂委员会内部发行2000年版。

贵州省毕节地区地方志编纂委员会编：《毕节地区志·粮食志》，贵州人民出版社2001年版。

贵州省铜仁地区地方志编纂委员会编：《铜仁地区志·林业志》，贵州人民出版社2004年版。

三　资料汇编

蔡谦、郑友揆编：《中国各通商口岸对各国进出口贸易统计》，商务印书馆 1936 年版。

平汉铁路管理局经济调查组编:《老河口支线经济调查》,平汉铁路管理局经济调查组 1937 年版。

湖北省贸易公司编:《桐油出口概况表》,湖北省贸易公司内部发行 1949 年版。

中南军政委员会外侨事务处、武汉市军管会外侨事务处编:《武汉市外侨工商业概况》,武汉市军管会外侨事务处内部发行 1950 年版。

中国油脂总公司编:《桐油参考资料》油脂商品研究第 1 号,中国油脂总公司内部发行 1950 年版。

中南区土产调查团编:《中南区(鄂西、鄂北)土产考察报告》,中南区土产调查团内部发行 1951 年版。

南开大学历史系编:《清实录经济资料辑要》,中华书局 1959 年版。

严中平等编:《中国近代经济史统计资料选辑》,科学出版社 1955 年版。

汪敬虞编:《中国近代工业史资料》(第二辑),科学出版社 1957 年版。

李文治编:《中国近代农业史资料》(第一辑),生活·读书·新知三联书店 1957 年版。

台湾"国史馆"史料处编:《中华民国海关华洋贸易总册》,台湾"国史馆"史料处 1959 年版。

梁方仲编著:《中国历代户口、田地、田赋统计》,上海人民出版社 1980 年版。

秦孝仪主编:《中华民国重要史料初编》(对日抗战时期),台北:中国国民党中央委员会党史委员会 1981 年版。

许道夫编:《中国近代农业生产及贸易统计资料》,上海人民出版社 1983 年版。

彭泽益编:《中国近代手工业史资料(1840—1949)》(第二卷),中华书局 1962 年版。

程玉凤等编:《资源委员会档案史料初编》,台北:"国史馆" 1984 年版。

徐雪筠等译编：《上海近代社会经济发展概况（1882—1931）——海关十年报告译编》，上海社会科学院出版社1985年版。

交通部邮政总局编：《中国通邮地方物产志》，台北：华世出版社1978年版。

财政科学研究所、中国第二历史档案馆编：《民国外债档案史料》第11卷，档案出版社1991年版。

汤象龙编著：《中国近代海关税收和分配统计（1861—1910）》，中华书局1992年版。

彭雨新编：《清代土地开垦史资料汇编》，武汉大学出版社1992年版。

戴鞍钢、黄苇主编：《中国地方志经济资料汇编》，汉语大词典出版社1999年版。

茅家琦、黄胜强、马振犊主编：《中国旧海关史料（1859—1948）》，京华出版社2001年版。

张研、孙燕京主编：《民国史料丛刊（545）·经济·农业》，大象出版社2009年版。

［美］弗兰克·N.马吉尔主编，吴易风主译：《经济学百科全书》下卷，中国人民大学出版社2009年版。

曾赛丰、曹有鹏编：《湖南民国经济史料选刊》，湖南人民出版社2009年版。

实业部中国经济年鉴编纂委员会编：《中国经济年鉴（1934—1936）》第12卷，国家图书馆出版社2011版。

四　民国著作

曾继梧编：《湖南各县调查笔记》，和济印刷公司，1931年。

交通、铁道部交通史编纂委员会编：《交通史航政编》第5册，交通部、铁道部交通史编纂委员会，1931年。

上海商业储蓄银行调查部编：《汉口之桐油与桐油业》，上海商业储蓄银行信托部1932年版。

实业部国际贸易局编：《武汉之工商业》，实业部国际贸易局1932

年版。

[美]康堪农著、化学工业品检验组编译：《桐油概况》，实业部汉口商品检验局1933年版。

贺阆、刘瑚合编：《桐树与桐油》，实业部汉口商品检验局1934年版。

湖北省政府民政厅编：《湖北县政概况》，湖北省政府民政厅1934年版。

刘世超编：《湖南之海关贸易》，湖南经济调查所1934年版。

陈子剑编：《湖南之财政》，湖南经济调查所1934年版。

胡遹编：《湖南之金融》，湖南经济调查所1934年版。

李昌隆编著：《中国桐油贸易概论》，商务印书馆1935年版。

李石锋编：《湖南之桐油与桐油业》，湖南经济调查所1935年版。

实业部上海商品检验局化学工作品检验组编：《浙江桐油调查报告书》，实业部上海商品检验局1935年版。

上海商业储蓄银行编：《桐油》，上海商业储蓄银行1936年版。

江昌绪编著：《四川省之桐油》，民生实业公司经济研究室1936年版。

实业部汉口商品检验局编：《实业部汉口商品检验局业务报告》，实业部汉口商品检验局1936年版。

湖北省政府秘书处统计室编：《湖北省年鉴（第一回）》，湖北省政府秘书处统计室1937年版。

张肖梅、赵循伯编著：《四川省之桐油》，商务印书馆1937年版。

方兵孙编撰：《四川桐油贸易概述》，四川省银行经济研究室1937年版。

实业部汉口商品检验局编：《民国二十五年检验统计》，实业部汉口商品检验局1937年版。

朱美予编著：《中国桐油业》，中华书局1941年版。

曾仲刚编述，邱人镐、周维梁主编：《湖南之桐茶油》，湖南省银行经济研究室1943年版。

湖南省建设厅编：《湖南全省第二次扩大行政会议湖南省建设厅工作报告》，湖南省建设厅1940年版。

国民政府财政部编：《全国桐油统购统销办法》，国民政府财政部1940年版。

杨大金编：《现代中国实业志》，商务印书馆1940年版。

河南农工银行经济调查室编：《河南之桐油与漆》，河南农工银行经济调查室1942年版。

陈禾章、沈雷春、张韵华编著：《中国战时经济志》，世界书局1941年版。

实业部国际贸易局编：《桐油》，商务印书馆1941年版。

孙文郁、朱寿麟著：《四川桐油之生产与运销》，金陵大学农学院1942年版。

谢国度编著：《湖南全省乡土地理》，启明书局1943年版。

行政院编纂：《国民政府年鉴》，行政院发行1943年版。

严匡国编著：《桐油》，正中书局1944年版。

邹旭圃编著：《中国油桐与桐油》，中华书局1946年版。

行政院新闻局编：《桐油产销》，行政院新闻局印行1947年版。

五 清末民国文章

佚名：《油行整规》，载《申报》1880年9月17日。

佚名：《拟设旌德旅学》，载《申报》1905年11月3日。

陈辉德：《中国桐油在美国销售情形》，载《商务官报》1906年第26期。

佚名：《部饬设立桐油帮公所》，载《时报》1907年5月28日。

佚名：《栽植树木之利益》，载《申报》1910年8月16日。

佚名：《日本商民搜买桐树》，载《时报》1920年4月12日。

佚名：《汉口市场之植物油》，载《上海总商会月报》1921年第1卷第2期。

佚名：《油麻公所议禁伪质桐油办法》，载《申报》1921年5月6日。

佚名：《中丹往来商品一览表》，载《申报》1921年4月23日。

佚名：《请查禁冒牌伪桐油》，载《申报》1923年4月23日。

佚名：《汉口之桐油》，载《中外经济周刊》1923 年第 1 卷第 18 期。

佚名：《汉口十二年度之对外贸易》，载《银行杂志》1924 年第 2 卷第 2 期。

佚名：《川江船帮殴伤西商致毙讯》，载《申报》1924 年 6 月 20 日第 14 版。

佚名：《实业消息：省外：汉口之桐油业》，载《实业杂志》1924 年第 81 期。

季海：《四川万县之桐油业》，载《农事月刊》1925 年第 4 卷第 4 期。

佚名：《我国桐油入美增多》，载《恩平公报》1926 年第 4 卷第 34 期。

佚名：《汉口桐油之调查》，载《工商半月刊》1929 年第 1 卷第 14 期。

佚名：《鄂湘川陕贵油商吁请取消桐油特税》，载《新闻报》1929 年 4 月 16 日。

佚名：《汉口商务概谈》，载《商业杂志》1929 年第 4 卷第 12 期。

佚名：《湘省成立植桐委员会》，载《申报》1929 年 9 月 9 日。

佚名：《美将抵制华产桐油进口》，载《申报》1929 年 3 月 26 日。

佚名：《美国修改进口税则》，载《申报》1929 年 7 月 6 日。

佚名：《武汉桐油与纱厂之现状》，载《中国经济评论》1929 年第 1 卷第 4 期。

佚名：《工商消息：鄂省桐油特税取消》，载《工商半月刊》1929 年第 1 卷第 9 期。

佚名：《工商进化：航空业需要桐油》，载《时兆月报》1929 年第 24 卷第 1 期。

菲利浦：《桐油：佛罗里达州的食品和工业》，载《经济地理学》1929 年第 5 卷第 4 期。

佚名：《工商消息：国际：美国垄断桐油计划》，载《国际贸易导报》1930 年第 1 卷第 1 期。

佚名：《调查：四川桐油生产贸易概况》，载《工商半月刊》1930 年第 2 卷第 8 期。

佚名：《琐闻：出口桐油三月开始检验，工商部公布桐油检验细则》，载《工学月刊》1930年第2期。

佚名:《行业:我国桐油业前途》,载《中行月刊》1930年第1卷第3期。

俞宁颇:《中国桐油产销概况与未来危机》,载《商业月报》1930年第10卷第7期。

孝怡:《浙江省之桐油生产状况》,载《商业月报》1930年第10卷第11期。

佚名:《局务纪要:化验处消息:本局函桐油业商家注重信用》,载《国际贸易导报》1930年第1卷第2期。

王文蔚:《桐油成本统计》,载《浙江特产》1930年第2期。

佚名:《木材防腐》,《中国营造学社汇刊》1930年第1卷第2期。

佚名:《产业:我国桐油业前途之危机》,载《中行月刊》1930年第1卷第6期。

佚名:《工商消息桐油:美商垄断桐油计划》,载《国际贸易导报》1930年第1卷第1期。

佚名:《附录:我国桐油在美之现状及前途》,载《工商公报》1930年第16期。

佚名:《调查:四川桐油生产贸易状况(续)》,载《工商半月刊》1930年第2卷第9期。

佚名:《湖南省民政厅令饬寺庙植桐》,载《威音》1930年第3期。

佚名:《建设:本府事项:维持桐油国外贸易》,载《广东省政府公报》1931年第145期。

周新华:《浙江桐油生产状况之调查》,载《农声》1931年第141期。

亨利:《新桐油种植计划》,载《园丁》1931年第391期。

佚名:《上海市商会请减桐油卷烟出口税》,载《申报》1931年6月4日。

佚名:《汉口市商会改选经过》,载《新汉口》1931年第2卷第9期。

佚名:《工商:令知维持桐油国外贸易案》,载《江苏省政府公报》1931年第667期。

佚名：《调查：中国桐油生产概况》，载《工商半月刊》1932 年第 4 卷第 24 期。

敏生：《南美桐油工业概况》，载《广西大学周刊》1932 年第 3 卷第 3 期。

弗罗斯特：《奥克兰北部的油桐种植经验》，载《新西兰农业杂志》1932 年第 44 卷第 5 期。

佚名：《行业：制造业·湖南产桐油》，载《中行月刊》1932 年第 5 卷第 2 期。

佚名：《中国桐油与美国工业关系》，载《实业公报》1933 年第 113、114 期。

佚名：《桐油制漆》，载《新闻报》1933 年 7 月 7 日。

佚名：《税捐：训令汉口沙市营业税局转知奉准对出口桐油、茶叶、牛羊皮未纳营业税不给运输证》，载《湖北财政季刊》1933 年第 1—3 期。

佚名：《湖北省经济概况》，载《汉口商业月刊》1934 年第 1 卷第 3 期。

佚名：《日本奖励植桐》，载《申报》1934 年 8 月 31 日。

佚名：《波兰要求交易货品，贸易局分函各省接洽》，载《时事新报》（上海）1934 年 7 月 3 日。

佚名：《洪秀油准免检放行》，载《新闻报》1934 年 8 月 19 日。

佚名：《桐油界消息：万县桐油价涨各商抢购》，载《四川农业》1934 年第 1 卷第 2 期。

佚名：《桐油成为美国的主要出口产品》，载《大陆报》（上海）1934 年 1 月 21 日。

佚名：《中外要闻：万县发明新式桐油灯》，载《天主公教白话报》1934 年第 8 卷第 22 期。

姚方仁：《最近中国桐油对外贸易》，载《国际贸易导报》1934 年第 6 卷第 11 期。

佚名：《湘鄂两省请禁桐油种子出口》，载《申报》1934 年 8 月 6 日。

纪蘅：《中国桐油贸易概况》，载《工商学志》1935 年第 7 卷第 2 期。

李秀然：《最近四川的桐油业》，载《国际贸易导报》1935 年第 7 卷第 9 期。

佚名：《四川桐油之生产概况》，载《四川月报》1935 年第 7 卷第 2 期。

佚名：《工商消息：国际：美国桐油业生产发达》，载《国货月刊》（上海）1935 年第 5 期。

佚名：《本年输出以桐油居首位》，载《战线》1935 年第 4 期。

佚名：《我国桐油产销概况》，载《商务月刊》1935 年第 5 期。

佚名：《贸易：商品贸易要闻：杭州桐油业贸易情形》，载《中行月刊》1935 年第 10 卷第 4 期。

佚名：《工商要闻：对外贸易：我国桐油贸易》，载《检验月刊》1935 年第 1—3 期。

佚名：《日本试种我国桐油：桐油涨价谋自给，福冈县开始试种》，载《贸易》1935 年第 64 期。

佚名：《江海关发表沪对外贸易：出口桐油居首位、输入金属占第一，十一月进出口均有增加》，载《新广东》1935 年第 36 期。

佚名：《国货消息汇志：桐油出口跃居首位》，载《国货月报（上海）》1935 年第 2 卷第 2 期。

佚名：《消息一束：仙居县三都乡桐油运销合作社成立会之盛况》，载《浙江合作》1935 年第 3 卷第 11 期。

杨德惠：《中国桐油业现状及其前途》（上），载《商业月报》1935 年第 15 卷第 9 期。

朱美予：《国产桐油的对外贸易》，载《中国建设》1936 年第 14 卷 6 期。

卫道人：《中国桐油在欧洲发明新用途英人博克坡发明桐护步枪各国争起购油以备战中急需》，载《上海报》1936 年 7 月 4 日。

张纬明：《桐油业改进及其前途》，载《商业月报》1936 年第 16 卷第 3 期。

佚名：《贸易介绍：桐油》，载《国际贸易情报》1936 年第 1 卷第 2 期。

佚名：《国内外贸易消息：上海之桐油业》，载《国际贸易导报》1936

年第 8 卷第 3 期。

佚名:《国内农事要闻：桐油业问题：全国桐油产销概况》，载《农学》1936 年第 3 卷第 2 期。

三亨:《天津油漆工业调查》，载《津浦铁路日刊》1936 年第 1483—1507 期。

余念馥:《汉口桐油贸易调查报告》，载《实业统计》1936 年第 4 卷第 1 期。

林维治:《我国桐油之产销状况》，载《农报》1936 年第 3 卷第 33 期。

佚名:《川桐油商请免营业税》，载《中央日报》1936 年 8 月 1 日第 4 版。

冰生:《万县桐油产销之概况》，载《经济杂志》1936 年第 1 卷第 4 期。

佚名:《四川经济：商业：四川之桐油贸易》，载《四川经济月刊》1936 年第 5 卷第 6 期。

佚名:《四川经济：商业：万县桐油业请免营业税》，载《四川经济月刊》1936 年第 6 卷第 3 期。

佚名:《国内贸易消息：上海银行举办桐油放款》，载《国际贸易情报》1936 年第 1 卷第 25 期。

李梦林:《我国桐油出口手续》，载《青岛工商季刊》1936 年第 4 卷第 1 期。

佚名:《美参院财政委员会议决桐油免税》，载《国际贸易导报》1936 年第 8 卷第 7 号。

佚名:《建厅严禁桐茶各油搀杂搀渣》，载《国货月刊》1936 年第 3 卷第 34 期。

吴兴生:《桐油述略》（1—11），载《津浦铁路日刊》1936 年第 1638—1663 期。

甘纯权:《桐油在今日之地位》，载《大众农村副业月刊》1936 年第 1 卷第 3 期。

厉灼明:《种植桐油的方法》，载《农林杂志》1936 年第 2 卷第 1 期。

佚名:《安徽省会桐油运销情形调查》，载《经济建设半月刊》1936 年第 1 期。

佚名:《国内外贸易消息:芬兰希望与中国订商约,桐油输芬大增》,载《国际贸易导报》1936 年第 8 卷第 9 号。

经济研究室编:《汉口桐油市场调查》,载《中行月刊》1936 年第 12 卷第 6 期。

曹博如:《发展桐油事业与国民经济之联系》(下),载《建国月刊(上海)》1936 年第 14 卷第 5 期。

佚名:《纸伞商联合会派员指导改进油伞品质》,载《大公报(上海)》1936 年 7 月 25 日。

佚名:《半年来全国桐油输出四千余万,以输美德者最多》,载《首都国货导报》1936 年第 31 期。

佚名:《浙江省改进桐油产销事业计划》,载《实业部月刊》1936 年第 1 卷第 3 期。

杨青田:《我国桐油的生产与运销》,载《中华月报》1936 年第 4 卷第 7 期。

佚名:《湖北襄阳设桐林区》,载《申报》1936 年 4 月 18 日。

罗仑:《我国桐油之概况》,载《校风》1936 年第 470 期。

王懿芳:《我国桐油在国际贸易上的地位》,载《实业统计》1936 年第 4 卷第 1 期。

佚名:《四川经济:产业:桐油业近讯:隆昌组桐油促进会》,载《四川经济月刊》1936 年第 6 卷第 6 期。

朱峙雄:《油桐之栽培及桐油》,载《农声》1937 年第 205—206 期。

佚名:《警告假冒洪油商标通告》,载《申报》1936 年 4 月 12 日。

佚名:《占输出首位之我国桐油业概况油桐树昔仅我国出产,现各国移植均颇成功》,载《大公报》(上海)1936 年 5 月 24 日。

佚名:《沅陵组织桐油产销合作社》,载《农业建设》1937 年第 1 卷第 6 期。

游毅:《浙江桐油改进刍议》,载《工业中心》1937 年第 6 卷第 1 期。

佚名:《长市油商呈请粤汉广九两路联运桐油出口》,载《湖南农讯》

1937 年第 50 期。

刘华振：《广西桐油种植压榨及贸易》，载《建设汇刊》1937 年第 1 期。

佚名：《四川经济·产业·桐油业近讯 奉节桐油业整顿帮规》，载《四川经济月刊》1937 年第 7 卷第 5—6 期。

章乃焕：《世界桐油业概况》（续），载《中国新农业》1937 年第 1 卷第 3 期。

佚名：《皖省大举植桐，芜设炼油厂将落成》，载《申报》1937 年 3 月 15 日。

林维治：《各国植桐事业及桐油消费之近况》，载《农报》1937 年第 4 卷第 7 期。

朱美予：《中国桐油业》，载《中行月刊》1937 年第 14 卷第 4 期。

佚名：《国际农事要闻：苏联促进植产桐油》，《农学》1937 年第 3 卷第 3 期。

佚名：《国产桐油欧美需用孔殷，将由海防装轮运出》，载《商业月报》1938 年第 18 卷第 3 期。

佚名：《建厅在鄂西，举办桐油贷款》，载《申报》（汉口）1938 年 5 月 13 日。

佚名：《汉口桐油棉花谷米市价表》，载《汉口商业月刊》1938 年第 2 卷第 8 期。

影翀：《国产桐油在美国市场前途之展望》，载《商业月报》1939 年第 19 卷第 10 期。

吕则民：《涪陵之桐油》，载《农放月报》1939 年第 1 卷第 2 期。

苍松：《美国贷款何以要中国的桐油》，载《心声周刊》1939 年第 1 卷第 2 期。

蒋学楷：《农村生产：湖南之桐油》，载《农村合作月报》1936 年第 2 卷第 5 期。

佚名：《四川桐油之生产状况》，载《贸易半月刊》1939 年第 1 卷第 21—22 期。

沈衍：《八一三事变后我国桐油输出概况》，载《税则委员会季刊》1939 年第 1 期。

逊之：《有裨于战时经济之桐油业》（下），载《商业月报》1939 年第 19 卷第 3 期。

佚名：《漆业公会再请，放行桐油运沪》，载《申报》1939 年 3 月 5 日。

徐日琨：《桐油与桐油合作督导》，载《桐油专刊》1939 年第 2 期。

张鸿典：《工作通讯：鄂西各县桐油产销调查》，载《农本》1939 年第 8 期。

佚名：《财政部禁运桐果桐子出口》，载《新闻报》1939 年 11 月 15 日。

佚名：《昨抵连油有成交，四百吨桐油运德国》，载《申报》1939 年 1 月 1 日。

缪钟黎：《中美桐油贸易之检讨》，载《经济汇报》1940 年第 2 卷第 12 期。

梓侯：《我国桐油概述》，载《商业杂志》1940 年第 1 卷第 1 期。

佚名：《调查·中国桐油之产销》，载《实业季报》1940 年第 6 卷第 1 期。

佚名：《日本从汉口出口桐油》，载《大陆报》1940 年 9 月 18 日。

佚名：《中缅公路的桐油出口现在是产品出口的唯一途径》，载《上海时报》1941 年 11 月 29 日。

佚名：《浙江之桐油业》，载《时兆月报》1940 年第 35 卷第 3 期。

佚名：《我国发明桐油渣筑路》，载《江西地方教育》1940 年第 176 期。

佚名：《财政的源泉·桐油·桐油装运出口：大量桐油倾入船底转运出口》，载《展望》1940 年第 19 期。

佚名：《桐油业拟改变运输工具》，载《大公报》（香港）1940 年 2 月 5 日。

佚名：《四川省政府核发桐油转运许可证规则》，载《四川省政府公报》1940 年第 179 期。

佚名：《四川省桐油内地市场及输出口岸桐油公栈驻栈桐油管理员服务

规则》，载《四川省政府公报》1940 年第 179 期。

佚名：《非常时期湖北桐油之运销管理》，载《新湖北季刊》1941 年第 1 卷第 1 期。

陈青：《湖南桐油生产概述》，载《购销旬刊》1941 年第 1 卷第 6—7 期。

佚名：《桂禁桐果仁出省》，载《广西银行月报》1941 年第 1 卷第 6 期。

佚名：《关于桐油》，载《基层建设》1941 年第 2 期。

佚名：《植物油料业及其现状：桐油产区与产额之估计》，载《中外经济年报》1941 年第 3 回。

佚名：《桂省着意农产，漫山遍野桐花》，载《申报》1941 年 7 月 17 日。

[美] 迪西：《桐油之生产与贸易》，邓启东译，载《地理》1941 年第 1 卷第 1 期。

佚名：《中国交通界伟大贡献桐油车试验成功》，载《申报》1941 年 6 月 23 日。

佚名：《禁止桐苗输出》，载《申报》1941 年 3 月 20 日。

佚名：《鄂北桐油提炼汽油刻经试用》，载《申报》1942 年 4 月 22 日。

董乃正：《闽省桐油产销问题之检讨》，载《贸易月刊》1942 年第 1 卷第 8 期。

张家驹：《贵州省桐油生产成本之估计》，载《浙大农业经济学报》1942 年第 2 期。

黄仁勋：《商品知识：桐油》，载《贸易月刊》1942 年第 3 卷第 4—12 期。

杨开道：《中国桐油产区之分析》，载《贸易月刊》1942 年第 3 卷第 10 期。

佚名：《林祥鑫发明玉丰式桐油灯》，载《西南实业通讯》1942 年第 6 卷第 4 期。

佚名：《工业动态：广东：广东省银行设桐油厂》，载《中国工业》（桂林）1942 年第 8 期。

严匡国：《从世界桐油供需情形论我国桐油事业》，载《经济汇报》1942 年第 6 卷第 4 期。

董直：《福建桐油产销概况调查》，载《贸易月刊》1943 年第 5 卷第 1 期。

徐明：《农林知识：桐油与油桐》，载《农业推广通讯》1943 年第 5 卷第 9 期。

严匡国：《中美贸易之回顾与前瞻》，载《经济建设季刊》1943 年第 2 卷第 1 期。

周逊：《四年来湖南省桐油价格动态的分析》，载《购销旬刊》1944 年第 1 卷第 6—7 期。

陈菁：《湖南桐油生产概论》，载《购销旬刊》1944 年第 1 卷第 6—7 期。

恭纬：《湖南省桐油运销概况》，载《购销旬刊》1944 年第 1 卷第 6—7 期。

遵豪：《湖南省桐油事业前途之展望》，载《购销旬刊》1944 年第 1 卷第 6—7 期。

谦德：《湖南省桐油事业之新出路》，载《购销旬刊》1944 年第 1 卷第 6—7 期。

树森：《对本省桐油产制改进几点意见》，载《购销旬刊》1944 年第 1 卷第 6—7 期。

严匡国：《四川桐油产销概况》，载《四川经济季刊》1944 年第 1 卷第 2 期。

佚名：《邵懿堂发明经济桐油灯》，载《西南实业通讯》1945 年第 12 卷第 1—2 期。

严匡国：《我国桐油产销之现状与展望》，载《西南实业通讯》1945 年第 11 卷第 5—6 期。

佚名：《川省桐油产量占全国第一位》，载《征信新闻（重庆）》1946 年第 407 期。

佚名：《桐油销美总额，本年只一万三千吨，美商运新机械来华》，载

《申报》1946年9月25日。

佚名：《加拿大缺少桐油》，载《华北日报》1946年7月24日。

佚名：《川桐油畅销英美，渝万将组设公司运输桐油》，载《征信新闻（重庆）》1946年第421期。

琪：《水涨船高桐油涨价影响漆业，社会局召集漆业商管制办法》，载《大众夜报》1946年11月23日。

佚名：《经济消息：中国桐油输美：将恢复战前数量》，载《经济通讯》1946年第16期。

佚名：《澳洲对增产桐油进行第一步计划》，载《交通部津浦区铁路管理局日报》1946年第163期。

佚名：《介绍中国植物油料厂》，载《新世界》1946年第8—9期。

佚名：《我桐油劲敌巴西广植桐树》，载《新闻报》1946年11月21日。

黄其慧：《湖南桐油产销概述》，载《湖南经济》1946年第1期。

佚名：《生丝、桐油到哪里去》，载《大光明》1946年第49期。

佚名：《川产五种外销物品概述·桐油》，载《财政评论》1946年第15卷第3期。

佚名：《工商情报：桐油出口标准》，载《工商通讯周刊》1946年第1期。

邱良荣：《半月来之桐油市场》（1946年11月上半月），载《国际贸易》1946年第1卷第13期。

佚名：《美英苏等国，纷向我国订货，大多为桐油猪鬃》，载《申报》1946年3月5日。

鞠孝铭：《湖南桐油之产销》，载《中农月刊》1947年第8卷第5期。

佚名：《伦敦桐油已成卖者市场》，载《征信所报》1946年第160期。

佚名：《桐油大豆猪鬃，英国需要颇殷》，载《征信所报》1946年第232期。

唐宪斌：《湖南的油桐与桐油业》，载《现代农民》1946年第9卷第8—9期。

佚名：《澳洲桐油大量生产》，载《大公报》（重庆）1946年9月9日。

邱良荣：《民元来我国之桐油贸易》，载《银行周报》1947年第31卷第4—5期。

佚名：《美缺乏桐油，现以亚麻仁油代替》，载《新闻报》1946年4月5日。

佚名：《散舱桐油，九百吨运美战后第一次》，载《申报》1946年6月3日。

佚名：《华南走私猖獗，桐油来源受阻》，载《申报》1946年12月25日。

佚名：《桐油商人议决稳定桐油市价》，载《申报》（上海）1947年8月19日。

怀：《国外桐油行市法国价格最高》，载《益世报》（上海）1947年3月21日。

佚名：《法国支付最高桐油价格》，载《大陆报》（上海）1947年3月22日。

佚名：《美注意我桐油生产情形：美工业复员需用巨额油漆，原料存底缺急需桐油输入》，载《征信新闻（重庆）》1947年第587期。

佚名：《中国桐油研究所农林部正筹备设立中》，载《征信新闻（重庆）》1947年第711期。

佚名：《捷克向我洽购桐油大豆》，载《金融日报》1947年3月13日。

佚名：《本路鼓励出口贸易，优先运输出口桐油》，载《运务周报撮要》1947年第10期。

佚名：《伦敦中国桐油市价略低，引起欧陆方面购买兴趣》，载《征信所报》1947年第322期。

佚名：《美国油漆业多用我桐油》，载《经济通讯（汉口）》1947年第471—493期。

佚名：《美国桐油销旺价挺》，载《征信所报》1947年第446期。

佚名：《美收购我国桐油钨砂》，载《征信所报》1947年第540期。

佚名：《对苏贸易合约，中信局签订三起》，载《申报》1947年10月3日。

佚名：《桐油运苏易货》，载《申报》1947年10月12日。

佚名：《英、美、瑞典请求供给桐油冻蛋等》，载《征信新闻（南京）》1947年第224期。

佚名：《长沙通讯：湖南桐油的前途》，载《工商新闻（南京）》1947年第43期。

张意：《谈四川的桐油业》，载《中国工商新闻》1947年第3卷第8—9期。

贾周：《中国桐油之国际贸易》，载《世界农村月刊》1947年第1卷第4期。

佚名：《欧洲对中国桐油有购买兴趣》，《华北日报》（1864—1951）1947年4月3日。

佚名：《日本需要桐油，中信局首批运送八百吨》，载《征信新闻（重庆）》1947年第675期。

佚名：《上海工商：桐油运英可以获利》，载《上海工商》1947年第1卷第9期。

佚名：《伦敦恢复桐油自由买卖》，载《征信所报》1947年第476期。

谢裕光：《广西桐油产销概况》，载《农业通讯》1947年第1卷第8期。

佚名：《输出推广会桐油小组会正式成立》，载《征信所报》1947年第289期。

蒋芳：《四川桐油的产量与贸易》，载《征信新闻》（重庆）1947年第609—611期。

佚名：《赣推广植桐》，载《申报》1947年1月25日。

佚名：《增加桐油产量，农林部派员抵黔省考察》，载《申报》1948年10月28日。

佚名：《外销桐油，运价减低》，载《经济通讯》1948年第694期。

佚名：《我国桐油销美正制止走私中》，载《申报》1948年2月25日。

佚名：《关税及贸易总协定22日对我国生效，杜鲁门总统正式发表公告》，载《申报》1948年5月6日。

佚名：《浙省桐油产量锐减》，载《申报》1948年10月16日。

佚名：《德拟向港沪订购桐油鸭毛》，载《大公报》（香港）1948年10月30日。

佚名：《新结汇办法施行后桐油输出业感困难》，载《益世报》（上海）1948年6月9日。

佚名：《桐油输美困难解除，我驻美商务参事折冲结果，美取消反倾销税及保证金》，载《金融日报》1948年7月4日。

佚名：《经济重建下月开始，美经合总署拨款向我购运桐油》，载《经济通讯》1948年第826期。

邢广益：《当前我国之桐油业》，载《银行周报》1948年第32卷第39期。

尔东：《暴发户的没落：香港桐油市场调查》，载《经济导报》1948年第85期。

康沙：《我国桐油出口贸易的分析》，载《钱业月报》1948年第19卷第5期。

佚名：《英拟恢复桐油私人贸易，伦敦售价每吨跌落4磅》，载《征信所报》1948年第701期。

佚名：《英国望我国增加桐油输出》，载《经济通讯》1948年3月25日。

佚名：《伦敦：桐油菜油生仁行市》，载《征信新闻（上海）》1948年第721期。

佚名：《对外传我桐油在美倾销一事，纽约工商协会调查中》，载《金融日报》1948年6月6日。

佚名：《纽约桐油市价激昂，中国输出可获厚利》，载《征信所报》1948年第746期。

恩慧：《桐油之都：四川万县》，载《澈底评论》1949年第4期。

佚名：《桐油自卫特捐，减征百分之五》，载《申报》1949年1月15日。

佚名：《桐油商发表对美方抵制倾销意见》，载《工商法规》1949年第8期。

佚名：《美反对我桐油在美倾销，输管会已电华府交涉》，载《金融日报》1949年4月15日。

佚名：《瑞士商船抵沪，将载桐油赴海参崴》，载《大公报》（重庆）1949年5月9日。

佚名：《日本向港进行订购桐油，数达七百公吨》，载《大公报》（香港）1949年9月28日。

六 今人著作（按著者姓氏拼音排序）

陈桦著：《清代区域社会经济研究》，中国人民大学出版社1996年版。

陈先枢、黄启昌著：《长沙经贸史记》，湖南文艺出版社1996年版。

陈学文著：《明清时期太湖流域的商品经济与市场网络》，浙江人民出版社2000年版。

邓延祚著：《油桐》，安徽科学技术出版社1980年版。

方嘉兴、何方主编：《中国油桐》，中国林业出版社1998年版。

方志远著：《明清湘鄂赣地区的人口流动与城乡商品经济》，人民出版社2001年版。

符少辉、刘纯阳主编：《湖南农业史》，湖南人民出版社2012年版。

广西林业科学研究所、崇左县油桐试验站编著：《油桐栽培技术》，广西人民出版社1976年版。

谷兴荣等编著：《湖南科学技术史》，湖南科学技术出版社2009年版。

[美]郝延平著：《中国近代商业革命》，陈潮、陈任译，上海人民出版社1991年版。

何一民主编：《近代中国衰落城市研究》，巴蜀书社2007年版。

胡兆量著：《湖南省经济地理》，湖南人民出版社1956年版。

李伯重著：《江南农业的发展（1620—1850）》，王湘云译，上海古籍出版社2007年版。

李玉著：《长沙的近代化启动》，湖南教育出版社2000年版。

廖报白编著：《湘西简史》，湖南人民出版社1999年版。

林增平、范忠程主编：《湖南近现代史》，湖南师范大学出版社1991

年版。

刘克祥、吴太昌主编：《中国近代经济史（1927—1937）》，人民出版社 2010 年版。

刘泱泱主编：《湖南通史·近代卷》，湖南出版社 1994 年版。

刘泱泱著：《近代湖南社会变迁》，湖南人民出版社 1998 年版。

马敏著：《商人精神的嬗变——近代中国商人观念研究》，华中师范大学出版社 2001 年版。

彭雨新编著：《清代土地开垦史》，农业出版社 1990 年版。

任放著：《明清长江中游市镇经济研究》，武汉大学出版社 2003 年版。

石源华、金光耀、石建国著：《中华民国史·第十卷（1941—1945）》，中华书局 2011 年版。

苏云峰著：《中国现代化的区域研究·湖北省（1860—1916）》，台湾"中央研究院"近代史研究所 1981 年版。

中国科学院中华地理志编辑部编著：《华中地区经济地理》，科学出版社 1958 年版。

孙玉琴编著：《中国对外贸易史》，清华大学出版社 2008 年版。

汪家伦、张芳编著：《中国农田水利史》，农业出版社 1990 年版。

王笛著：《跨出封闭的世界——长江上游区域社会研究（1644—1911）》，中华书局 2001 年版。

王瑞元主编：《中国油脂工业发展史》，化学工业出版社 2005 年版。

王文圣著：《晚清重庆海关的历史考察》，北京师范大学出版集团，安徽大学出版社 2012 年版。

王国宇主编：《湖南经济通史》（现代卷），湖南人民出版社 2013 年版。

王玉茹主编：《中国经济史》，高等教育出版社 2008 年版。

魏文享著：《中间组织——近代工商同业公会研究（1918—1949）》，华中师范大学出版社 2007 年版。

吴量恺主编，吴琦、谭天星副主编：《清代湖北农业经济研究》，华中理工大学出版社 1995 年版。

吴申元主编：《中国近代经济史》，上海人民出版社 2003 年版。

徐鹏航主编:《湖北工业史》,湖北长江出版集团、湖北人民出版社 2008 年版。

徐旭阳著:《湖北国统区和沦陷区社会研究》,社会科学文献出版社 2007 年版。

尹铁凡著:《湘潭经济史略》,湖南人民出版社 2003 年版。

虞和平著:《20 世纪的中国——走向现代化的历程(经济卷 1900—1949)》,人民出版社 2010 年版。

张海英著:《明清江南商品流通与市场体系》,华东师范大学出版社 2002 年版。

张朋园著:《湖南现代化的早期进展(1860—1916)》,岳麓书社 2002 年版。

张震龙著:《"两湖"平原经济一体化发展战略研究》,华中科技大学出版社 2006 年版。

郑会欣著:《国民政府战时统制经济与贸易研究(1937—1945)》,上海社会科学院出版社 2009 年版。

钟兴永著:《中国集市贸易发展简史》,成都科技大学出版社 1996 年版。

周宏凯主编:《湖南公路运输史(第一册近代公路运输)》,人民交通出版社 1988 年版。

周军、赵德馨著:《长江流域的商业与金融》,湖北教育出版社 2004 年版。

周石山著:《岳州长沙自主开埠与湖南近代经济》,湖南人民出版社 2001 年版。

朱汉国、杨群主编:《中华民国史》第三册,四川出版集团、四川人民出版社 2006 年版。

朱羲农、朱保训编纂:《湖南实业志》,湖南人民出版社 2008 年版。

七 今人论文(按著者姓氏拼音排序)

佚名:《日本人在香港购买桐油》,载《华北日报》(上海)1950 年 2

月 28 日。

佚名：《美国贸易商在香港购买桐油》，载《华北日报》（上海）1950年 12 月 10 日。

陈岗：《清末民国四川猪鬃产业开发与经营》，四川大学，博士学位论文，2007 年。

陈礼茂：《浅议近代汉口的桐油贸易》，载《武汉交通管理干部学院学报》1998 年第 1 期。

陈建忠、张水生、张新、王旺进、邓闽忠：《国内外油桐发展现状与建阳市发展战略对策的探讨》，载《亚热带农业研究》2009 年第 1 期。

陈炜、杨姗姗：《试论近代广西城镇商品流通网络体系——以谷米、桐油为中心的考察》，载《广西地方志》2011 年第 1 期。

邓永飞：《米谷贸易、水稻生产与清代湖南社会经济》，载《中国社会经济史研究》2006 年第 2 期。

思宇：《四川桐油购销简史——〈四川省志·粮食志〉选登》，载《粮食问题研究》1995 年第 5 期。

龚静、瞿州莲：《近代湘西桐油贸易研究》，载《吉首大学学报》（社会科学版）2008 年第 2 期。

关传友：《中国油桐种植史探略》，载《古今农业》1999 年第 4 期。

侯杨方：《长江中下游地区米谷长途贸易（1912—1937）》，载《中国经济史研究》1996 年第 2 期。

胡湘闽、瞿州莲：《论清代湘西油桐种植发展的原因及其影响——以湖南永顺府为例》，载《湖南工业职业技术学院学报》2011 年第 4 期。

李菁：《近代湖南桐油贸易研究》，湘潭大学，硕士学位论文，2004 年。

吕井、杨乾洪：《关于万县地区木本油料生产的现状和发展设想》，载《经济林研究》1992 年第 S1 期。

李菁：《湖南桐油贸易的兴衰及启示》，载《湖南商学院学报》2007 年第 1 期。

李军城：《我国桐油发展战略与对策》，载《长江流域资源与环境》1998 年第 1 期。

李闰华:《近代中国手工业的转轨——以广西植物油制造业为例(1860—1949年)》,载《广西师范大学学报》(哲学社会科学版)2005年第2期。

梁勇:《近代四川桐油外销与市场整合》,载《重庆三峡学院学报》2004年第1期。

廖桂华:《近代以来恩施桐油的生产及贸易》,载《边疆经济与文化》2006年第3期。

刘利容:《民国时期的四川桐油贸易——以重庆、万县为例》,四川大学,硕士学位论文,2006年。

刘玄启:《桐油贸易与抗战初期美国对华政策的变化》,载《玉林师范学院学报》2005年第6期。

刘玄启:《民国时期广西桐油产销与经济发展研究》,广西师范大学,硕士学位论文,2006年。

刘玄启:《民国时期广西桐油贸易与市场整合》,载《广西右江民族师专学报》2006年第1期。

刘玄启:《中国桐油史研究》,载《广西林业》2007年第1期。

刘玄启:《桐油用途变化与近代国际桐油市场的勃兴》,载《广西师范大学学报》(哲学社会科学版)2009年第1期。

刘玄启:《民国时期国际市场中的广西桐油述论》,载《市场论坛》2010年第7期。

刘玄启:《油桐种植中的政府力量探析——以民国时期的广西为例》,载《广西师范大学学报》(哲学社会科学版)2010年第4期。

刘玄启:《民族经济融合视域下的民国时期广西油桐种植》,载《广西师范学院学报》(哲学社会科学版)2010年第4期。

刘春杰:《中国植物油料厂股份有限公司研究(1936—1949)》,上海社会科学院,博士学位论文,2014年。

米仁求:《抗日战争前后浙江桐油贸易研究(1927—1946)》,华中师范大学,硕士学位论文,2011年。

彭书全:《抗战以前四川的桐油贸易》,载《四川师范大学学报》(社会科学版）1988 年第 1 期。

齐春风：《抗战时期国统区的桐油走私贸易》，载《抗日战争研究》2012 年第 1 期。

唐春生、丁双胜：《清代重庆地区的桐油业》，载《重庆师范大学学报》（哲学社会科学版）2013 年第 3 期。

谭晓风、蒋桂雄、谭方友、周伟国、吕平会、罗克明、孙汉洲、王承南、马锦林、何桂林、梁文汇、黄艳：《我国油桐产业化发展战略调查研究报告》，载《经济林研究》2011 年第 3 期。

[韩] 田炯权：《清末民国时期湖南的米谷市场和商品流通》，载《清史研究》2006 年第 1 期。

田永秀：《桐油贸易与万县城市近代化》，载《文史杂志》2000 年第 1 期。

王朝辉：《试论近代湘西市镇化的发展——清末至民国年间的王村桐油贸易与港口勃兴》，载《吉首大学学报》（社会科学版）1996 年第 2 期。

王孔明：《发展油桐产业的思考》，载《林业与生态》2011 年第 12 期。

王翔：《甲午战争后中国传统手工业演化的不同路径》，载《江西师范大学学报》2006 年第 4 期。

魏绣枝、王颖：《桐油资源的深度开发与利用》，载《广西林业科学》1994 年第 2 期。

肖良武：《民国时期贵州桐油市场研究》，载《贵阳学院学报》（社会科学版）2009 年第 1 期。

沈绍华、何家忠：《湖南省油桐生产商榷》，载《经济林研究》1992 年第 S1 期。

夏攀：《民国时期上海地区报关行研究》，上海师范大学，硕士学位论文，2011 年。

徐凯希、张苹：《抗战时期湖北国统区的农业改良与农村经济》，载《中国农史》1994 年第 3 期。

颜晓红：《明清时期湖南地区的人口流动与城乡商品经济研究》，江西师范大学，硕士学位论文，1999年。

杨乔：《民国时期政府对于两湖桐油产业的参与》，载《兰台世界》2013年第7期。

杨乔：《战前汉口桐油业华商和洋商的竞争与合作》，载《兰台世界》2013年第13期。

杨乔：《20世纪80年代以来学界对近代桐油业的研究述评》，载《通化师范学院学报》2014年第9期。

杨乔：《抗战时统制政策背景下两湖地区的桐油贸易》，载《社会科学论坛》2015年第4期。

杨乔：《民国时期长江流域的桐油贸易》，载《怀化学院学报》2016年第6期。

杨乔：《民国时期两湖地区桐油产业研究》，天津师范大学，博士学位论文，2013年。

杨志军：《近代湖南区域贸易与社会变迁（1860—1937）》，湖南师范大学，博士学位论文，2010年。

杨焰、廖有为、谭晓风：《我国油桐产业与未来环保型涂料产业协同发展之探讨》，载《经济林研究》2018年第4期。

余龙生、孙丹青：《明清时期江西特产作物的种植及其影响》，载《农业考古》2009年第1期。

余涛：《略论20世纪30年代浙江农村的副业合作——以蚕、棉、桐为例》，载《历史教学》（下半月刊）2011年第6期。

袁北星：《客商与近代汉口经济社会发展》，华中师范大学，博士学位论文，2008年。

张丽蓉：《长江流域桐油贸易格局与市场整合——以四川为中心》，载《中国社会经济史研究》2003年第2期。

张启社：《民国时期的汉口商人与商人资本（1912—1936）》，华中师范大学，博士学位论文，2009年。

张珊珊：《近代汉口港与其腹地经济关系变迁（1862—1936）——以主要出口商品为中心》，复旦大学，博士学位论文，2007年。

张晓春、潘鹰、黄世龙：《重庆市油桐产业发展现状与对策措施》，载《南方农业》2009年第3期。

张玲玲、彭俊华：《油桐资源价值及其开发利用前景》，载《经济林研究》2011年第2期。

郑会欣：《统制经济与国营贸易——太平洋战争爆发后复兴商业公司的经营活动》，载《近代史研究》2006年第2期。

钟兴永：《近代湖南集市贸易的发展》，载《求索》1998年第1期。